中国创新创业大赛
China Innovation & Entrepreneurship Competition

（浙江赛区）

创业英雄谱

《创业英雄谱》编委会 编著

浙江人民出版社

科技是第一生产力，创新是第一动力。

从三致千金的范蠡、治生之祖的白圭、白手起家的胡光墉，到改革开放造就的第一代个体企业家、具有"新士大夫"美誉的"九二派"、互联网浪潮之巅形成的 BAT 三巨头阵营，再到当下波澜壮阔的"双创"浪潮，从古至今。创业者演绎了一个个精彩的创新创业传奇，书写了一幅幅绚烂的创新创业画卷。回望历史，谁也无法否认，是创新创造了奇迹，是创业改变了世界，创新创业是经济发展、社会进步的活力所在，是国家强盛、民族振兴的生命力所系。

当今世界，科技创新对经济社会发展的贡献，已远远超出了人们对科技创新本身的认识。在这一轮新科技革命和产业变革浪潮的推动下，信息技术、生物医药、智能制造、3D 打印、新材料和新能源等发展正呈现出日新月异的景象，正引发着新一轮创富的热潮，并以一种不可逆转、不可抗拒的力量推动着人类社会不断向前。无论是发达国家还是发展中国家，都在抢抓历史机遇，加快创新发展。党的十八大明确提出，将科技创新摆在国家发展全局的核心位置，大力实施创新驱动发展战略。

浙江省委、省政府高度重视科技创新工作，把创新驱动列为首位战略。特别是近年来，浙江深入学习贯彻习近平总书记系列重要讲话精神，坚持以"八八战略"为总纲，秉持"干在实处、走在前列、勇立潮头"的浙江精神，认真践行"绿水青山就是金山银山""腾笼换鸟、凤凰涅槃"等重要思想，打出了以创新为引领，以"拆治归"为主要内容的转型升级系列组合拳，转型升级找到了跑道、见到了曙光，科技创新充分发挥了支撑引领作用。区域创新能力列全国第五，综合科技进步水平列全国第六，知识产权和专利综合实力均列全国第四，科技创新保持全国"第一方阵"。浙江是全国首批技术创新工程建设试点省、全国首批创新型试点省、全国农村信息化建设示范省、全国首个"全省

域"国家科技成果转移转化示范区。"改革创新、争创一流"精神充分彰显，"科技创新券"、科技成果竞价拍卖、新昌等基层科技体制改革、特色小镇等创新创业平台、科技特派员等工作在全国具有典型意义。

当前，浙江正按照"四个第一"要求，即坚持把创新作为引领发展的"第一动力"，把创新目标牢牢锁定在全国"第一方阵"，把科技成果转化作为"第一工程"，把科技创新作为必须补齐的"第一短版"，全力推进"一转四创"（全面加速科技成果转化这一"发动机"，全面驱动创新大平台、创新大项目、创新大团队、创新大环境这"四个轮子"）行动计划，加快建设"互联网＋"世界科技创新高地，力争率先建成创新型省份和科技强省。而这一目标的实现，与一大批勇于追梦、积极创新，不惧艰辛、愈挫愈勇，努力奋斗、服务社会的创新创业者息息相关。

浙江，正是一片创新创业的沃土，"大众创业、万众创新"如钱江大潮，汹涌澎湃。敢为人先、开拓创新的优良传统，78个特色小镇，近300个众创空间、100多个孵化器等的众创平台，"最多跑一次""四张清单一张网"、政府职能由研发管理向创新服务转变等"放管服"改革，知识产权保护最严省份的打造，蓬勃兴起的高校系、阿里系、海归系、浙商系的创业创新"新四军"，使"双创"在浙江大地风生水起，盛况空前。在国内规格最高、规模最大、质量最好、影响最广的中国创新创业大赛上，所涌现的"浙江现象"可见一斑。

2013—2016年连续四届的中国创新创业大赛暨浙江省"火炬杯"创新创业大赛，浙江共有39家企业获得全国总决赛的前三甲，数量居全国前列。尤为可喜的是，浙江企业连续三年蝉联全国互联网和移动互联网行业总决赛一等奖，连续三年蝉联生物医药行业一等奖，连续两年蝉联新能源及节能环保行业总决赛一等奖。据统计，连续四届大赛，全省参赛企业达4000多家，共获得创业投资40多亿元、银行贷款50多亿元，培育了筹备和已在主板或创业板上市的企业30余家。大赛已不仅仅是单纯的创新创业赛事活动，更已发展成为服务创新创业和弘扬创业文化的平台，成为浙江最大的"众创空间"和最强的"众扶平台"，成为推进大众创业、万众创新，补齐科技创新短板的有力抓手和有效机制，也吸引和培育了一大批优秀的创新创业者。他们中既有80岁的创业老兵，也有初出茅庐的"90后"新锐；既有本土的青年才俊，也有台湾同胞以及从美国"裸辞"的海归人才；既有"国千""省千"高端人才，也有大众和草根创业者。他们在各自不同的领域，用思想、行动和实践，用语言、感悟和体验，创造着一个个超乎想象的非凡奇迹，书写着一个个关于选择、勇气、挣扎、失败、成功的感人故事。宽广博大的眼界和胸襟，充满活力的激情和魅力、超乎常人的毅力与坚持是他们的基本标志。他们顽强拼搏、永不言弃，用激情与汗水铸就创新创业的灿烂辉煌。他们无愧为这个"双创"时代的弄潮儿，无愧为这个伟大时代的真英雄。

《创业英雄谱》选取了他们当中具有代表性的 108 位创业者，将他们的传奇创业经历、经典创业语录、成功创业经验熔于一炉，在展示充满正能量的创业者风采、为年轻创业者提供启示的同时，更希望激发全社会的创业创新热情，掀起影响现在与未来的"双创"新浪潮。他们无愧于这个伟大的时代，为实现中华民族伟大复兴的中国梦而努力奋斗！

2017 年 6 月

目 录
CONTENTS

上篇

创业英雄谱

CHUANGYE YINGXIONGPU

贝达药业丁列明：
做中国人自己的靶向抗癌药

* 该企业获 2013 年中国创新创
业大赛生物医药行业一等奖

　　丁列明，美国阿肯色大学医学博士，贝达药业股份有限公司董事长兼首席执行官，第十二届全国人大代表，国家"千人计划"专家，中国农工党中央生物技术与药学工作委员会副主任，中国医药创新促进会会长，中国侨联特聘专家，国家"重大新药创制"科技重大专项总体组专家，中国药学会常务理事，享受国务院特殊津贴。先后获得"十一五"国家科技计划执行突出贡献奖、2012 年度创业家奖、全国杰出专业技术人才、2014 年中国创新榜样奖、2014 年度中国商业领袖、全国优秀科技工作者、2015 年度国家科技进步一等奖（排名第一）等奖项。

十年海归，追梦故乡，
做中国人自己的靶向抗癌药

　　14 年前，中国在小分子靶向药物这一领域尚属空白，而众多的晚期非小细胞肺癌患者亟须这样的靶向抗癌药，恰逢丁列明团队的一个项目在美国获得了很好的实验室数据，加上中国鼓励留学人员归国创业，于是他们怀揣着以医报国的中国梦，从大洋彼岸飞回杭州，决心将这一研究做成有中国自主知识产权的靶向抗癌药，造福中国的民众。

　　2003 年，贝达药业正式成立。经过近 10 年的艰苦攻关，贝达药业成功研发出我国首个小分子靶向抗癌药——盐酸埃克替尼。在研发盐酸埃克替尼的过程中，除了要克服技术上的难题，丁列明团队还遇到了资金、审批、产业化以及临床推广等方面的难题。2008 年，世界金融危机爆发，贝达药业遇到前所未有的财务困难，而当时在北京协和医院和浙江大学医学院附属第一医院刚完成了 II 期临床研究，获得了很好的数据，准备启动 III 期临床研究。此时，早期投入的资金已经用完，并负债 3000 多万元。而完成 III 期临床研究需投入 5000 多万元，光是买进口对照药就需要 2600 多万元。如果不能及时启动 III 期临床研究，就意味着前功尽弃。无奈之下，丁列明向公司所在的余杭区政府求援。区政府雪中送炭，资助贝达药业 1500 万元，2009 年 1 月 III 期临床研究正式启动。随后，在国家和省重大专项的支持下，贝达药业完成了整个 III 期临床研究。2011 年，盐酸埃克替尼凯美纳正式投产销售。

目前，在丁列明的带领下，贝达药业正在快速地发展。现已拥有包括董事长丁列明在内的 6 位国家"千人计划"专家，高管层大多来自各跨国制药企业，熟悉行业动态，拥有广泛的商业资源、人脉资源和社会资源，具有共同的事业远景和创新创业精神。盐酸埃克替尼项目启动于 2001 年，由贝达创业团队自行设计了化学文库，并通过分子水平的筛选，找到具有高活性和特异性的表皮生长因子受体（EGFR）酪氨酸激酶抑制剂，于 2011 年 8 月正式进入临床应用。其出色的疗效和安全性，深得肿瘤专家和患者认可，创造了数项国内第一：中国第一个拥有完全自主知识产权的小分子靶向抗癌新药，第一个完全在中国患者中开展临床研究的 EGFR-TKI，第一次获得全球权威机构认可被收录进 *Pharma R&D Annual Review*，第一个中国化学制药行业国家科技进步一等奖，且位列国内肺癌治疗小分子靶向药领域埃克替尼市场份额第一。盐酸埃克替尼还和中国药促会合作开展了后续免费用药项目，截至 2016 年 11 月，已累计向患者赠药 181 万盒。

启明医疗訾振军：
中国智造的经导管心脏瓣膜产品的领跑者

* 该企业获 2014 年中国创新创业大赛生物医药行业一等奖

訾振军，曾担任微创医疗研发经理、维科医疗副总经理、先健科技共同创始人，现任杭州启明医疗器械有限公司总经理。

启明医疗专业致力于心脏瓣膜疾病微创治疗的技术研发，在国内居领先地位，是第三届全国创新创业大赛生物医药组总冠军。企业拥有 2 个"全球第一"和 4 个"中国第一"：全球第一款预装介入瓣膜系统，全球第一款介入自膨胀肺动脉瓣膜系统；第一个开始并完成中国 CFDA 注册临床研究，第一个获得 CFDA 创新通道支持的心血管器械，第一个进入欧洲进行人体临床植入的中国心脏瓣膜器械，第一个在中国获准设立心脏瓣膜重点研究院的企业。

一位成功者的杭州创业梦

訾振军在介入式医疗器械研发领域具有超过 16 年的丰富经验，带领启明医疗研发团队率先开发出全球第一款介入自膨胀肺动脉瓣膜系统。"这是中国第一个经导管瓣膜病临床试验，并首次取得成功，是一个真正意义上的中国科技创新研究。"第十一届全国政协委员、工程院院士、著名心脏病专家高润霖教授高度评价道。

近年来，经导管主动脉瓣置换术（TAVR）一直是国际心脏大会的热点内容，其前景被普遍看好。启明医疗的经导管主动脉瓣膜 Venus A-valve 是一种自膨胀式瓣膜装置，与欧美同类产品相比较，设计上更加合理，操作上更加简便，更加适用于中国病人的病情。与国外主流瓣膜相比，其具有许多特性：支撑力更强；瓣膜固定更为优化，因为瓣膜固定点由传统的 2 个增加至 3 个；瓣架下端的设计不同于国外瓣膜横向的设计，而是偏于垂直，如此产生传导阻滞的比例将会下降；稳定性可靠，临床研究由中国科学院阜外医院高润霖院士主持，目前已完成一年临床随访，死亡率为 6.3%，使用性能优于国际上的其他瓣膜。

作为中国领先的经导管心脏瓣膜研制企业，启明医疗此前曾获得第三届全国创新创业大赛生物医药行业总冠军，并圆满完成了国家科技部"十二五"科技支撑计划项目，也是国家食品药品监督管理总局"创新医疗器械特别审批流程"首批入围企业。作为专利密集型企业，启明拥有专利 190 项，其中，发明 168 项，实用新型 16 项，有效 PCT 申请 6 项，65 项专利已获得授权。

启明医疗的目标是成为一家国际化的经导管心脏瓣膜公司。2016 年 3 月，启明医疗获得启明创投、红杉资本中国基金和德诺资本的投资后，又获世界著名金融机构高盛 3700 万美元投资。4 月 18 日，全线收购德国 Transcatheter Technologies 公司专利技术组合。9 月 13 日，宣布投资美国的 Colibri 心脏瓣膜公司，并共同组建新的合资公司，开发下一代的经导管心脏瓣膜技术。启明医疗也将成为全球唯一一家能够同时提供自膨式和球扩式预装干膜的经导管瓣膜产品的公司。2016 年 10 月，启明医疗全球第一款采用预装载"干膜"技术的经导管主动脉瓣产品——Venibri 瓣膜进行了全球首例人体应用植入并取得成功。2016 年 11 月，《人民日报》报道称赞了启明医疗的企业活力及创新发展潜力。

每日互动网络方毅：
国内领先的推送技术服务商

* 该企业获 2014 年中国创新创业大赛
互联网与移动互联网行业一等奖

　　方毅，个推创始人兼 CEO，浙江大学竺可桢学院混合班特优毕业生。2005 年开始创业的他是杭州创业人才的杰出代表，曾获"中国创业新锐""全国大学生创业典型"等诸多殊荣，现任浙江省青联科技组长、杭州市大创联盟主席、市青企协副会长等职位。

　　方毅连续创业 11 年，公司市值年均增长数倍，2015 年下半年完成 C 轮和 VIE 架构拆除回归总额超过 7 亿元募资。2016 年 11 月，再获 4 亿元 D 轮融资。方毅于 2010 年创办"个推"，从推送技术起家，发展大数据能力，并在移动营销行业大展拳脚。目前，个推已成为基于大数据的移动互联网综合服务提供商，个推的大数据能力已经广泛运用于移动互联网、智慧旅游、精准营销、灾难预警、房地产开发等各个领域。个推致力于在移动互联网发展过程中创造更多数据价值。

连续创业的"老司机"，争做移动互联时代最牛的送水工

　　方毅，2005 年与同学一起成功研发"备备""个信"均以失败或被收购告终。"不创新就会死"的他，在 2010 年成立浙江每日互动网络科技有限公司，转型做技术类服务——消息推送，即现在的"个推"。个推推送专注于为 APP 开发者提供高效稳定的安卓和 iOS 推送 SDK（软件开发工具包），为开发者省去开发成本和时间，帮助提升产品

活跃度和增加用户留存率。作为一家专业做消息推送技术的服务商，个推目前拥有国内第三方推送市场 90% 以上的份额。2015—2016 年，个推在不到一年的时间完成了两轮共超 11 亿元的投资，这与方毅的顽强的意志和坚持到底的毅力是分不开的。

始于推送，精于数据，个推用大数据创造更多的价值

近几年，各界互联网公司都在开发自己的 APP，大家都在"挖金矿"，而个推只作为各位开发 APP 的商家提供专业的消息推送。"移动互联网界大家都在'挖金矿'，我就从旁做一个有节操、靠谱的送水工。"方毅对公司、对产品的定位非常清晰。

截至 2016 年 12 月，个推 SDK 累计接入总用户数超过 130 亿个（含海外），覆盖独立终端超过 16 亿个（含海外），每日活跃用户数 7.5 亿个。

个推始于推送，精于数据，基于推送技术积累的海量数据，发展了大数据能力，将推送和大数据分析相结合。目前个推大数据已经运用拓展于公共服务领域，并与国家地震台网合作开发"地震速报"APP，实时推送地震预警消息，为人们争取自救的黄金时间，并可通过个推热力图的分析，为震后救援工作提供帮助。个推又与旅游局合作，将人群热力图与推送相结合，用于景区人流分布智能分析，以及疏导景区高峰人流，避免危险事件发生。

此外，个推在 2015 年和 2016 年分别推出了移动营销产品"个灯"和新"个信"，通过自有的大数据精准分析和地理围栏技术，结合媒体甄选、人群定向、跨屏联动、优化追踪和策略咨询等能力，为广告主提供智能场景化的精准营销解决方案。

未来，个推将继续以大数据为驱动，更好地服务于开发者、品牌广告主及各垂直领域。

龙盈互联网金融熊伟：
资深的互联网金融投资信息发布及交易撮合平台

* 该企业获 2015 年中国创新创业大赛
互联网与移动互联网行业一等奖

  熊伟，杭州龙盈互联网金融信息技术有限公司联合创始人，国家互联网金融安全技术专家委员会委员，杭州市互联网金融协会执行会长，浙江金融职业学院兼职教授，浙江大学—香港理工大学"青年创业培养计划"导师，首届创客大会"创客100"，原阿里巴巴集团人力资源专家，曾获得 2009 年度阿里巴巴总裁特别奖，2010 年 8 月代表阿里巴巴接待时任国务院总理温家宝。

  杭州龙盈互联网金融信息技术有限公司是国内较早从事移动互联网金融信息技术服务的企业，也是浙江省第一家获得互联网金融服务工商登记注册的创新创业公司。公司致力于帮助工薪阶层理财，帮助小微企业解决融资难题。数据显示，截至 2016 年 9 月底，盈盈理财平台已累计撮合交易额超 130 亿元，累计帮助近 3 万家小微企业解决了近 100 亿元融资难题，平均每天帮助 23 家小微企业实现梦想。

互联网金融让梦想开花

  2013 年初，杭州，萍水街 U 盘时代。一间面积不足 80 平方米的商住两用 LOFT 内，4 个人坐在初春的阳光下等待，他们是叶进武、王佳亮、张威威、凌峰。这几位从 2011 年起陆续离开阿里巴巴各自创业的年轻人凑在了一起，准备在互联网金融领域大干一场。

此刻，他们正期待着新伙伴的加盟，首先便想到了在阿里巴巴干得风生水起的"政委"熊伟。当熊伟如约踏入萍水街 U 盘时代这间办公室后，便开始了别样的逐梦人生。

2013 年 4 月，盈盈理财成立。6 月，阿里推出"余额宝"业务，马云喊出"如果银行不改变，我们就改变银行"的豪言壮语，正式向传统金融宣战，互联网金融开始为寻常百姓所知晓。随后，紧跟余额宝步伐，次年 7 月，"盈盈理财"APP 上线，8 月获得 300 万美元 A 轮融资，盈盈理财顺势成为互联网金融领域第一批"弄潮儿"。

经过 3 年多的发展，凭借着创新的互联网金融模式及不断优化的用户体验，盈盈理财先后获得了 2015 福布斯中国"互联网金融 50 强"、2015 年度现代服务业先进企业等荣誉。

用科技普惠金融

盈盈理财作为国内领先的互联网金融信息技术服务公司，在资金需求方与资金供给方之间提供了有别于传统银行业和证券市场的新渠道，帮助工薪阶层理财，帮助小微企业解决融资难题，将金融的温暖传递给更多需要帮助的人。

盈盈理财最大的特点是既有互联网技术的支撑因素，又落在金融的风险防范上。互联网金融服务，最重要的是拥有独立、完善的金融科技系统，盈盈理财拥有自主研发的软件平台、交易系统、数据存储系统、结算系统、小微信贷业务系统等。此外，在 2015 年互联网金融野蛮式发展之年，盈盈理财通过自建风控、扎实积累的方式全流程化、系统化，严格按照德国 IPC 微贷技术制定业务流程。

盈盈理财 APP 自 2013 年 7 月上线以来，用户已覆盖全国 23 个省、4 个直辖市、5 个自治区。平台下载用户 3000 万，注册用户 800 万。未来，盈盈理财将进入更多的智能硬件设备，让用户随时随地都能通过互联网的方式进行投资理财。

诺尔康神经电子李楚：
晨星人工耳蜗系统——"让听不见的人听见"

*该企业获 2015 年中国创新创业大赛生物医药行业一等奖

李楚，加拿大籍华人，毕业于加拿大康考迪亚大学，是浙江诺尔康神经电子科技股份有限公司创始人之一，目前担任公司董事兼总经理。

在李楚的带领下，公司引进了美国高盛、启明投资、凯鹏华盈等国内外知名风投机构的投资。公司秉承"让听不见的人听见、让看不见的人看见、让瘫痪的人重新站起来"的三个愿望，从事研究人工耳蜗系统、人工视觉系统、偏瘫及全瘫类疾病电子刺激康复装置等神经电子产品，服务重度及极重度耳聋患者、盲人患者、偏瘫及全瘫残疾人的康复事业。经过长年累月的攻坚克难，诺尔康成功突破国外技术垄断，研发、生产出国内首个人工耳蜗，使中国成为继美国、澳大利亚、奥地利之后世界上第四个能够生产人工耳蜗的国家。获得了国家科技进步奖二等奖、中国创新创业大赛生物医药行业一等奖、中国专利奖金奖、红鲱鱼世界最具创新 100 企业（2012）、浙江省装备制造业首台套产品、浙江制造精品（人工耳蜗 CS-10A 及 NSP-60B、NSP-60C）、"市长杯"创意杭州工业设计大赛产品组金奖等。

一位创二代的归国创业故事

在 2011 年诺尔康产品上市之前，中国的人工耳蜗市场被 3 家外国公司垄断。其中，澳大利亚企业控制了全世界 2/3 的听力植入市场，中国七成以上的市场被其占据。

"由于市场被 3 家外国公司垄断，产品价格居高不下，一套人工耳蜗的售价在 28 万元左右，许多耳聋患者失去了重获听力的机会。"李楚感叹。

2005 年，李方平、李楚父子俩专程前往加利福尼亚大学，找到从事人工耳蜗研究的华人教授曾凡钢。曾凡钢是国际电子耳蜗大会主席，拥有 8 项电子耳蜗专利，正在寻找中国厂商合作开发产品。

看着这么多需要帮助的聋人，李楚与父亲决定二次创业，让听不到的人能够听到。在他们看来，研发生产耳蜗是一件利国利民的好事，又有专家预估，投入 3000 万元即可有产出。

不过，专家低估了技术产业化的难度。李楚讲述："以集成为例。我们要把一张桌子大小的电路板集成到一块硬币大小的植入体里，还要确保产品的长期生物兼容。仅这个课题的研发就花了两年时间。"产品 3 年上市的计划因此延长了近 1 倍，之前预计的 3000 万元投资也变成了过亿元的投资，李楚遭遇了资金困境。

然而，困难还不止资金短缺。"研发团队很辛苦，诺尔康自建的美国研发中心白天有中央空调，晚上没有，大家晚上在实验室待着空气不流通，过一段时间就要出去呼吸空气，困了累了就在地板上的睡袋里凑合着睡觉。"李楚说，"2008 年在国内建厂后，由于人工耳蜗对零部件的质量要求很高，一度找不到合适的零部件供应厂商，其中某个部件全球也只有 3 家厂商能够提供。"

直到 2009 年 12 月 23 日，诺尔康首次为耳聋患者植入自己的产品，两年后无不良反应。经过近 200 例临床试验、5 年时间、1.9 亿元资金投入后，2011 年 8 月 19 日，诺尔康终于拿到了国家药监局的人工耳蜗器械证书。

中国人买得起也用得起的人工耳蜗

诺尔康奉行低价策略。据介绍，当时较之三大外资厂商，诺尔康除了压低利润外，低价的另一原因是采用直接销售模式。通过与公益组织合作赠送产品，让更多的人知道，诺尔康人工耳蜗并不比进口的差，而且价格便宜一半。经过口碑相传，诺尔康已经被市场广泛接受。

目前诺尔康的技术团队大都来自海外，包括美国加州大学终身教授曾凡钢、美国加州大学洛杉矶分校终身教授傅前杰等世界顶级专家，同时也引进了包括孙晓安博士、陈洪斌博士、夏斌博士等一批海外引进的浙江省"千人计划"人才。专业覆盖神经电子学、声学、光学、神经医学、信号处理、集成电路、电极设计、激光封装等。

林东新能源科技林东:
转身开拓新能源,"潮能方舟"正从东海启航

* 该企业获 2016 年中国创新创业大赛新
能源及节能环保行业一等奖

　　林东,澳大利亚 LA TROBE 大学工商管理硕士,创建了国内最大的牛肉干生产企业——杭州绿盛集团,被称为"中国牛肉干大王"。多年来,林东满怀感恩之心,秉持留学报国的赤子情怀,广泛涉足快速消费品、互联网、文化传媒、电子商务等领域,积极帮助海归人才、大学毕业生成功创业。先后荣获"杰出浙商""浙江十大杰出青年""侨界十杰"等荣誉称号,第六届全国侨界贡献奖。自 2009 年开始,林东担任总工程师,研发 LHD 海流能发电机组,实现大功率海洋能发电世界性重大突破,使我国成为世界上第三个掌握海洋能发电并网技术的国家。

"潮能方舟"正从东海开始启航

　　世界首台 3.4 兆瓦 LHD 林东模块化大型海洋潮流能发电机组由杭州林东新能源科技股份有限公司缔造。2016 年 7 月 27 日,这一项目首批两个模块已成功下海发电,标志着我国海洋能利用技术已进入世界领先水平。

　　从食品加工行业变身为如今的投资者、技术派,林东的跨界之路缘于他的科技梦想。杭州林东新能源科技股份有限公司创立于 2013 年 4 月,是国内最早从事海洋潮流能研发工作的高新技术企业。海洋潮流能是一种公认的清洁能源,但尚未取得突破性进展。"它不是商业模型或科学模型。我要完成这个项目，凭的就是一份科技情怀。"对此，林东付出代价和考验都是超乎常规的，他却咬咬牙坚持了下来。历时 7 年研发，15 大系统核心技术群组，52 项核心技术专利，年发电量是英国的 2.9 倍，总装机容量为 3.4 兆瓦……一系列数据诠释着一个主题：描绘心目中的"新能源航线"。

2012 年初，LHD 模块化大型海洋潮流能发电机组项目在杭州启动，林东投入 1800 万元在千岛湖建设了模拟潮流能实验室。经过反复试验，团队发现模块化的技术路径确实可行，突破了设备大型化的技术瓶颈，同时模块化的自由取放解决了设备维修难题。林东团队将水下涡轮机叶片设计到 70 多片，而国内外公司研发的一般是 3 片。

为了筹集项目资金，林东向国家海洋局申报国家海洋可再生能源专项资金项目。当时申请资金的企业很多，专家们看到林东的项目后，第一反应就是："一个做牛肉干的来搞潮流能发电，还要搞超过兆瓦的发电机组，简直太离谱了！"

说离谱，不是没有依据的。当时我国 863 计划研究潮流能发电多年才实现总装机容量 0.3 兆瓦，国际上由英国国家实验室等研发的潮流能发电站装机容量为 1.2 兆瓦，为当时世界之最。而林东想要在中国实现超过兆瓦级发电机组，赶超英国最大的发电机组。顶着外界的质疑和压力，在千岛湖实验室里，林东团队夜以继日地模拟潮流能发电实验，反复琢磨实验数据。

转机也出现了。在得知林东的潮流能项目后，浙江省委、省政府，国家海洋局给予了重视和支持，并得到 2013 年国家海洋可再生能源专项资金支持，2013 年被列为浙江省重大科技专项。这对林东来说是莫大的鼓舞。

经过研发团队历时 7 年的创新研发和项目建设，现已成功研发出具有完全自主知识产权的 3.4 兆瓦 LHD 林东模块化大型海洋潮流能发电机组，申请了包括中国、英国、美国、法国、日本、韩国等国家在内的 50 多项国内、国际专利。

世界首台 3.4 兆瓦 LHD 林东模块化大型海洋潮流能发电机组总成平台于 2016 年 3 月 1 日成功下海，首批两套涡轮发电模块机组于 7 月 27 日成功发电，并于 8 月 26 日并入中国国家电网。中国也因此成为继英国、美国之后，世界第三个全面掌握潮流能发电并网技术的国家。

在林东心里，有着更大的目标，发电机组系统将不断优化提升，未来可以做到单台总装机容量 15 兆瓦左右。根据现有数据，舟山海域潮流能装机容量可达 7000 兆瓦，相当于三峡大坝 1/3 的装机容量。一旦成功，潮流能大规模开发将成为现实，这将有可能改变国内可再生能源的利用格局。

联众医疗李建军：
全球影像，打造全医学数据的互联网医疗应用平台

* 该企业获 2016 年中国创新创业大赛
互联网与移动互联网行业一等奖

  李建军，具有十多年金融、互联网、文化产业、媒体从业经历，历任总经理、常务副总裁等职务。2015 年初加入杭州联众医疗科技股份有限公司，出任副总裁一职。现任公司首席运营官、高级副总裁，全面负责公司日常运营事务管理。

  联众医疗以智慧化、国际化、市场化为发展方向，在"互联网＋"的浪潮中，实现战略转型。三年时间，从一家科技型小微企业，到完成股份制改造，公司俨然已经成长为"互联网＋医疗"领域的国家高新技术企业，并通过省级云医疗数据技术研发中心的资格认定。在第五届中国创新创业大赛中，公司先后问鼎省互联网及移动互联网行业组冠军、省跨行业总冠军和全国互联网及移动互联网行业组总冠军。

心怀敬畏，使命必达

  医疗资源的区域不平衡是就医难的关键，全医学数据尤其是医学影像的共享更是医疗机构的短板。患者往往需要携带既往检查资料奔波寻医，而专家将精力过多浪费在基础性咨询方面，医患之间缺乏直接高效的沟通。国内常见就医现状是大医院人满为患，中小医院门可罗雀。其实，现在很多中小医院的检查设备并不差，差距主要在医生的诊断能力，为什么不能将这些资源合理配置起来呢？

医疗作为与生命息息相关的行业，让人常怀敬畏之心。因此，更需要寻求技术的突破，去打破壁垒、跨越围墙。如何通过创新研发一套系统或者一个平台，从而解决这一问题，让医疗资源得以合理配置，让就医变得简单，让诊疗变得高效，让政府、医疗机构、医生和患者各方满意。2013 年，"全球影像"云医疗服务平台应运而生。

深耕细作，助力国家医改

公司已成功打造医疗大数据、网络医院、影像会诊中心、区域医联体合作等应用案例，为当下"看病难、看病贵"等社会问题提供有效的解决之道，为国家医改方针探索有效新模式。

凭借"互联网＋医疗"的融合力量，"全球影像"为健康产业插上了飞翔的翅膀。该平台基于真实、海量原始医学数据及技术手段，破除品牌、区域壁垒，其核心影像压缩解压缩技术，使庞大影像在移动端应用达到临床诊断级别，满足远程医疗、分级诊疗等一线需求。同时，平台结合人工智能发展方向，为临床决策、疾病诊断、传染病疫情预警等应用提供支持，助推精准医疗。

凡益之道，与时偕行

如今，"互联网＋医疗"已成为国家医改的重要依托，联众医疗已进入井喷式、大跨度的发展，业务覆盖 31 个省（市、区）。

全球新一轮科技革命与产业变革协同创新，是机遇也是挑战。在云计算、大数据、移动互联网等信息技术的驱动下，公司坚持"开放、合作、定制"的企业理念，秉行公善，为国家医疗扶贫、医疗脱贫探索适行之路。在这样一个黄金时代，联众医疗愿与各界志士仁人携手共建智慧医疗生态圈，演绎"互联网＋医疗"的价值与辉煌。

华澜微电子骆建军：
让中国人的信息存储在中国人自己的硬盘上

* 该企业获 2013 年中国创新创业大赛浙
江赛区电子信息行业初创一等奖

骆建军，博士毕业于浙江大学微电子专业，浙江省"千人计划"人才，钱江特聘教授，在美国硅谷工作多年，杭州华澜微电子股份有限公司创始人兼总经理，多次获得教育部、原电子工业部、中国电子学会、全国工商联、中国侨联等省部级奖励。

杭州华澜微电子股份有限公司专注于固态硬盘和信息安全芯片的核心开发和产业化，所取得的成果被认定为"我国实现固态硬盘控制芯片技术重大突破，对我国信息安全、国防信息化具有重要意义"，美国媒体评价为"以创新架构创造了固态硬盘单盘容量最高纪录（10TB），领先全球固态存储业"。

激情创新、用心造芯
—— 一位海归博士的报国梦

"所有的努力都是为了掌握芯片制造高点，让自主生产的集成电路立足国内外市场。"著名半导体器件专家邓先灿这样评价自己的得意门生骆建军。骆建军集学者、工程师、企业家于一体，带着打破国外芯片垄断的梦想回国，致力于将中国人的信息存放在中国人自己的硬盘中。

博士毕业后，骆建军进入东方通信股份公司，设计了中国第一颗光纤通信芯片，

2001 年被美国某公司聘请担任公司技术带头人。2003 年回国创业，从事数码相机存储卡控制芯片的开发，该芯片销量超过千万颗。在邓先灿的倡议和帮助下，2011 年骆建军创办了杭州华澜微电子股份有限公司，开始了更高更远的"中国芯"之梦。

公司成功开发了我国第一颗固态硬盘（SSD）控制器芯片、第一颗嵌入式微硬盘（eMMC）控制器芯片、集成中国商用密码算法和 AES 等国际加密算法的安全芯片，打破了国外垄断。在国际上首创了 iRAID 和 eRAID 的架构，创造了全球 2.5 英寸标准硬盘的最高容量，达到了 10TB，至今仍保持着这个纪录。

2015 年美国闪存高峰会专门开辟了中国专场，骆建军任该专场主席，使得中国企业和科研院校能更好地向全球同行介绍了中国固态存储方面的技术、市场和发展前景，与世界的沟通更加顺畅密切。

抓住大产业机会，屹立世界之林

固态硬盘采用全电子存储方式，相比传统机械硬盘，具有速度快、功耗低、抗震性好、质量轻、温宽范围大、可塑性强等特点，已经开始迅速取代传统硬盘。特别是在某些领域，比如震动环境、有加速度因素、工作温度有要求的领域，固态硬盘更显示出了特有的优势。

固态硬盘中的核心器件是控制器芯片，在硬盘中的地位，类似于 CPU 在计算机中的地位，是最为关键的，目前全世界能够规模化量产这个芯片的厂家只有寥寥几家，而且基本上都是具有美国背景的企业。华澜微的固态硬盘控制器芯片的独特架构，成为全球三大架构体系之一，并因其独特架构优势，成为全球最高容量集成度的缔造者。华澜微的芯片同时嵌入式设计了中国的密码算法和 AES 等国际主流算法，在芯片层面解决了数据存储的安全问题，保证了信息安全，是解决国家信息安全的基石。

公司团队从 2003 年就开始从事数码存储控制技术的研究，经过 13 年的不断尝试和积累，经历了许多失败的痛苦和成功的喜悦，"科技无捷径，十年磨一剑"，现在终于可以自豪地说：中国真正拥有了固态硬盘的关键技术，再也不受制于人了，我们的数据更加安全了，我们的产业更加健康了。

国家 1200 亿元集成电路基金对产业的扶植，投资巨额资金成立的 Flash 生产基地，加上华澜微电子的固态硬盘控制芯片，已经基本完善了中国固态硬盘的整个产业链，假以时日，将极有希望在中国打造全球性的硬盘产业基地。

奇彩环境张云保：
从源头解决化工高浓废水污染问题的"水大夫"

* 该企业获 2015 年中国创新创业大赛新能源及节能环保行业一等奖

张云保，浙江奇彩环境科技有限公司董事长兼总经理，奇彩团队创建者，有 20 余年化工与环保技术研发管理工作从业经验。

厚积薄发勇创业

从黄岩化工六厂到韩国世通化学公司，再到浙江龙盛集团股份有限公司，张云保从事化工技术研发及管理工作已有近 20 个年头。每每看到一些化工厂偷排漏排的报道，听到一些化工企业因环保问题无法很好解决而陷入发展瓶颈，作为一名业内人的张云保心里总不是滋味。化工企业特别是精细化工企业如何才能走出一条健康的可持续发展道路，如何减少或者转变民众对化工的态度，一直是他心头考虑的问题。

一个是源头生产工艺，一个是"三废"治理问题，以 20 余年的从业经验来看，张云保觉得只有实现前端控制与末端治理的完美结合，才能提高精细化工企业的整体效益，实现产业的转型升级。这也是化工企业在中国经济转型过程中必将经历的过程，否则化工行业在未来的中国将无法生存。2011 年，他终于下定决心放下高薪高待遇，与几个志同道合的朋友一起创建了浙江奇彩环境科技股份有限公司，为精细化工企业减污、治污寻求一条道路。

高屋建瓴筑奇彩

张云保领导企业做大做强上投入了极大的创业热情。在公司成立之初，正是其一次次亲力亲为地跑业务、拉订单，才为公司赚来了第一桶金，为后期公司的发展奠定了基础。公司规模也从创业之初的 10 余人，发展到目前的 230 余人，年营业收入从不到 50 万元到现在的 1 亿多元。公司进入快速发展期后，张云保在推进企业规范化和科学化运营，致力于公司制度和治理结构的不断完善，建立科学的现代企业制度和绩效评审机制方面起到了绝对的领导作用。公司十分注重知识产权工作，现已申请专利 150 余项，授权专利 30 项，其中，发明专利 24 项，专利月均申请量保持在 3—5 项。

奇彩是以技术为先导的环保方案提供商，以解决客户基本需求为导向，不断强化公司核心竞争力，把握客户的持续需求，并以合理的盈利模式获取报酬，相比其他环保公司，主要体现为首先嵌入客户生产制造过程，从生产源头开始诊断、优化工艺、减排，再从污染物分子结构开始全成分剖析、研发治理方案，最后形成针对性的多种技术集成治理方案，达到"减量化、资源化、无害化"目标。

化工废水长期以来被视为最难以处理的工业废水之一，技术壁垒是制约其行业发展的主要因素，化工行业特别是染料、医药、农药等精细化工行业产生的有机物质，大多都是结构复杂、有毒有害和难以生物降解的物质，处理的难度极大，一直是行业处理的难题。目前这一细分市场竞争格局尚未形成，偷排事件时有报道，废水处理已成为精细化工行业可持续发展的至关要素，开展高浓、高污染化工资源化技术，率先进入染料、医药、农药等精细化工废水治理这一细分领域，市场前景广阔。

玄机科技沈乐平：
打造中国顶尖 3D 动画，传播中国文化之美

* 该企业获 2015 年中国创新创
业大赛文化创意行业一等奖

　　沈乐平，玄机科技 CEO，行业领军人，全国十大动画创作人才。自 2005 年至今，担任中国首部长篇 3D 武侠动画《秦时明月》以及《天行九歌》《武庚纪》《天谕》等玄机出品动画的总导演、总制片、总编剧。

　　玄机科技旗舰动画品牌——《秦时明月》，自 2007 年推出以来，在全国 600 余家电视台播出，新媒体点击量突破 31 亿，在中国拥有数百万忠实观众，连续获国家新闻出版广电总局年度推荐优秀国产动画片奖、政府最高奖星光奖和省、市"五个一工程"奖等国内 50 余项重要奖项。同时翻译发行到全球 37 个国家和地区，荣获法国戛纳电视节亚洲展映会最佳作品、日本动漫产业白皮书推荐、美国 AUTODESK 最佳作品。《秦时明月》成为中国当之无愧最具人气的青少年动画之一，玄机科技获得全国最具投资价值的文创企业第一名。

做文化的深度传播者，向世界展示中华文化之美

　　沈乐平，毕业于上海大学，1996 年投身游戏动漫行业。2001 年，创办了国内第一本电子竞技类杂志《游戏天才》，月发行量达 5 万册。2002 年，创立了国内第一家专业电子竞技网络电视 Channel［G］。积累了近 10 年的从业经验后，沈乐平在 2005 年，成立

了自己的公司——杭州玄机科技信息技术有限公司。

在《秦时明月》创作之初，沈乐平带领团队进行了深入的前期探索，所以，不同于当时绝大多数的国产动画，《秦时明月》是针对12岁以上的观众族群设计和制作的。《秦时明月》巧妙地将中国传统历史文化与武侠故事融合，吸引了众多青少年重拾对中国传统文化的兴趣，将"秦时明月"这个品牌在粉丝心中不断深化，同时逐渐普及到大众中，深入青少年内心。

"我们要传播的是中国文化之美，用时尚科技来包装中国的传统文化之美。我们在故事和人物上面下足够的功夫，传递出一个正面积极的核心理念，然后以精良的制作，用高科技手法去表现和包装这部作品。"作为国内知名的动画导演，沈乐平以塑造动漫灵魂的要求带领全体玄机科技团队执着于每一个场景细节、每一个镜头设计、每一个构图光影、每一个动作表情，以"更专业、更精美、更文化、更国际"的姿态，致力于以动漫为载体，向世界展示中华文化之美，令世界惊叹于中国动漫的破茧成蝶。

创新全品牌战略经营模式：玄机出品，必属精品

沈乐平在将《秦时明月》打造成为亿万目光注视的动画品牌的同时，也一直不断地拓展经营模式，将拓展动画电影、真人影视剧、网游手游等多个领域。《新秦时明月》手游首日上线即登AppStore免费榜第一位，首月总流水突破5000万元。与唐人影视联合出品的，由陆毅、陈妍希主演的同名电视剧，登陆湖南卫视钻石独播剧场，网络点击量超过70亿次。产业链各端的全面开花，让《秦时明月》成为国内备受关注的顶级IP之一。

现今，《秦时明月》的成功，也开始在玄机科技动画新品牌上延续，精准的内容、受众、市场定位，良好的品牌形象，为"玄机出品"动画的推广打下了坚实的基础。2016年，《天行九歌》上线13集，点击量突破两亿次；《武庚纪》腾讯独播6集，点击量突破亿次。《天行九歌》是战国题材3A级玄幻动画大作，《武庚纪》改编自香港第三代漫画家郑健和的畅销漫画。《天行九歌》游戏、《武庚纪》真人剧皆已授权，"玄机出品"即将得到更多人的青睐。

中国原创动漫的振兴之路任重道远，充满挑战的发展之路同样充满了机遇，玄机科技将继续向着目标奋进，在中国原创动漫史上书写崭新的篇章！

瑞杰珑科技李响：
用科技改变"视界"，智能可穿戴近视防控设备

* 该企业获 2016 年中国创新创
业大赛电子信息行业一等奖

　　李响，浙江大学电气工程学院电路与系统博士，美国加州大学洛杉矶分校纳米学科交叉中心访问学者。于 2010 年被任命为杭州市大学生创业联盟轮值主席，并任杭州市人事局大学生创业基金评审委员，兼任浙江大学创新技术研究院常委会委员。2013 年 12 月创立杭州瑞杰珑科技有限公司，任公司董事长，2013 年被评为杭州市杰出创业人才。2016 年被聘任为杭州市大学生就业创业专家指导团导师，被认定为"5050"计划人才。

　　公司创立至今，主要负责公司发展方向把控、产品战略制定及资本运作。主要研究方向为集成电路设计及系统实现，嵌入式视频图像处理算法及在医疗影像领域的应用优化。在其带队研发出的全国首例智能可穿戴近视防控设备"云夹"及智能视力辅具"助视器、弱视仪"，于 2015 年首届中国"互联网＋"大学生创新创业大赛上斩获全国冠军，更在 2016 年拿下了中国创新创业大赛全国总冠军。

"叛逆"博士化身勇敢创客

　　西子湖畔的百年学府浙江大学，是浙江教育史上最闪耀的一颗明珠，那里走出过苏步青、竺可桢、贝时璋、马寅初、李政道等学界鸿儒。近些年，因为一届又一届的浙大学子在杭州创业创新领域的突出表现，而收获了一个响亮的名号——浙大系。

李响也是浙大系创客中的一员，他的身上有着浙大系重技术、重产品的共性，也有着"叛逆"爱折腾的一面。身为工科生，李响对产品精益求精，在看到产品的不足与进步空间后，更是带领瑞杰珑的团队投身于产品的改进和研发当中。

公司经过多年的发展，在视力辅具行业已经形成特有产品线，通过雄厚的研发技术及先进的管理理念，在国内外市场均树立了良好的品牌形象。目前，已在我国香港、北京、深圳以及美国设立分公司和办事机构。2014年，成功并购英国公司ZOOMAX，正式进入国际市场，并在全球72个国家和地区建立了低视力产品系统解决方案。2015年，成立杭州镜之镜科技有限公司，旗下产品"云夹"专注于青少年近视的研究、防控和大数据云计算。

瑞杰珑致力于视力障碍辅助器具的一站式服务和经营，从视力验配、方案设计到产品提供、售后服务，已经形成了完善的服务体系。产品成功应用于各级残联系统的康复工程建设、全国特殊教育系统、国内三甲医院和连锁医院等成熟的营销网络并覆盖全国。

瑞杰珑的"视界"梦

2016年，公司着眼布局未来的整体视力产品市场，设立新产品事业部，重点聚焦眼科设备、斜弱视等产品，至此，公司正式形成低视力产品线、近视防控产品线、新产品线三条产品线。

瑞杰珑研发的"云夹"，是一种戴在眼镜框上仅重6克的可穿戴近视防控设备，一经发布就受到高度关注，更是受到业界一致好评，各大媒体争相报道。专家认为，云夹在近视控制方面的监测精准度高达97%，将是近视眼临床防控方面一个新的有效手段。

从事低视力辅助设备的研发多年，李响熟知这个领域全球市场，更看好未来的发展。"全球约有超20亿台智能设备在使用中，近年来，很多人在使用智能设备时用眼过度，导致近视率快速上升。此外，还有很多老人因年龄等问题导致视力下降。"人们通过眼睛看世界，眼睛对于人而言至关重要。瑞杰珑渴望通过创新科技解决人类面临的各种视力问题，希望到2025年能够帮助1亿人提升他们的视力，包括近视、弱视、低视力到盲人患者，都能通过公司提供的产品和服务更好地工作、学习和生活。李响正带领他的团队用科技改变人们的"视界"。

优思达生物尤其敏：
让分子诊断随处可行

* 该企业获 2015 年中国创新创业大赛
浙江赛区生物医药行业一等奖

　　尤其敏，美籍华人科学家，博士毕业于加拿大维多利亚大学生物化学和微生物专业，是杭州优思达生物技术有限公司创始人之一，目前担任公司董事长兼总经理。

　　优思达生物的恒温核酸扩增系统结核诊断技术获世界卫生组织（WHO）的全球推荐；专利技术《无仪器样本处理方法》和《交叉引物核酸恒温扩增》获比尔·盖茨基金会及加拿大"大挑战"两个项目的资助（共约 240 万加元）；2012 年，获比尔·盖茨基金会批准并资助，负责开发并生产小儿脊髓灰质炎诊断试剂，用于"全球消灭小儿脊髓灰质炎"国际合作项目。2014 年 8 月，在尤其敏的带领下，杭州优思达生物技术有限公司再次获得盖茨基金会无偿科研资助和投资共计 1127 万美元，成为盖茨基金会在中国投资入股的首家企业，也是迄今为止唯一一家。

一位海归博士的杭州创业梦

　　优思达是做什么的？简单说来，就是研究如何普及分子诊断技术，让原本只存在于大医院或大实验室的高科技医疗设备以低廉的价格、更方便的携带方式，走入乡村、普通诊所，甚至有一天走进千千万万老百姓的家里。"让分子诊断随处可行。"优思达创始人尤其敏说。

尤其敏回国创办优思达的理念，与其在美国 BD 公司（世界上最大的医疗技术及医疗设备公司）的工作经历密不可分。分子诊断是个高端产品，只适合用于富裕国家的大医院或中央实验室来检测传染性疾病。但其实很多传染病都起源于偏远地区、贫困地区，如果能在源头上实现快速诊断的话，很多传染病就不会扩散开来。

"但是世界上没有这样的产品，当时我就想 BD 公司的恒温扩增技术用来做这种普及型产品最合适，为什么不做呢？BD 公司市场部以产品成本较高难以市场推广为由将这个设想否定掉了。老外做不成的事儿，我们中国人自己来。"尤其敏脑海里闪现出这一念头，就毅然决然地放弃了美国优厚的工作待遇和生活条件，举家回国创业。

最终，他的梦想在杭州市实现了。创业维艰，埋头实验室近 10 年的时间，投入了五六千万元的资金，他和研发团队突破了技术上和工艺上的一系列瓶颈，从无到有。"终于第一代产品研发成功，拿到了批文，正式销售。"

受比尔·盖茨基金会青睐

优思达 CPA 全自动核酸诊断试剂及仪器，颠覆了传统链式反应技术，将复杂昂贵的诊断仪器变为方便快捷、低成本的诊断产品。实际操作时，用户仅需将临床样本加入一次性装置中，再将装置放入仪器，"一键式"启动，仪器就会自动选择预置的程序模块，30 分钟即可出诊断结果，结果可打印也可上传云端。形象的比喻，就像把过去价格昂贵、操纵复杂的"光学相机"变成了大众更乐意接受的"傻瓜相机"，这一创新极大地提高疾病的诊断效率。

优思达的产品有效地解决了基层医院、贫穷落后的国家和地区难以进行疾病检测的问题。特别是在应对突发性传染病时，需要现场检测，能比较好的适用；产品巨大的市场价值、技术价值和社会价值获得了比尔与梅林达·盖茨基金会的青睐。另外，优思达还先后获得了君联资本、软银赛富、浙江华瓯等著名投资机构的信任和投资。

由于盖茨基金会以及创投机构的支持，优思达公司步入了一个健康、良性的发展轨道，为优思达的产品走向世界打下基础。未来，优思达将该产品开发成高通量的中型机和大型机，冲击以荧光定量 PCR 为主的高端市场，形成高、中、低市场全面覆盖。

十星人影视刘佳：
用视觉技术打造中国最好的视效电影

*该企业获 2015 年中国创新创
业大赛文化创意行业二等奖*

刘佳，十星人总裁、创始人、投资人，中国电影制片人协会理事，中国作家协会会员。年轻干练兼具温柔贤淑，与爱人白宇携手创业，开启了"十星人"影视的一番事业天地。

十星人是一家以影视剧本原创、影视投资出品、影视特效制为主的综合性文化军团，是目前国内唯一的一家与世界三维动画及视觉效果公司 Side Effects Software，就 Houdini 商业技术应用达成合作的影视特效公司。目前，一方面公司正在整合自身资源，利用自身影视品牌效应，与博纳影业、海润传媒、八一厂、星皓传媒、森田传媒、大盛国际、唐德国际、东方华影等众多影视公司合作电影、电视剧；另一方面公司还将受众群体锁定在青年人身上，致力于打造真正属于青年人的电影。

铭记初心，坚持做到精益求精

在刘佳心中，创业不是一件可以轻易去做的事情，一旦开始，便是责任，对自己选择和梦想的尊重，对团队成员的责任，对家人朋友的感恩。"我的第一份工作是记者，采访过蛮多人，随着时间推移，你会发现当时很成功的，不一定现在还出色，而当时普通的，不一定现在还平庸。"目睹沉浮变化，不确定的未来对于刘佳反而产生了吸引力。她的第二份工作是一家知名特效公司的宣传工作。也正是这份工作让刘佳有幸参与到了2008年奥运会开幕式的策划工作中，亲眼见证了开幕式上特效的运用。"当时就觉得，被震撼到了，着实让人耳目一新的感觉。"刘佳说，正是有了之前的工作积累，让她在遇到有着共同兴趣爱好的白宇之后，更加坚定了自己创业做视效公司的想法。

经过不懈努力，除此之外，＋星人是中国电影制片人协会唯一的特效公司，为＋星人在影视市场上提供了独特的平台。目前已与万达、光线、唐德、大地、百年、华策、大盛、海润、馨江等多家影视公司维系战略合作，并与海外高精尖技术团队 SONY Pictures、Digital Domain 和 Image Engine 建立起盟友关系。

讲好中国故事，我们很任性

刘佳认为在中国做影视特效，空间非常大，她和丈夫都想做一部属于中国自己的、高质量、高口碑的电影。在刘佳心目中，这部电影应当和集中体现英国文化元素的《哈利·波特》一样，是一个可以代表中国文化的艺术标杆。

作为"＋星人"影视的总导演与品牌代言人，刘佳的丈夫白宇是国内知名的新生代青年视效导演，《龙门飞甲》《狄仁杰之通天帝国》《赤壁》《大国崛起》《南宋》等影视作品中的视效均有他的手笔。从这一系列作品中，不难看出，白宇和刘佳一样，对中国故事有着异常的执着。"我一直都觉得，我们中国的传统文化是一份宝贵的历史财富。现在我们在与很多国外的人交流过程中，会发现他们是羡慕我们的，羡慕我们有着如此之深的文化积淀，有那么多动人的故事。"刘佳认为技术从某种层面上可以学习或研发，是由科学所支撑起能具有广泛认知共识的。但是从传达出的文化层面而言，每个人的理解是不同的，这也就是为什么现在很多的大制作影视作品，特效往往可以做得很炫，但内容却不灵动，没有办法让观众获得内心的共鸣。

所以，刘佳的创业初衷是基于技术拔高的基础上，讲好中国本土故事。"我们的团队，目前的技术配置已经可以说是顶尖的了，只要在预算以及时间充裕的情况下，达到好莱坞特效制作团队的水平是没问题的，接下来就是用特效技术把我们具有地域特色的优秀传统故事诠释得更具可看性。"

爱财集团钱志龙：
坚守合规底线，打造普惠金融新高地

* 该企业获 2015 年中国创新创业大赛
互联网与移动互联网行业二等奖

钱志龙，浙大物理系毕业，阿里工号 75，为阿里贡献了 10 年青春，是阿里最高速发展 10 年的深度参与者，也是阿里内部的连续创业者，目前担任爱财科技董事长兼 CEO。

钱志龙说："在创业路上，阿里是我的初恋，爱学贷、爱财集团是我的孩子。"在阿里，他是执行战略的大将，一直冲在前线，将战略转化成战术并达成目标。现在执掌爱财集团，是从战略层面领导企业，不仅要整合人才、数据、资金等全方位资源，更要有超前的战略眼光选好项目，并且在每个节点上把握方向。好比一个厨师，最重要的是要把握好火候，才能把菜烧好。

黄金 10 年创业历程，练就一身手艺

从阿里内部创业到爱学贷、爱财集团，很多创业"手艺"是一脉相承的，只会更加熟练和得心应手。很幸运，钱志龙能在创业初期进入一个上升的行业，参与一家伟大的公司的黄金 10 年创业历程。他所练就的一身本事，为爱财集团今天的快速成长提供了一个很高的阶梯。

消费金融是未来趋势，过去 10 年，一切行业都在互联网化，未来 10 年，一切行业

又都将金融化。互联网消费金融利用互联网技术手段的创新，将会给消费金融行业带来新的商业模式和观念。场景化是互联网消费金融的重要特征。移动互联网时代，场景决定流量，普惠金融未能覆盖的以大学生为核心的年轻人市场是信用消费的潜力市场。

中国正在经历一个大的消费升级，年轻人追求品质生活，有巨大的消费金融需求，他们的消费习惯决定着未来产业链，这里孕育着一个巨量的消费金融市场。这正是爱财集团面向未来的布局。

坚守信用底线，推进信用消费

金融的核心是风控，目前爱学贷就自主开发了一套业内领先的风控管理系统，这是由反欺诈模型、信用评分模型组成的。我们会通过这些技术创新为用户带来更加放心和便捷的金融服务消费体验。在产品运营方面，我们有业内最优秀的团队，也很年轻、开放，会不断提供最贴近年轻人的产品和服务体验，满足年轻人学习、生活、就业、创业等需求。

大学生分期是一块巨大的市场，大学生是信用最好的人群之一，是潜在优质市场，这是我们一贯看好的。对于这个市场，要开发与引导并重，培养良好信用。同时要合规经营，以大数据风控营造安全消费环境。除了要坚守信用底线，还要推进信用消费，绝不姑息欺诈和犯罪，积极联合执法部门打击犯罪，联合同行建立大学生信用联盟，共同维护市场。

兰特普电子何建军：
国际上最小、最简单的可调谐半导体激光器

* 该企业获 2014 年中国创新创业
大赛电子信息行业二等奖

何建军，巴黎第六大学半导体光电子学博士、加拿大国家科学院任研究员、加拿大国家科学院杰出成就奖获得者、浙江大学长江特聘教授。他从事半导体光电子集成器件的研究，曾创建公司，并开发了国际领先的集成化密集波分复用（DWDM）器件技术和产品，分化出 One Chip Photonics 和 Enablence 这两家活跃于光子集成通信器件领域的高科技公司。开发基于集成光子回路（PIC）和平面光波导技术（PLC）的器件产品。其中，Enablence 在加拿大多伦多创业板上市，市值超过 1 亿美元。

坚持技术创新，谋取竞争先机

杭州兰特普光电子技术有限公司成立于 2012 年 9 月，2013 年获杭州市西湖区优秀创业创新"325"计划 A 类项目（500 万元）资助，被评为杭州市青蓝企业。公司专注于开发、生产和销售光电子集成芯片和器件产品，应用于光通信、健康医疗仪器、环境监测等领域，为迅速发展的宽带智能光网络和光纤到户，以及非介入式医疗诊断和持续性健康监测提供新型半导体激光器以及多功能、高性能、低成本的光电子集成芯片和器件。项目产品填补了国内在高端有源光电子芯片产品领域的空白，并通过创新技术，使得制造成本大大降低，能够以远低于国际竞争价格的成本生产高性能和多功能的产品，从而可以快速拓展国内外市场。

在 2014 年 3 月美国旧金山举行的国际上最大的光通信展会 OFC 上，公司首次发布了 V 形腔可调谐激光器产品原型，成为国际上最简单、最小的可调谐激光器光发射模块，得到业界的极大兴趣和关注。2015 年 3 月，在 OFC 上又推出适合光纤到户接入网的更低成本的 TO-can TOSA，随后获得了 Google Fiber、HP 等多家大公司的样品订单。

兰特普电子的竞争优势包括具有自主知识产权的新型芯片设计，可以实现更高的性能、更简单可靠的运作方式和更低的成本，除了光通信、光互联市场外，还可以面向健康医疗、生物检测等信息感知领域的新兴应用。

2014 年 9 月，公司获 1500 万元 A 轮风险投资，初步建成了可调谐半导体激光器光发射组件的一期生产线。目前，公司拥有 11 项发明专利，已完成 V 形腔可调谐激光器产品原型样品验证，正处在进行客户试用和测试产品小批量生产阶段，已与华为、中兴等公司签订了样品订单及合作协议。

果麦文化路金波：
不想拍电影的作家不是好的内容创业者

＊该企业获2015年中国创新创业
大赛文化创意行业二等奖

路金波，知名出版人，现任杭州果麦文化传媒有限公司董事长。公司致力于以互联网思维打造优质、全媒体形式的文化产品，希望为更多的人提供更好的精神食粮。已成功策划了《易中天中华史》、"ONE"系列、经典名著重译等兼具良好社会效益和市场效益的精品图书，并且成为行业内出版效率最高的出版公司。同时，在公司发展过程中，果麦在数字出版、新媒体领域进行了"先锋式"的探索与尝试，并取得了不俗的成绩。

只做自己相信的东西，把出版变成工业

1997年，从西北大学经济系毕业后，路金波选择从事当时新兴起的互联网行业，成为互联网行业最早的一批从业者。凭借自身才华，很快成为网络文学界鼻祖，以笔名"李寻欢"与宁财神、邢育森并称为"网络文学的三驾马车"。

2000年，路金波任榕树下网站总编辑，并在2002年开始逐步接手出版工作。其间，路金波作为王朔、韩寒、安妮宝贝等国内知名作家的"大东家"，运作出版畅销书《成都，今夜请将我遗忘》《若星汉天空下》《Q版语文》《一座城池》《莲花》等书，更成功推出"小妮子"系列，制造了畅销书"流水线"，从而"把出版变成了工业"。

2012年，路金波在浙江成立了杭州果麦文化传媒有限公司。旗下签约主要作者有韩

寒、易中天、冯唐、安妮宝贝、安意如、赵闯、李继宏等。

文化产业的发展前景非常广阔，整个社会对文化产业的关注度都比较高，所以在这个领域里，任何时候都有机会。但路金波坚持不盲目地为了"风口"去创业，创业一定要去做自己喜欢并且相信的事情，这样才能坚持下去。可以说创业是一个冒险的海上航行，唯有坚持才能胜利。

为中产阶层，提供更好的精神食粮

文化创意产业是"刚需"，人的肚子永远都离不开面条米饭，人的脑子也永远都要"吃"图书和电影。

作为用新思维打造"互联网＋文化"的传媒平台，果麦致力于以互联网思维打造优质、全媒体形式的文化产品，为城市新兴中产阶层，提供图书、电影、互联网文化产品等"更好的精神食粮"，主要方向有文学、历史、科学、宗教四大类。果麦文化的图书出版品效连续两年位居行业第一，是行业平均值的 20 倍。

同时，在公司发展过程中，果麦在数字出版、新媒体领域进行了先锋式的探索与尝试，取得不俗的成绩。2014 年进军电影投资与制作，是电影《后会无期》《万物生长》《万万没想到》的主要出品方。此外，还参与制作了国内首个文学真人秀电视节目《文学英雄》等。

果麦以优质 IP 为基础，以互联网为手段，打造贯穿纸质书出版、数字出版、电影、电视、新媒体营销等全方位的互联网文化传媒平台。而果麦也凭借精准的市场定位和发展方向逐步成为业内独具特色的传媒公司。

闪铸三维裴文剑：
共创富有乐趣的 3D 生活

＊该企业获 2015 年中国创新创业大赛先进制造行业二等奖

　　裴文剑，清华大学精密仪器专业硕士，浙江闪铸三维科技有限公司创始人之一，目前任董事长兼总工程师。

　　清华大学硕士毕业后，裴文剑曾任浙江省邮电规划设计院项目工程师、上海海利宁自动化科技有限公司总工程师、杭州派尔科技有限公司副总经理。在 6 年的工作生涯中，对自动化设备的整体设计和控制系统有较为深刻的了解，有带领团队开发多款大型设备的经验。2012 年 6 月，裴文剑与浙江大学机械专业硕士毕业的区宇辉、中国人民大学新闻传播专业的陈铮铮合作创办了浙江闪铸三维科技有限公司。公司研发生产 3D 打印机及配套周边产品。

清华理工男的创业路

　　3D 打印是快速成型技术的一种，是一种以数字模型文件为基础，运用粉末状金属或塑料等可黏合材料，通过逐层打印的方式来构造物体的技术，于 20 世纪 90 年代中期最早出现在美国。

　　作为一个新兴的行业，3D 打印技术只为少数国外企业所掌握，国内最早研究该技术的是在清华大学等少数几家高校。物以稀为贵，3D 打印机在面世之初，价格高昂，令人望而却步。而且主要应用于工业方面，很少有消费级的民用 3D 打印机。裴文剑在浙江大学读书时就接触到了 3D 打印相关的一些信息，对 3D 打印这种新技术非常感兴趣。清华大学作为国内 3D 打印技术的前沿学术发源地，让裴文剑更多更广地了解了该技术。

由于与区宇辉志趣相同，裴文剑在就业 6 年后决定同他合作创办浙江闪铸三维科技有限公司，并在起步时将公司定位于桌面式消费级的民用 3D 打印机。相对工业级的 3D 打印机，桌面式消费级的民用 3D 打印机价格低廉，应用也更为广泛，具有更为广阔的发展前景。目前，闪铸科技拥有九大系列几十款产品，建立了涵盖 3D 扫描仪、3D 设计软件、3D 打印机、3D 打印耗材和 3D 打印服务的完整产业链；产品分为民用级、商业级、工业级 3 个层次，满足不同类型的用户需求；同时在技术研发、渠道建设、售后服务等多方面均处于行业领先水平。

亲民的智能 3D 打印机

本公司研发的"Finder —— 发现者"作为一款智能 3D 打印机，市场定价仅为 2999 元，面世以来受到国内外广大用户的一致好评，销售额已过 1000 万元。并随着 3D 打印技术的普及，个人消费者直接采购 3D 打印设备的比例增加，而"发现者"凭借不俗的工业设计、稳点的打印表现以及亲民的售价，深受用户的喜爱。目前用户既有 60 周岁的退休工程师，也有小学 3 年级的小学生。

2016 年 7 月，华中科技大学采购 30 台"发现者"组建 3D 打印实训教室，学生的设计作品可以直接通过 3D 打印机完成设计作品打印，避免学生设计需要支付的高额的校外加工费。除了教育领域，在医学领域，该产品也有不凡的表现，已经成功应用于青岛市立医院眼科中心。该医院成立 3D 打印眼科应用研发中心，利用 3D 打印技术制作眼科治疗导板，提高治疗成功率。此外，3D 打印技术快速成型的特性，深受设计行业的青睐。发现者已经成为中小企业尤其是工艺品企业的产品开发重要协助工具。

未来除了继续在线上线下运用多渠道、多形式的推广外，还将通过配套的耗材销售、周边产品套装来持续刺激新的消费增长点，同时还将推出整体解决方案，将应用推广到多领域。可以预见，该产品的盈利将会有更大的、更持续的增长。

才云科技张鑫：
首个集群即服务的大数据解决方案

　　张鑫曾经是美国谷歌软件工程师，从事谷歌核心技术底层系统研发。2012—2014
年，作为主要技术人员从事谷歌数据中心（IDC）集群管理系统（Cluster Management）
的研发，该集群系统自动管理和维护着 95% 以上的谷歌集群机器；他带头开发的自动
故障应对系统将谷歌集群的故障率大幅降低；作为核心技术人员参与了谷歌云计算平
台从系统到产品的全线式开发；开发的图形化应用部署（Click-to-deploy）、部署经理
（Deployment Manager）等产品上线后即获得用户广泛使用；设计了谷歌倡导的新一代
"云服务"（Managed Cloud），此理念获得了美国 IBM、VMware、Redhat 等云计算巨头
公司一致响应。

　　张鑫于 2012 年获美国顶级计算机学府卡内基梅隆大学（CMU）计算机博士学位，
发表国际学术论文数十篇，成为分布式系统和网络安全方向的学术专家，曾为美国个性
医疗初创公司 SMART-MD 和 All Pancreas 提供应用软件平台构架、安全技术咨询和基于
云平台的系统开发。

离开谷歌，研发 Caicloud

　　Docker 这项技术在谷歌内部从 2000 年就已经开始使用了，非常成熟。几位创始人
原来都是谷歌的资深工程师，利用这项技术，每年为谷歌节省了上千万美元的成本。但
是谷歌一直没有将这项技术开源，所以外界一直没有人知道。直到两年前，美国一家

叫 Docker 的公司，研发了一个类似的技术用以解决了同样的问题。Docker 产品一推出，就在国内掀起了一股热潮，很多企业也非常希望使用 Docker 技术。张鑫鑫等人在谷歌工作了很多年，各项技术都积累了不少经验，想利用这些经验把自主研发的产品才云（Caicloud）带到国内。他们基于国内一些特定的现状对产品了自主创新，以便更好地为国内的企业服务。

才云（Caicloud）是一家云计算创业公司，核心团队成员来自美国谷歌、亚马逊、卡内基梅隆大学（CMU）顶尖云计算技术团队。作为中国唯一原生谷歌云服务底层集群团队以及美国 CNCF/ The Linux Foundation 合作会员单位，才云推崇 GIFEE 哲学（Google's Infrastructure for Everyone Else），主推新一代容器集群技术（Container Cluster）提供支持企业 IT 开发、测试、部署、生产、智能监控、运维等全链条、全自动云端服务。才云独家研发的 Caicloud 云平台运维管理系统包含六款产品，并提供高效的 Tensor Flow 深度学习与数据挖掘工具与服务产品。才云在电商、金融、运营商、教育、传统企业等行业均有成熟解决方案，并且已在国内众多大型企业落地运行 Caicloud 云平台产品。

在 Docker 已然大火的今天，才云认为 Docker 只是"开始"，而远不是"终点"。当企业尝试用 Docker 后，会立刻浮现很多实际问题，"Docker 多了怎么管理""跨主机 Docker 如何通信""在 Docker 的世界里新的运维流程和体系该如何构建"……总而言之，Docker 这项新技术，不光意味着新的学习曲线，还可能会改变用户或企业多年所积累下来的开发、运维实践习惯和体系，这才是最大的挑战和鸿沟。

才云认为，Docker 本身一定不是核心竞争力，而真正的核心是如何能让用户或企业"无痛"地从非 Docker 的环境迁移至 Docker 化的世界，如何帮助用户在新的 Docker 化的世界里建立一整套的开发运维体系，以及如何自动化地管理"大规模、集群化"的 Docker 系统，打造"菜鸟"都会用的 Docker 集群。

浙江卷积科技张幼文：
海外求学数十载，归国创业两年成

* 该企业获 2014 年中国创新创业大赛
浙江赛区先进制造行业二等奖

张幼文（图中站立者），浙江卷积科技有限公司副董事长，美国宾夕法尼亚州立大学和特拉华大学博士，在美从事国防科研 20 多年，入选浙江省第七批"千人计划"。

张幼文是美国迈阿密大学教授和博士生导师，曾进入美国国防部项目科研中心，担任研究科学家，并获得美国永久居留权、美国国籍。在美期间，完成大型项目 19 个，包括来自美国国防部的 16 个大型项目，以及来自通用汽车等大公司的 3 个大型项目。曾获得 1992 年美凯特林基金会提名的"杰出科学家"、2000 年美国国家级铁贝茨大奖、2005 年美俄亥俄州杰出科学家、2007 年美国肯塔基州州长授予的"南北战争时最高荣誉上校"称号。

放弃美国，回国来杭创业

对于张幼文而言，如果实现不了自己的梦想，那么在美国的生活也会变得没有价值。在内心强烈的中国情结的驱使下，他萌发了回国发展的念头。就在这个时候，一个浙江省代表团的到来，让张幼文把目光投向了浙江。不久后，张幼文受邀到浙江考察，于是，他来到了杭州。

抱着试试看的心理，张幼文带着自己的项目，于 2012 年申报了浙江省第七批"千人计划"。申报获得了成功，这给了张幼文很大的信心。"我觉得浙江省政府认可我的项目，说明我的项目符合浙江省的产业发展方向，这将有助于把我的研究成果快速产业化。"张幼文说。2013年初，张幼文毅然辞去美国的高薪工作，放弃美国国籍，来到杭州创办企业，成立浙江卷积科技有限公司。

创办企业两年多，公司被估值 1.2 亿元

公司研究高精度深紫外拉曼光谱仪，主要用于微量物质识别鉴定。相比其他技术，高精度深紫外拉曼光谱仪有很多优势。与气相色谱仪比：它响应时间更快、不需要载气、不需要多个色谱柱、操作更简单；允许低含量水分存在，不需要消耗材料。与红外分析仪比：它能同时分析更多成分、量程范围更大、相应速度更快、精度等级更高、不受水气影响。与质谱分析仪比：响应时间相当甚至更快、允许低含量水分存在、能够分辨同分子量气体（如 CO 和 N_2）、维护运行成本更低，不需消耗材料。

现在，卷积科技的气体拉曼光谱仪已经在全国进行推广，并与上海神开股份（石化）、浙江大立科技（电力系统）、浙江大学控制系（石化）、美国 ARI 公司（国外总经销）、国家电网（电力系统）、上海理工大学（科研）、中物院（石油管路检测）、九阳股份（科研）展开合作；并开始准备第一轮股权融资，以 4% 的股份，融资 300 万元。仅仅创办两年多，公司已被估值 1.2 亿元。

未来，卷积科技将以气体拉曼光谱仪为市场突破口，以国内市场为根基，在 3—5 年内打入国际市场，逐步建立一个全球性的品牌。在此基础上，将产品拓展至液体拉曼光谱仪、固体拉曼光谱仪。10 年后，将形成一家产品种类齐全、市场占有率 20%，全球知名的拉曼光谱仪供应商。

浙江国自郑洪波：
让移动机器人改变人类生活——机器人的中国梦

> * 该企业获 2014 年中国创新创业大赛
> 浙江赛区先进制造行业二等奖

　　郑洪波，教授级高级工程师，浙江国自机器人技术有限公司创始人之一，目前担任总经理兼总工程师，浙江省级重点企业研究院——国自机器人信息工程研究院院长，浙江省重点创新团队骨干成员。同时，郑洪波也是浙江省"151"优秀中青年科技人才，杭州市新世纪"131"人才，中国自动化学会机器人专业委员会委员、杭州市机器人协会秘书长。

　　郑洪波在自动化行业深耕多年，以敏锐的产业眼光和对机器人事业的极大热情投身于机器人行业，成功研发上海世博会海宝服务机器人、智能巡检机器人等优秀产品。

迎难而上，勇挑世博重任　深谋远虑，规划产品布局

　　2010 年，刚刚起步的国自机器人与上海世博局签订了上海世博会"海宝"智能服务机器人合同。短短 4 个月，国自成功地把 37 台大型服务机器人从构想变成图纸，再制作成能跑会说的机器人。

　　随后，郑洪波把目光投入到了工业机器人在电力领域的应用。智能巡检机器人采用先进的一体化设计和先进的自主导航技术，能代替人工进行特种环境下设备的检查，通过自主移动底盘，搭载各种传感器设备，由无线网络进行数据的回传，通过特有的巡检

软件对传感器数据进行分析，预测危险，也可通过自身携带的报警设备在危险发生时进行报警，大大增加了电力系统和其他特殊场所的安全可靠性。

经过 3 年的自我完善和市场培育，2013 年 10 月，国自机器人成功中标国家电网巡检机器人集中招标项目，国自一举成为国家电网集团该类产品第二大供应商。

机器换人，推进产业升级

2010 年以来，浙江省委、省政府就提出了"机器换人"战略。正是看准了这一契机，国自机器人在工业领域的应用也得到了飞速发展。

国自为杭州人人集团有限公司的点烟器生产线进行的自动化改造项目就是这样一个典型案例。目前一个工人可以同时操作几条流水线（此前每条生产线需要安排 8 个工人），每条流水线的生产效率也由原来的每小时 2400 个提高到目前的 3600 个，且全自动的流水线可以 24 小时不停运转，减员增效的效果非常明显。

另外，国自还针对智慧工厂推出了工业自动化整体解决方案，集驱动技术、机械技术、控制技术、传感测验技术于一体，有机地整合、优化各种独立、分离的设备、人工流水线，发挥设备、人工的最大功能，为企业大幅降低人工劳动强度，提高生产率，最大限度地实现减员增效。

事实上，在国自机器人的名字里，藏着自动化人的一个梦想——国自，就是"中国自动化"。到 2020 年，国自将成为一个多元化的机器人集团，专注于移动机器人的发展，致力于用机器人的力量推动社会发展，让移动机器人改变人类的生活，这是国自机器人的梦想！

明峰派特潘华素:
高性能医学诊断设备关键零部件国产化

* 该企业获 2014 年中国创新创业大赛
浙江赛区生物医药行业二等奖

　　潘华素,1992 年本科毕业于宁波大学临床医学专业,毕业后在宁波妇女儿童医院任内科医师。2007 年至今,先后创办慈溪明峰医院、明峰医疗系统股份有限公司、杭州明峰派特科技有限公司,是杭州明峰派特科技有限公司创始人,目前担任公司董事长。

致力医学影像系统,只为一个振兴民族医疗产业的中国梦

　　潘华素洞察到我国是世界上潜力最大的医疗器械市场,市场前景非常广阔,但也深知我国医疗器械企业研发投入不足,国际品牌占领了国内高技术医疗设备市场 60%—90% 的份额。国内医疗设备技术工艺、生产规模和品牌的竞争力相对较弱已经成为国内企业无法绕过的一个障碍。外资企业占据市场主导地位也导致了国内百姓看病难、看病贵的社会问题日趋凸显。

　　有感于此,潘华素于 2011 年发起成立了明峰医疗系统股份有限公司,至此为明峰集团成功进入全球高科技的医疗成像技术与设备生产企业迈出了重要的一步。2013 年,发起成立杭州明峰派特科技有限公司,致力医疗成像设备关键零部件的研发和生产。

　　潘华素坚持企业发展以人为本的理念,秉承用人唯贤的策略,引进及培养国家"千人计划"科学家 2 名、省"千人计划"科学家 8 名、绍兴市"330"计划人才 5 名,以及

数十位业界权威科学家。公司成立仅 3 年就成功开发出具有自主知识产权的 16 排 CT、16 排 PET-CT，填补了多项国内技术空白。其中，16 排 CT 已取得医疗器械注册证而且率先将高性能的 SiPM 技术成功应用到 PET 探测器技术中，该产品技术上国际领先，现已通过创新医疗器械特别审批。同时，公司被委以"十二五"国家科技支撑计划两个重大科技项目的重任。企业研发机构被认定为省级重点企业研究院。

锐意进取，只为惠及大众

目前，研发团队已经突破高效率、高速度迭代重建算法和软件以支持低剂量扫描，使目标剂量降低 60% 以上。完成图像伪影消除技术，设计了人性化并具有高操作性的软件界面和图像后处理系统。16 排 CT 探测仪 ScintCare CT 16 在图像噪音、温控等方面都超过了国际同类最先进仪器，并取得 CFDA 的产品注册受理。

随着公司 16 排 CT 的产品化，未来公司将有更多的成果应用在 64 排、128 排高端 CT 系统、PET、PET-CT 中，这将打破国外公司在医学影像领域的技术垄断和制约，提升我国医疗器械装备水平，提高我国医疗装备行业在国际上的话语权，缓解当前国内"看病难、看病贵"的问题，普惠百姓。

纳诺科技周水林：
花甲之年再创业，绍兴版"山德士上校"

> * 该企业获 2014 年中国创新创业大赛浙江赛区新材料行业二等奖

　　周水林，纳诺科技有限公司董事长，曾当过 5 年兵，后二次创业成立公司。公司前身为绍兴市纳诺高科有限公司，成立于 2004 年 4 月，2011 年正式落户绍兴滨海新城。公司已建成年产 200 万平方米气凝胶的全自动化生产线一条，是国内从业早、规模大、实力强的二氧化硅纳米孔超级隔热材料研发与制造基地。

中国造的改变世界的神奇材料

　　当过五年兵的周水林，年过花甲仍依稀可见军人风采。这从年过半百仍有"半路出家"的魄力中可见一斑。从操持了大半辈子的建筑业，转向研发高科技新材料——气凝胶。这种新材料被称为"改变世界的神奇材料"，是世界上最轻的固体材料。在近十年最热门的新材料排名中，气凝胶排在石墨烯之后，位列第二。气凝胶被广泛应用于航天航空、医药、建筑等领域。它可以承受 -200℃的严寒和 800℃的高温，其导热性比空气还低，是目前已知的最好的保温材料。

　　自 1931 年美国化学家发明气凝胶以来，气凝胶因成本高昂、性能脆弱，一直被锁在实验室里。而周水林选择气凝胶的兴奋点，恰恰就是希望能打破国外的垄断。在他办公室的橱柜里，收纳着 10 年来涉及气凝胶及其相关动态的报纸、资料。在历经 10 多年的试验后，终于在国内率先成功将气凝胶产业化，并打破了美国企业的垄断。

目前"纳诺科技"的气凝胶产品可应用到多个保温领域，既可用于大型油田的输油管道、北方城市地埋供热管道，也可用于高铁、军舰。公司"新型建筑保温阻燃材料成套技术研发和产业化项目"被科技部列入"十二五"国家科技支撑项目，产品已拿到浙江、上海的建筑新材料推广证。

年轻的气凝胶产业，仿佛为周水林注入一剂强心针，使他充满干劲，再次披挂上阵。这种充满力量、奋力前行的感觉，在周水林的人生中还出现过两次，第一次是当兵，第二次是投身建筑业。

周水林有生之年的愿望，除了将公司的气凝胶产业带上正轨，从2004年纳诺科技成立，12年磨一剑。可以想见经历过1009次失败的山德士在说出"一次成功就够了"时的心酸。周水林在气凝胶上遭受的挫败，如今，他只用摇头和浅笑来释怀。但他相信再艰难的问题都有突破口，一旦突破关键点，必定水到渠成。公司的目标是打造成气凝胶产品的全球最大供应商，目前正筹划在美国、意大利和德国开设代理。同时，上市计划也已启动。

优卓科技周伟：
远程在线教育的创新模式

* 该企业获 2014 年中国创新创业大赛浙江赛区互联网与移动互联网行业二等奖

周伟，浙江大学计算机学院 2010 级硕士研究生，2012 年获得浙江大学研究生"求是创业之星"荣誉称号，并连续两年获得浙江大学创新创业单项奖学金以及浙江大学研究生一等奖学金等。周伟分别在 2011 年和 2014 年创立杭州优卓科技有限公司和杭州云梯科技有限公司，并担任 CEO。他坚信技术一定可以给教育行业带来新的价值。

让社会少一个不合理，多一个合理

周伟已经有 5 年的创业经验，从最初的"天勤计算机考研"系列书籍，到之后的在线程序测评系统、程序类教学系统 ACM 俱乐部，再到现在公司正在进行的项目"口袋题库"，周伟一直在教育领域不断尝试创新、尝试变革。当被问起为何在创业时选择进入教育领域时，他说，来源于发现身边的不合理——当时市场上的考研教材并不适合考生的需要。基于这个不合理，周伟开始了他们的第一个项目，出版了当时第一本完全由学生编写的教材，在考研学子中广受好评，之后更成了计算机考研领域销量第一的教材。在这过程中，周伟发现，"帮助别人圆梦是一件很快乐的事情"。

周伟的项目都是基于改变社会中的"不合理"来展开的。优卓科技的在线评测系统目的是解决当前大学生理论知识强而实践动手能力弱的问题，从改变教育方式来改变这一现状，营造编程的氛围，提高大学生的动手编程能力。而现在的项目"口袋题库"，目的是改变中国人的学习方式，将前人在学习中遇到的所有问题、整理的笔记、总结的学习资源等搭建成一个知识库，然后将这些宝贵的资料通过扫描二维码的方式传递给后人，让使用者获取有价值的信息的过程变得更加简单。

坚持自己的信仰

在创办杭州优卓科技有限公司过程中，周伟一直坚持着一个观念，"创业并不是为了赚钱，而是为了解决社会的问题"。

就"口袋题库"这个项目来说，周伟的初衷便是通过这个项目来改变学习方式，甚至改变整个社会的教育方式。谈到未来的规划，他更是坦言，如果"口袋题库"可以成功的话，他们会考虑和目前较为成熟的公司合作运营这个产品，因为他们认识到单凭目前团队的力量，是很难把这个项目做得非常大的，而借助大公司的力量，更容易实现最初所想要达到的梦想，这并不违背创业的初衷。

周伟说："在创业过程中需要信仰，做任何一款产品都要有信仰。就像阿里巴巴，马云最开始做的时候就坚持让天下没有难做的生意的理念。像 facebook 的创始人想让全球的人与人连接起来，有或没有信仰是完全不一样的。"对于周伟的团队来说，一开始做"口袋题库"，就坚持着"学生更懂学生"的信仰，这让他们在遇到挫折的时候，没有放弃，选择坚持。周伟坚信：创业不仅仅是事业，更是为了实现梦想，为这个社会做有价值的事情。

盛美金源科技陈曦：
材料强则中国强——纳米流体吸能系统材料

* 该企业获 2015 年中国创新创业
大赛浙江赛区新材料行业二等奖

陈曦，博士毕业于哈佛大学固体力学专业，2003 年就职于哥伦比亚大学，并于 2010 年获得终身教职。曾获美国国家科学基金会 NSF 颁发的事业奖（美国青年学者的最高奖励）、美国青年科学家总统奖（迄今为止国际力学界华人学者中唯一获奖者），拥有多项专利技术和研究成果的独家开发权；归国后成为"长江学者"和国家"千人计划"人才。

由陈曦创立的杭州盛美金源科技有限公司专注于纳米新型材料技术的开发。公司长期关注高技术绿色工程紧密相关的前沿科技，包括能源、环境、材料、汽车与交通、航空航天、结构安全等领域的研发与解决方案。

科学家创业：千呼万唤始出来

陈曦一直致力于产学研一体化发展，在国际上获得了无数荣誉与光环的同时，始终不忘祖国的发展。2012 年起，为了回应国家和社会的重大需求，陈曦响应祖国对海外人才的呼唤，开始将美国的世界级先进技术带回中国，与国内多所高校、科研单位、企业合作，作为哥伦比亚大学驻中国大使，在中国探索出一条"产学研"结合的科技成果转换道路，并联合创办杭州盛美金源科技有限公司，担任公司执行董事。其核心团队由美国哥伦比亚大学、西安交通大学、清华大学、北京航空航天大学等国内外顶尖高校教授、博士组成，技术力量雄厚。

中国梦的实现需要新材料的支持，材料强则中国强

"力学是一门古老的学科，而能源是人类维持生存活动的源泉。我一直在思索力学如何能激发新的能源交换模式。"陈曦研制的纳米流体吸能系统材料（NEAS），是一种由专用纳米多孔材料和功能液体组成的混合物，将外界动能在巨大的纳米多孔材料—液体界面上耗散，NEAS 的能量吸收密度比任何已知材料高几十到数百倍。它能够承受多次冲击碰撞且成本低廉，目前每千克 NEAS 材料成本约为 100 元。其各项性能指标都可以在大范围内调整，适用不同需求领域，填补国内纳米材料的空白。NEAS 系列产品应用领域非常广泛，形式灵活并可方便地嵌入现有系统中，无需对现有的需要保护的系统做重大改动，可催生多个产业链。

材料是人类生存的物质基础，是推动社会发展的动力。新材料产业作为战略性产业日渐受到世界各国的重视，发达国家纷纷制订新材料产业完善的发展计划。中国作为发展中国家，更应该注重新材料的开发。中国梦的实现需要新材料的支持，材料强则中国强！作为一个科学家，陈曦希望这个平台能够产生源源不断的创新，涌现出系统性、系列性的新产品。NEAS 的研发填补了国内的技术和市场空白，产品具有颠覆性和划时代的意义。杭州盛美金源科技有限公司将继续猛扎高端新材料领域，不断进行颠覆性创新，为中国创造奠定基础。

和正医药周星露：
以仁和之心　做正气良药

周星露，毕业于浙江大学药学院，是杭州和正医药有限公司创始人之一，目前担任公司执行董事兼总经理。

和正医药是一家以原创小分子药物研发为核心的国家高新技术企业。致力于癌症、肝病等严重威胁人类生命和健康的疾病研究领域，研发具有自主知识产权的国家一类新药。通过转让、合作开发或自主开发等形式将其商业化。

一群青年博士的新药梦

和正医药由周星露等浙大药学院校友发起。自 2013 年正式运营以来，以 CRO 模式帮助客户开发并申报仿制药项目十余个。在维持公司"养家糊口"的同时孕育了和正的创新药物项目。现已在 NS5B 抑制剂和 BTK 抑制剂两个一类新药研发项目上取得了卓越的成绩，均已进入临床前研究阶段。两个新药项目已获得国内、国际发明专利十余项。另外，和正医药获得了立元创投、天使投资人李成先生等著名投资机构（人）的信任和投资。

"我们从一辆自行车的钱开始玩，然后是一辆车的钱，再是能在杭州、上海买一套房的钱。现在，我们打算实现一个'小目标'！"这是团队对新药开发烧钱方式的一句玩笑话，却掩饰不住和正团队的信心和决心。"新药风险高，但我们不惧怕，一个想法失败了，还有另一个，万一实现了呢？"

直面竞争，我们无所畏惧
甘守寂寞，我们不忘初心

和正借鉴转化医学的理念，通过其特有的新药开发手段，迅速地开发验证。现已围绕肝病和肿瘤治疗药物形成了 5 个一类新药项目研发管线。其中两个项目已选定候选药物，正在开展临床前研究。

HZ-A 抗肿瘤 BTK 抑制剂项目，获得浙江省 2016 年重点研发项目立项资助。候选药物比阳性上市药物伊布替尼选择性更高，能降低出血风险，优势显著。HZ-B NS5B 抑制剂丙肝药物项目，与药企联合开发，加速推进。该项目对标药物索非布韦，2015 年，全球销售额高达 190 亿美元。候选药物具备与索非布韦等效的抗丙肝活性，同时还具备了预防肝损、保肝护肝的功效。相信在不久的将来，该产品一经上市，定可与索非布韦分庭抗礼。

中国医药改革已全面推行，和正希望通过借助这股政策的东风，在推动医药企业转型升级的同时，也在未来中国医药直面世界竞争的 10 年中，实现我们的中国梦、和正梦、新药梦。

红相科技黄红友：
使世界更安全——SF6 气体检漏红外热像仪

* 该企业获 2016 年中国创新创业大
赛浙江赛区先进制造行业二等奖

黄红友，毕业于浙江工商大学，于 2005 年 10 月合办红相科技创，注册资金 6167 万元。红相科技是一家专业从事尖端光学成像仪器研发、生产、销售、服务于一体的高新技术企业。已研发和正在研发的产品有 SF6 气体泄漏激光检测仪（获国家创新基金重大项目立项）、红外热像仪系列、紫外成像仪。实现了产品的多元化发展，满足了不同客户的需求，其多项技术为国内首创。产品应用领域：电力系统、消防电气检测、科研机构、钢铁、石化、公路建筑、医疗、制造业、铁路、电子、汽车、警用安防等。在黄红友的带领下，浙江红相科技股份有限公司先后获得国家创新项目资助及其他各类补助项目，并获得"杭州市高新技术研发中心"和"杭州市企业技术中心"称号。

打造民族企业，努力成为行业领先者

黄红友和他的合伙人在创业初期曾成立了一家专门销售红外热像仪的贸易公司。基于对行业技术和前景的了解，在 2005 年，他们毅然关掉了贸易公司，从零开始创业。黄红友和合伙人有共同的梦想和目标，由于创业初期资源相对匮乏，大家都为产品、市场着急，有时候也会争吵，好在有共同的目标，可以基本解决所有的问题。后来合伙人退出，黄红友独自上路，探索前进，为当初的梦想努力前行。终于通过自主研发、生产、销售红外热像仪、紫外成像仪等，成为行业领先者。

公司依托技术创新和稳健经营，建立起具备完全自主知识产权的技术开发体系，主导产品及核心技术均处国内领先地位。现阶段，公司拥有计算机软件著作权 15 项，专利 30 项，正在受理的专利证书 6 项，科技成果转化能力较强。

目前，红外热像产品国内排名第四，紫外成像产品国内排名第一。其中，两项技术为国内首创：SF6 气体成像、双光谱紫外成像，且 SF6 气体成像国内市场占有率为 80%。

中国红外热像仪发展空间巨大

红外热像仪行业发展始于美国，最开始应用于军事领域，随着非制冷红外技术的发展，红外热像仪行业在民用领域得到了广泛的应用，而且展现出更为广阔的需求。随着红外热像仪在消防、电力、建筑等行业应用的推广，国际民用红外热像仪行业将迎来市场需求的快速增长期。

公司研发的 SF6 气体检漏红外热像仪，提出了一种光学热应变红外图像传感器和基于解析延拓理论分辨率提升技术相结合的方法，配合远距离光学变焦系统，解决了高灵敏度、高分辨率检测的要求；提出了基于成像系统的图像形状及密度的泄漏点高精度的定位方法，定位精度达 +/-1 毫米；设计了便于全天候观测的双显示结构；基于全新红外图像技术相结合，研发出红外结合探测不可见气体温差变化成像，判断故障部位；使用激光自动调节，发射出的激光根据现场环境的变化而自动调节激光功率的大小，实现了探测器的实时保护，杜绝了探测器灼伤；结合现场需求，提出基于 FPGA、DSP 图像存储技术，将存储内置于仪器一体化技术，很好地解决了外置存储不方便的问题。

信核数据任永坚:
为中国的关键数据保驾护航

* 该企业获 2013 年中国创新创
业大赛电子信息行业三等奖

任永坚,计算机虚拟存储领域专家,国家"千人计划"专家,美国佛罗里达州大西洋大学工学博士,杭州信核数据科技股份有限公司创始人、董事长兼总经理。

信核数据致力于为用户提供更经济、更可信、更高效的数据存储服务和信息安全,产品涵盖软件、硬件和解决方案,涉及备份、容灾、持续数据保护、存储集群、存储虚拟化等各个方面,在存储领域拥有完全知识产权。

公司产品已通过武器装备科研生产单位保密资格审查和总装备部武器装备单位资格审查,产品已进入政府采购体系,在国防、公安、政府部门、金融、电力等涉及国家信息安全的重要部门以及教育、医疗、能源、制造、电子多个领域得到应用。2016 年 11 月,完成新三板挂牌。

首创"中国制造"保护信息安全

"我的梦想是在中国的大地上创建一家具有自主知识产权的数据网络存储和安全保护的高科技企业。"任永坚如是说。

2006 年,任永坚带领三个归国留学人员组成创业团队回国创业。任永坚创办信核,他解释说:"信"既指"信息",又指"信任";"核"也包括两层意思,一是他原来所在的美国公司就叫"数核"（直译），二是数据信息是企业的核心。他们所做的，也就是为企业提供数据管理和信息安全产品。

这是真正意义上的国产！伴随着信核数据科技有限公司的成立，信息安全领域的首家"中国制造"就这样诞生了。为了明晰知识产权，任永坚带领他的团队坚持做一家专业的软件开发企业，从源代码开始一步一步研发完全拥有自主知识产权的数据管理保护系统。经过多年的努力，信核数据已经获得授权和受理的自主知识产权发明专利 16 项，著作项 14 项，专有技术 13 项，承担各级政府科研项目 15 项。

"创业是艰难的，特别是我们这个行业，在初期存活率是很低的，但我们已经过了生与死的最艰难时期。信核的成立不仅为华人在信息安全上争了一口气，争夺荣誉，同时也维护着中国信息安全。"

依托核心技术：扩大国内市场占有率，打开海外市场

信核数据成立于 2006 年，自公司成立以来，连续多年被中国存储峰会评选为年度创新企业。2011 年，公司成为 IBM 中国大陆仅有的两家五星级 ISV（独立软件供应商）之一并与之建立联合实验室；2014 年、2015 年，信核数据存储网关销量在 CCID 权威报告中稳居国内自主产品第一。公司与 IBM、微软、VMware、Qlogic 等公司长期开展研发级合作，公司所有软件产品均为自主研发和完全自有知识产权产品。在虚拟化存储软件市场范围内，公司 CDP 国内市场占有率领先，产品被 IBM、DELL、HP、富士通、曙光、中兴通讯等多家合作厂商及浙大快威、首信集团、普天集团等集成商测试认证并作为整体解决方案。

随着我国全面进入信息化建设阶段，政府、军工和军队等特殊领域的信息化进程也开始逐步深入。2014 年，信核数据以 2300 万元的销售额占据市场第三位，超过国内另一大厂商华为一倍以上。2016 年，信核在市场布局上，开拓了海外事业部，发展了新加坡等地的代理商和渠道商，为信核将产品打入海外市场奠定了基础。

嘉兴中易碳素李平：
中易碳素，步步为营，剑指新材料产业集团

* 该企业获 2014 年中国创新创
业大赛新材料行业三等奖

  李平，中易碳素董事长，进入新材料行业之前，创业路线曾涉及软件、贸易及管理咨询等多项领域，经过多番思量与考察，最终认为新材料领域更有发展前景。

  公司自主研发产品为高导热石墨膜、石墨烯散热膜、超薄聚氨酯泡棉、纳米防水材料、高导热绝缘纳米碳铜箔、NSAIS 纳米气凝胶隔热膜、导热硅胶等产品，拥有自己的专利技术、工艺及生产设备。目前公司客户集中在手机厂、屏幕厂及手机结构件厂三大领域，客户涉及三星、LG、夏普、天马微、OPPO、BBK、魅族、金立、长盈、信维、华勤、鼎维、闻泰等大型知名企业。

销售额从零元到破亿元，中易碳素只花了四年时间

  5 年前，中易碳素只是一家刚刚成立的企业，名不见经传。今天，中易碳素不仅产值早已突破亿元，成为新材料行业内的一股新势力，而且在未来 10 年，公司更是把目标瞄准实现百亿元销售。

  在李平的带领下，销售额从零到亿，中易碳素只花了 4 年时间。"2011 年 10 月，中易碳素成立时，只有 3 名员工、一套设备、厂房 400 平方米，没有办公室，没有产品，没有客户。2012 年，产品开始销售，中易碳素正式成为 OPPO 合格供应商，当年实现

销售 300 万元。2013 年，中易碳素正式成为步步高、金立、锐嘉科合格供应商，当年实现销售 3000 万元。2014 年，中易碳素正式成为三星、魅族合格供应商，当年实现销售 6000 万元。2015 年，中易碳素正式成为华勤、海派合格供应商，当年实现销售 1.2 亿元。不仅如此，中易还完成了 5 种新产品的研发，申报了若干项专利，隔热膜更是行业首创！"李平娓娓道来，看起来这些爆发式的增长，在中易碳素每年都在发生。

人才是企业最宝贵的财富

中易从最初的两三名员工，到现在的 200 人团队；从曾经的小微企业到现在的规上企业；从昔日产品单一的功能材料领域新秀到现在产品丰富的国家高新技术企业……多维度审视中易碳素的跨越式发展，李平认为人才是创新的第一资源，也是企业最宝贵的财富。

目前，中易在已与科研单位继续开展合作的同时，吸引了来自英国巴斯大学、浙江大学等国内外知名院校的一批优秀人才，初步打造了一支强有力的研发团队。依靠该强大研发实力，虽然该公司研发团队目前不到 10 人，但已经先后成功开发出 7 个新产品。

未来，中易将力争每年推出 5—10 种新产品，并且不局限于为电子产品配套，还要以创新为支撑积极"跨界"，比如研发生产晶体材料、能源材料等。

功能材料的市场蛋糕十分巨大，从远期目标来看，中易碳素不仅要打造中国功能材料领域的领军企业，还要"对标"3M 公司、陶氏杜邦公司等国际巨头。

云谷科技丁云：
"智慧城市　智慧供热"——户用平衡热量表及大数据服务

*该企业获 2014 年中国创新创业大赛新能源及节能环保行业三等奖

丁云，毕业于浙江大学工业自动化专业获工程硕士学位，杭州云谷科技股份有限公司的创始人之一，目前担任董事长。

云谷科技是一家专业从事城市集中供热计量和节能技术的高科技企业，公司凭借领先的流量传感技术和热网节能技术，为用户提供集中供热计量节能系统整体解决方案——ENGRID 智能热网系统。公司的产品涵盖供热计量、数据集抄、换热站监控、室温控制、管网平衡、节能运维等应用，独树一帜的热网平衡运行模式，引领着供热节能技术的发展。

一个产品概念引发万台试点订单

2009 年，丁云在北方出差时，发现当地人冬天不用空调都是用热水来取暖，每户人家装一个热表用来计热。有一次和朋友聊天才知道，北方居民热表居然好多都是坏的，根本不管用，只是装着摆摆样子。了解后才知道这是供暖的热水水质原因，一般的表用一两年就坏。丁云发现这里面的市场机会很大，能否做出一种适合中国供热水质的表，成为问题的关键。经过几年的酝酿和积累后，丁云最终确定了创业方向，迈出了创业的第一步。

2012 年，当时云谷科技的产品还仅仅是一个概念，连一台样机都没有，正巧亚泰集团一行路过杭州顺道拜访了云谷，聊起公司的产品理念，从出电梯到进会议室的 15 分钟里，对方当即拍板要和云谷合作，直接询问供货时间。这是云谷第一次在去会议室路上就把会开完，亚泰集团也成为我们公司的第一个战略合作伙伴，签订万台试点订单。

数年耕耘，成就公司多项荣誉

云谷科技以城市集中供热节能技术为核心，采用物联网和大数据技术，以节能运维服务为延伸，以产品销售为基础，构建智慧城市之智慧供热。ENGRID 智慧供热，以数据中心为核心，通过 APP 服务、WEB 服务等方式向广大住户、供热企业、换热站、热源厂等提供节能服务，不断提高节能、降耗的增值服务水平，始终站在节能技术的最前沿，成为最专业的热网节能和运营服务供应商。

云谷科技核心团队成员由 12 名研发、市场和管理精英人员组成，均来自国内知名工业自动化公司，团队成员在自动化仪器仪表领域共事近 10 年，积累了丰富的技术和市场经验。特别是在换热站平衡控制、热电厂控制等方面具有上百套系统的现场实施经验，能够给用户提供工程项目设计、施工安装、现场调试、过程优化、产品更新的全过程服务。

经过 20 余年在流量测量领域的耕耘，云谷科技在流量传感器、无线传输、管网平衡、供热节能等领域具有了领先的核心技术和持续研发能力，曾主持编写行业标准，是国家支持的高新技术企业和软件企业，其核心技术拥有多项国家发明专利。

杭州景杰生物程仲毅：
蛋白质组学将引领精准医疗新时代

* 该企业获 2015 年中国创新创
业大赛生物医药行业三等奖

　　程仲毅，中国科技大学博士，2007—2011 年，先后在美国得克萨斯大学西南医学中心和美国芝加哥大学担任博士后研究员。2010 年 12 月，程仲毅回国创办杭州景杰生物，担任总经理及首席技术专家。

　　程仲毅是蛋白质修饰基础研究及应用开发领域杰出青年科学家。归国后仅两年时间，程仲毅主持承担了 2013 年国家自然科学基金、2013 年国家创新基金、2011 年"十二五"国家新药创制重大计划专项等一批国家重点科研攻关项目。获浙江省"千人计划"、省特聘专家、钱江人才、杭州市"131"人才一层次、杭州市"521"人才等多个荣誉。程仲毅教授拥有 4 项国际国内发明专利，在过去 5 年里发表了 8 篇高水平的国际学术论文，总影响因子超过 100，总引用次数超 400 次。其中，发表在国际顶尖生物学术期刊《细胞》（影响因子 34.9）上的研究论文被《细胞》编辑部选为 2011 年 5 篇研究亮点之一。

用激情凝聚团队，打造中国组学服务第一品牌

　　2010 年，程仲毅放弃了美国丰厚的薪资和舒适的生活，举家回国，创立了杭州景杰生物科技有限公司。公司成立之初，只是拥有 8 名员工的小团队。那时候，程仲毅除了要负责市场，经常出差见客户、推广产品，还要负责产品研发，只要不出差的时候，他

都会在实验室，跟大家一起做实验，帮大家分析、解决技术问题，所以身边的员工都不叫他"程总"，而是称他为"程老师"。

但是大家从他身上学到的不仅是科研的思维和技术，还有时刻都激情饱满的工作状态。一名老员工说："我来景杰5年多了，从来没见过程总有愁眉不展的时候，他随时都保持着激情和乐观的心态。"正是因为一个团队的领导时刻都向员工传递着正能量，才能把队伍凝聚成一股强大的合力，让景杰在短短5年多的时间内，从一个8人小团队发展成现在总数超过100人、学位为硕士以上者占比超过60%的高效的人才队伍。

以高端蛋白质组学平台为基础，开创"精准医疗"新篇章

公司建有全球独一无二的"组学试剂＋组学技术＋组学分析"有机整合的"一站式"高端蛋白质组学技术平台，以及生物标志物发现平台、高质量抗体平台、诊断试剂盒平台和大数据平台。凭借这些技术平台，公司整合以组学为导向的生物标志物发现，以生物标志物为导向的药物研发，以高质量抗体为基础的诊断试剂盒开发这三个环节，逐步构建起"疾病精准分层""精准药物研发""疾病精准诊断"三位一体的精准医疗产业化发展的运作链条，为精准医疗产业化开创出一片广阔前景。目前，公司已与全球著名生物医学研究实验室、大中型医院、跨国制药公司密切合作。

新的历史时期，景杰生物更是得到了中国肿瘤药物学领域权威科学家丁健院士和中医药现代化与国际化龙头企业上海绿谷集团的倾力加盟，为公司发展注入强大的推动力。在蓬勃发展的"后基因组学"时代，景杰生物立志引领蛋白质组学产业、打造具有自主知识产权的"中国第一、世界一流"的创新型生物技术公司。

上上签万敏：
依托技术实力，打造最可靠、最便捷的
电子签约云平台

* 该企业获 2015 年中国创新创业大赛
互联网与移动互联网行业三等奖

  万敏，杭州尚尚签网络科技有限公司创始人兼 CEO，曾就职于苹果公司中国总部。

  上上签，电子签约云平台领导者，在无纸化办公的大趋势下，主要帮助企业解决远程签署问题，为所有用户提供整个合同生命周期的管理与服务。上上签通过了 ISO 27001 国际安全认证及公安部信息安全等级保护三级，有效保护用户隐私安全，还提供金融级别的全面安全保障，保证合同无法篡改。作为第三方中立平台，上上签不介入任何签约方，全面对接上海东方公证处存储电子证据，让签约更安全、更便捷。

  目前 WPS、微软是上上签的合作伙伴；银联、诺亚、分期乐、手机贷、蘑菇租房等行业标杆是上上签的客户。公司已经和苹果、Intel 等国际知名企业达成战略合作协议。

做中国的 Docusign 塑造虚拟世界的诚信规则

  当万敏还在苹果公司时，就已经是一个 TMT 迷。每当有新的互联网热点和新技术出现，她都会十分好奇而热情地保持关注，LBS 技术刚刚兴起时便是如此。后来，她看到了 Docusign 这家专注电子签约的公司。电子签约的好处是显而易见的：降低成本、提高效率、防范风险。虽然 Docusign 最近一轮融资还是 2015 年 11 月的事情，但是这家公司已经累计融资 7 亿美元，正处在上市前基金的阶段。国外市场已经验证了这种模式，而 Docusign 注定无法在国内迅速打开局面——虽然需求是相似的，但他们对政策法规总有水土不服。

万敏觉得国内的机会或许要来了，她去了解了国内很多企业的签约情况，发现电子签约在国内的确是个空白市场，国内也缺乏一个可信的第三方电子签约及合同管理服务商。2014 年 7 月，万敏来到了杭州和合伙人林先锋（辞职前任阿里巴巴高级技术专家）一起创办了杭州上上签网络科技有限公司。

一年三轮融资成为行业领导者

自从上上签投身电子签约行业开始，就坚持技术投入和创新。目前，上上签是中国互联网金融协会中唯一进入协会的电子合同服务商，也是目前唯一和国家认可的公证处提供全程公证的电子合同服务商，其开创的诸多标准已经成为行业厂商完善产品的目标。同时，为确保安全性和稳定性，上上签除了定期对系统进行模拟攻击外，还主动申请各种资质认证，是国内第一家取得 ISO 27001 认证的电子签约厂商，并取得公安部信息安全等级三级保护认证（银行的安全级别）。

因为出色的产品理念和品质，上上签已得到用户和资本的双重认可。合作伙伴和客户包括 WPS、微软、银联、诺亚、分期乐、手机贷、蘑菇租房等。同时，上上签是业内唯一一家获得一线资本投资的企业，而且连续获得三轮一线基金的投资：2015 年下半年，上上签获得经纬中国 Pre-A 轮融资及 DCM 领投，经纬中国跟投的 A 轮融资；2016 年 8 月获得顺为资本领投，WPS、经纬中国及 DCM 跟投的数千万元的 A＋轮融资。雄厚的资本支持，巩固了上上签在市场上的领先地位，后续的业务推进将迎来加速发展。

爱克新材料李剑春：
改变水处理行业格局——聚甲醛纳米孔膜产业化

* 该企业获 2015 年中国创新创
业大赛新材料行业三等奖

李剑春博士，毕业于日本东京工业大学生物分子工程专业，是杭州爱克新材料科技有限公司创始人之一，目前担任公司董事兼总经理。

2014 年，三名志同道合的留日归国博士怀抱着"实业兴邦、科技强国"的梦想，创办了杭州爱克新材料科技有限公司。公司在创办之初，就得到个人天使投资者和杭州经济技术开发区管委会的资金支持，目前公司已经完成 Pre-A 轮融资，为公司的发展注入新的活力。

创业的过程就是不断地做选择题

仅仅凭创业激情或一个想法就能创业成功的可能性几乎为零，创业要成功，必须准备充分。最初，大伙儿决定成立爱克新材料科技公司的时候，认为团队成员都是名牌大学的工学博士，有大企业科研管理、生产管理和销售管理的多年经验，在学术界和产业界有着广泛的人脉资源，创业应该不是啥难事。

然而，理想与现实间总是有差距的。即使在创业前已经充分评估了创业将遇到的困难和需求，做了充分的准备，但在真正开始创业后却发现，创业的过程就是不断地做选择题，无时无刻地进行大量的决策，有些决策是方向性的。如果前期的准备工作不充分，有时只是一个错误的决策就将是致命的，根本没有机会让你挽回，所有的努力都将前功尽弃。在实际操作中又会遇到很多难以预料的现实困难需要去一一克服,即便是在创业前自认为非常成熟的工艺,进入实际操作阶段,才发现距离真正成功还有一段很长的路要走。

对于任何创业者而言,在创业前做足充分的心理准备和资源准备都是必需的。尤其对于初次创业者而言,更应该在已有的基础上,再把准备工作做足。

心存希望,永不言弃

心存希望,永不言弃!因为我们始终有一个梦想:让每一条母亲河不再流泪,让每一个中国人都喝得上纯净的水。

水是生命之源,日趋加剧的水污染,对人类的生存构成重大威胁。在发展中国家,80%的疾病与饮用水不卫生有关,每年因饮用不卫生水至少造成全球 2000 万人死亡。即使在对环境高度重视的中国,仍有大量的工业废水和生活污水未经科学处理直接排放,仍有饮用水未经充分净化就被直接饮用,这与水处理成本居高不下有着密切的关联,降低水处理成本已成为亟须解决的问题。

爱克新材料创业团队在经过无数次尝试性研究后,成功研发出了柔性聚甲醛纳米孔膜。这种孔膜采用我国产能过剩的聚甲醛树脂为原料制备滤膜,性能接近聚偏氟乙烯膜,可彻底摆脱我国水处理行业对国外原料的依赖,保障中国水处理行业的安全性。而且,聚甲醛树脂价格为 0.8 万—1 万元/吨,仅为进口聚偏氟乙烯树脂价格的 3%—5%,产业化后能显著降低水处理的成本。创业团队设计出了世界首条制备柔性聚甲醛纳米孔膜的工艺技术路线,在实践过程中攻克了多个技术难题,为一个极具商业价值产品的规模化工业生产打下了基础。这项技术产品研发,对于我国的水处理行业而言可以称得上"是一个革命性的产品",将极大地改变我国水处理行业的格局。

毫无疑问,成果是喜人的,前景是光明的,但过程却极为艰辛。"虽然我们刚刚起步,但是我们会跑得更快,跳得更高,飞得更远!"爱克新材料创业团队正是这样不断地激励自己的。

讯点商务茹方军：
专注于三维重建和机器视觉——机器人的智能眼

* 该企业获 2015 年中国创新创
业大赛先进制造行业三等奖

　　茹方军，杭州讯点三维科技创始人 CEO，国内最早 3D 打印馆创始人，工信部增材制造领域专家库成员，曾在大学期间获得"挑战杯"创业大赛全国金奖和浙江省特等奖，创业事迹曾被《澳大利亚金融时报》《浙商》、CNN、福布斯中文网、*CHINA DAILY* 等有影响力的媒体报道。

　　代表着理想、自由、反叛的"90 后"逐渐在创业圈里崭露头角，他们有共同的特征：义气，志同道合的朋友间以兄弟相称；个性，"奇怪"的想法滋生了成功的创意；自信，无畏的胆魄成为前进的盾牌。他们以自己的方式让理想照进现实，编织着不一样的创业故事。茹方军就是其中的一位，1991 年出生，大学刚毕业的他就和几个兄弟创立了杭州讯点科技有限公司。

大一就开始做生意，创业是他的既定轨道

　　大学里卖过"三国杀"、摆过地摊、发过优惠券，只要能想到的赚钱方式他都试过。刚进大学校园，茹方军就动足了生意头脑，当别的同学还在问父母要钱时，他每个月已经能赚 4000 多元的零花钱，这些积累下来的钱也为他现在运营公司积累了资本。对他来说，创业就像既定的轨道，未来的目标只有一个——做自己的老板。

2012年，"快速打印快速成型"概念火热，上大学二年级的茹方军开始研究美国的3D技术，在上国外网站搜索相关信息的过程中，触动了他的商业神经，发现这块业务在国内很有发展空间，也可以作为未来创业的支柱项目。他把做兼职积累的几十万元毫不犹豫地投入了这次创业，一张破桌子加两个"逃课狂魔"等于讯点科技成立。

讯点团队围绕3D打印在微博做行业资讯，普及这方面的知识，吸引了一大批死忠粉。茹方军"大V"认证的新浪微博"3D打印_一刀"已经有10万多粉丝，业内人士多称其为"一刀"。当时令他哭笑不得的是，基本概念的认知缺失使得当时很多学生居然拿着论文过来找他们打印，这让"一刀"更加坚定地要向中国人普及这类知识并在硬件开发上同步进行。

2013年1月，讯点上线了一款XD-3D扫描仪，从最早的消费级三维扫描系统起步，逐步推出XD EYES系列人像三维扫描，提供移动端工业级的系列解决方案，并获得了种子轮投资。讯点是国内最早经营一批3D打印、三维扫描仪并真正赚到钱的创业公司。

"90后"创业前辈说：科技是核心力量

讯点开始主攻核心技术，第一步从高门槛的三维扫描切入。公司工程师有BOE整条屏检的视觉总工程师担任首席技术官，还有原微软亚洲研究院从事图形图像研究的大师作为首席科学家，公司士气大增。2015年12月讯点三维成立，原讯点科技被讯点三维全资收购。

通过十几名资深工程师、500多个日夜的开发、10余个版本的迭代，2016年4月8日，讯点三维批量投产"先驱者FI"手持工业扫描仪，形如手持望远镜，采用三维数据采集技术，能快速完成人体部位或物品的三维扫描，为工业设计、医疗康复、汽车内饰、虚拟现实等领域注入了诸多想象。仅一个月，销售额达到100万元；6个月内，实现了1000万元以上的预订单销售额。以国产代替进口作为产品定位得到了市场认可，同功能的国外产品需要20万元，而在讯点只需要5万元就能实现。

讯点利用自己独有的技术和编码一举攻克了扫描速度慢和不可手持这两大世界难题。其高速结构光模组比同行快几百倍，也是全球唯一一家能做高速结构光生产线上扫描的扫描测量技术，核心底层代码全部为自己开发，拥有强大的二次开发能力。目前已在医疗、工业自动化检测、逆向工程等领域获得订单和案例。在江苏、上海、杭州部分医院进行推广试点。

时光坐标姬海鹰：
影视流程的突破性改造——影视全流程
数字化解决方案

*该企业获 2015 年中国创新创业
大赛文化创意行业三等奖

　　姬海鹰，业内知名数字特效制片人，杭州时光坐标影视传媒股份有限公司创始人之一，现担任公司董事长兼总经理。

　　时光坐标影视传媒至今已制作电视剧：《凤穿牡丹》《大风歌》《妻子的秘密》《追鱼》《叶问》；电影：《李米的猜想》《痞子英雄》《烈日灼心》《追凶者也》等 200 多部优秀的影视作品，其中，电影《烈日灼心》《追凶者也》获上海国际电影节金爵奖。2016 年 9 月 20 日，公司作为"影视科技第一股"在新三板正式挂牌。

专业演员到创业者的美丽蜕变

　　从表演专业科班出身的美丽女生，到业内知名的电影特效制片人；从 2009 年入驻杭州之江文化创意园，到 2016 年 9 月，其创办的杭州时光坐标数字影像技术有限公司挂牌新三板，姬海鹰实现了自己的创业梦想。在她的努力下，公司已经在业界崭露头角。

　　时光坐标影视传媒，是首家将数字科技技术运用在影视拍摄制作全流程中的公司。时光坐标从成立之初以影视特效制作为基础业务的微型公司，发展成为旗下融合"影视科技、影视出品、影视制作"为一体的集团化影视全流程科技公司。凭借着既是企业家又是制片人的双重身份，使作为公司创始人之一的姬海鹰女士对影视产业有着独到的见解。在她看来，影视具有"艺术＋技术"的双重属性。一方面，作为第七艺术的电影，是把"静的"艺术和"动的"艺术、"时间"艺术和"空间"艺术、"造型"艺术和"节奏"艺术全都包括在内的一种综合艺术；另一方面，电影的诞生离不开照相术的发明，因此产业必然具有技术属性。

影视制作流程的颠覆性改造

公司通过建立并积累"数字影视资产库"，结合数字摄影棚与数字化后期制作技术，以创新的"数字资产提供—数字虚拟拍摄—数字化后期制作"模式为核心竞争力，为电影、电视、广告及新媒体等影视内容的生产制作提供全流程的服务，围绕电影、电视剧、网络剧、电视栏目、广告、新媒体视频等产业领域开展经营。目前，公司以数字场景资产结合虚拟拍摄技术的模式，大力发展影视市场，同时积极拓展 VR 影视与数字娱乐市场。

时光坐标提供的数字虚拟摄制技术运用了包括数字摄影棚、数字资产库等一系列资源和设备，通过一整套实时处理技术，包括相机跟踪、绿幕合成、运动捕捉、摄像机运动控制、虚拟角色运动合成等，可以将提前拍摄好的场景或三维制作场景与演员现场表演进行结合，并可以直接在镜头里看到合成后的效果，从而方便导演及时对场景的布局和演员的表演进行调整，提高拍摄效率，大大节约电影的制作费用和制作时间。该技术颠覆了传统影视摄制线性结构的流程，形成了以数字虚拟摄制技术为核心的环状工艺流程，使 50 多个工作可以并行。对于提高影视制作效率、节约成本起到了巨大的推动作用。

目前中国影视产业高速发展，但和好莱坞相比，中国并没有真正形成电影工业，时光坐标以平衡艺术和技术在作品中的表现力，提高拍摄制作过程中的质量和效率为自己的使命。

三耐环保林建平：
新型乙烯基树脂整体浇铸电解槽行业的引领者

*该企业获 2013 年中国创新创业大赛
浙江赛区资源环境行业成长三等奖

林建平，全国非金属行业标准委员会专家委员，杭州三耐环保科技股份有限公司创始人，目前担任公司董事长兼总经理。1997 年 1 月，他创办了杭州三耐环保科技有限公司（原建德市非金属设备厂）。

为梦想奋斗，自主研发的漫漫长路

1997 年 1 月，林建平离开原单位，创办了杭州三耐环保科技有限公司（原建德市非金属设备厂）。家人对他的决定颇有些担心，他们明白他的优秀，但是创业总是有风险的，不如在国企稳当，但是依旧支持他，他们明白为生活工作和为梦想奋斗是截然不同的两件事。

2000 年，林建平与国内有色行业一批专家偶然接触到国外已普遍应用的新型乙烯基树脂整体电解槽，因为其卓越的性能，国内一家企业打算进口这种产品，但是价格却高得惊人，更刺痛人心的是生产商的傲慢态度。最终的谈判自然没有达成。技术独占企业的傲慢和产品的漫天要价，深深刺痛了在场的每一个中国人的心。

林建平决心依靠自己的力量，研制出这一新型的产品，改变这种人有我无、待价而沽的格局，让中国的有色冶炼企业也能用得上并用得起这种新型电解槽。在业界内外人士的鼓励和支持下，从2000年开始，以林建平为带头人的三耐人开始了自主研发的漫漫长路。

功夫不负有心人，在经历了长达三年配方摸索和三年生产试验后，2006年，三耐环保第一代新型电解槽诞生，于2007年通过中国有色金属工业协会组织的由院士、专家参加的技术创新成果鉴定。是年，第二代产品面世，并成功应用于江西铜业、新疆阜康冶炼厂、内蒙古紫金矿业等有色金属企业。

打破国际垄断，填补了国内空白

2008年，三耐或者说中国新型电解槽领域迎来了扬眉吐气的一年，当时居领先地位的外国电解槽制造商先后三次来杭寻求与三耐合作，条件是停止自主研发，一起垄断全球新型电解槽价格。林建平的态度非常果决，回答是"NO"！因为他深知所肩负的使命和责任感，中国的企业绝不能为了短期利益而沦为国外企业的代工厂。

与此同时，林建平和他的团队通过持续攻关和改进，技术突飞猛进；2009年，自行开发出受力形变测试系统，成功开发出长达11.5米的巨型整体电解槽并上马了自动化生产线，品质得到全面优化提升，第三代电解槽得以定型。2010年，三耐迎来了发展史上的又一个春天，公司完成了集成系统开发，实现了从单纯的电解槽提供商到"交钥匙"产业链流程商的全面跨越，并在天津茂联获得成功应用，成为国内电解槽领域实现整体方案的首家企业，逐渐成长为目前国内生产规模最大、用户数量最多的新型电解槽专业生产厂家。

新型乙烯基树脂整体浇铸电解槽是杭州三耐环保科技股份有限公司历时十年成功研发的拥有自主知识产权的产品，打破国际垄断，填补了国内空白，有效推动了我国有色金属湿法冶金装备的技术提升和行业绿色发展。

医惠科技章笠中：
智能开放平台在手，我的医院我做主

* 该企业获 2013 年中国创新创业大赛
浙江赛区电子信息行业成长三等奖

章笠中，双硕士学位，高级工程师，现任医惠科技有限公司董事长兼总裁、思创医惠科技股份有限公司总经理、浙江省沃森智慧医疗研究院院长，国家高层次人才特殊支持计划科技创新创业人才、中国卫生信息学会卫生信息标准委员会常委、移动物联网学组副组长、中国医学装备协会数字医疗技术分会（CDMA）副会长、中国医院协会信息管理专业委员会（CHIMA）委员、中国医学装备协会数字医疗技术分会副会长、中国卫生杂志社理事会副理事长、浙江省健康服务业促进会副会长等多项职务，主持和参与了"十一五"和"十二五"国家科技支撑计划、国家高技术研究发展计划（863 计划）、国家科技重大专项（03 专项）等多项科研工作。

开启医疗 IT 新模式

自创办医惠科技以来，章笠中致力于利用大数据、云计算、物联网、认知技术等信息技术构建互通共享和可及连贯医疗大数据生态体系，不断提升医疗健康服务水平，满足人民日益增长的医疗保健需求。医惠科技产品创新经历了以下 4 个阶段：

阶段一：移动医疗阶段。以"病人为中心"，开创移动医疗应用，打造多个全国首创的移动医疗产品。

阶段二：医疗物联网阶段。推进物联网基础架构开放平台和智能传感设备研发制造，通过医疗移动物联网创新应用，实现医疗业务流程闭环管理，全面提升医疗智慧化和医院精细化管理。

阶段三：平台化阶段。开发首个智能开放的医院信息服务平台，以平台为核心，实现信息共享和推进微小化、个性化应用系统开发使用，改变了医院信息化发展模式。

阶段四：大数据应用阶段。基于公司打造的医疗信息体系，发展医疗数据的整理、分析、挖掘、应用等大数据信息服务，并结合目前最先进的认知计算技术，推进精准医疗，进一步提升医疗智能化水平。

目前医惠科技已成为国内最大的智慧医疗整体解决方案承建商、国家卫计委医院信息互联互通标准制定的核心单位，产品覆盖了从家庭、社区、医院、养老等整个医疗健康服务领域，在全国拥有高端用户 1000 多家医院。2015 年，公司协助 3 家医院通过 JCI 认证，3 家医院通过 HIMSS 6 级，3 家医院通过国家卫计委互联互通 4 级。

医疗信息化，医院说了算

医惠科技在智能平台的基础上，引入认知计算可将医院管理模式从传统的挖掘数据进而指导业务转变为流程的闭环再造，将医院管理者从数据堆中解脱出来，并且可快速地为医生提供用药指导、精准的人工智能辅助诊疗方案和会诊、转诊及更多一站式互联网高效协作服务，极大地提高了医生的工作效率。以广州市妇女儿童医疗中心为例，通过"体系架构统一平台化、业务系统专科微小化、业务流程标准闭环化、资源管理智能集约化、用户体验个性极简化"等智慧医院建设，将医院打造成全国首家通过 HIMSS 住院和门诊 EMRAM 双 7 级评审医院、全国首家支持支付宝芝麻信用结算医院、全国首家 100% 全预约挂号医院、全国首家实现"大平台＋微小化应用"的智慧医院、全国首家"无 HIS"医院。

通过"大平台＋软件微小化"设计思路重构医院信息服务体系，按照患者、医生、护士、管理者等角色个性化定制信息系统的服务界面，将医院信息化从传统数字化医院以功能为核心升级到智慧医院以用户体验为核心，真正实现了信息系统以人为本的建设目标：医疗信息化——医院说了算！

蓝然环境楼永通：
"工业清洁、资源和谐"——高效电渗析脱盐 / 盐浓缩系统

*该企业获 2013 年中国创新创业大赛
浙江赛区资源环境行业初创三等奖

　　楼永通，1997 年毕业于北京化工大学化学工程专业，致力于膜分离技术在海水及苦咸水淡化、废水资源化、食品医药提纯分离方面的应用开发、技术推广和技术创新管理工作 20 年。2011 年，国内清洁生产及废水零排放需求迫切，楼永通看好离子交换膜的应用前景，离职创业，建立杭州蓝然环境技术有限公司。5 年来，楼永通带领的团队，为化工、食品、制药等行业 100 多家企业实现了清洁生产，给冶金、造纸、石化、能源等行业的几十家公司实现了废水资源化和"零排放"，减少废水排放量 6000 万吨。

务实、至善、和谐

　　创立蓝然环境以前，楼永通一直就职于杭州水处理技术中心。在工作初期即表现了强大的责任心与使命感，工作尽心尽责，忙碌之中也不忘抽时间学习，不断实现自我提升。后期任水处理中心特种分离部总经理时，仍然保持亲力亲为的作风，时常奔波于项目现场。

　　近年来，国内部分工业高能耗、高水耗、高污染、生产环境恶劣，亟须实现清洁生产。工业废水污染也比较严重，企业期望实现废水资源化，变废为宝。楼永通看中其巨大的市场潜力，同时也看好离子交换膜在这些领域的应用前景，更为全心全力实现"工业清洁、资源和谐"的目标，他放弃高薪安稳的工作，创立了杭州蓝然环境技术有限公司。

5年来，公司一直坚持以"追求碧水蓝天、生态和谐"为己任，专业提供废水资源化与工业清洁生产技术与方案，所研制的电渗析产品出口欧美以及东南亚等地。公司服务领域主要涉及电镀、印染、食品制药等行业。公司不盲目扩大市场，楼永通一再表示："有所为有所不为，才能在行业里有所建树，迎接市场挑战。公司就是要在某些细分市场做精、做大、做强。"

流体分离与废水资源化解决方案的引领者

杭州蓝然环境技术有限公司是一家专业提供废水资源化与工业清洁生产的国家级高新技术企业。公司自创建以来始终围绕"绿色、技术、和谐"的发展理念，秉承"工业清洁、资源和谐"使命，奉行"务实、至善、和谐"为核心价值观，稳步求进、跨越发展，引领相关方实现"流体分离与废水资源化解决方案的引领者"愿景。

公司坚持以"技术经营"的思路，秉承"技术突破、创新驱动"的技术理念，同时注重产学研合作，先后与浙江大学、中国海洋大学、南京工业大学等高校建立了合作研发的战略伙伴关系，如针对不同行业生产的工艺与产生废水的特点，合作研发核心的膜分离集成环保处理技术，拥有自主知识产权及核心技术材料的电渗析、双极膜电渗析，以及超滤、纳滤等高品质的液体分离膜产品和行业应用解决方案。公司的电渗析膜及组器出口到俄罗斯、加拿大、巴西等20多个国家。公司注重创新与知识产权，目前拥有十余项发明专利、几十项实用新型专利及多项软件著作权，并承担中小企业创新基金、国家科技支撑计划等多项国家课题，有力地提升了公司在行业的技术领先地位。

蓝然环境紧紧围绕"帮客户创造价值"的营销理念，如通过帮助客户优化工艺、提高自动化、延长设备寿命，从而降低投资和运行成本。公司目前业务覆盖电力、湿法冶金、煤化工、石油炼化、造纸、化肥、稀土等行业废水综合资源化及"零排放"；生物医药、食品发酵行业的清洁生产及物料分离纯化。蓝然环境依靠一支训练有素、富有责任感、专业精神的科技人员、管理团队，注重工匠精神和积极创新，建设百年基业，合作双赢。

思科涡旋倪诗茂：
让地球更洁净——浮动式无油涡旋压缩技术

* 该企业获 2014 年中国创新创业大
赛浙江赛区先进制造行业三等奖

倪诗茂，国家"千人计划"专家，博士毕业于美国伊利诺伊大学香槟分校的机械系，是美国 Scroll Laboratories 和思科涡旋科技（杭州）有限公司的创始人，目前担任公司董事长兼总经理。

思科涡旋科技（杭州）有限公司拥有 29 项全球原创性发明专利，拥有浮动式无油涡旋压缩机、真空泵两大类产品，占据无油涡旋压缩技术创新及应用的最前沿地位。经过 6 年的发展，思科涡旋的产品已经成功进入航空航天、装备制造、科学仪器等诸多领域。拥有全球性客户资源及合作伙伴：Leybold、Bruker、Mass Tech、SeQual、Shimadzu、钢研纳克、同方威视、聚光科技、中国航天、中科院、清华大学、北京大学、浙江大学等。

名校＋名师，成就了他的创业梦

20 世纪 70 年代，倪诗茂毕业于中国科大力学系。师承钱学森、吴仲华两位大师。"文化大革命"后，倪诗茂带着未完成的志向，考上了清华大学工程力学系工程热物理专业。

清华在读期间，他得到了加拿大康考迪亚大学的博士生录取通知及全额奖学金，参加由世界最大的航空发动机制造厂 Pratt Whitney 资助的一项航空喷气发动机研究项目。

到康考迪亚大学求学不久，他就以一篇研究论文崭露头角，获得 1982 年美国制冷空调取暖工程师学会 Homer-Adams 奖。一年之后，他来到美国伊利诺伊大学香槟分校的机械系继续学习，师从著名传热学多相流体力学大师、美国工程院院士、台湾"中央研究院"院士赵佩之教授。

博士毕业之后，倪诗茂进入世界最大的空调压缩机制造公司美国谷轮公司。在谷轮研发部，他参与了世界上最先进的涡旋压缩机从研发到大批量生产的过程，并主持了低温制冷涡旋压缩机研发。通过这样的学习和工作，真正学到了创新研发和生产的经验。

归来，并不突然

1992 年，倪诗茂就在美国芝加哥创立了 Scroll Laboratories Inc.（涡卷实验室有限公司），近 20 年来，为美国和欧洲的研究机构、大公司、航天航空部门等研发了 30 多种特殊用途的涡旋式压缩机、真空泵和膨胀机，积累了独特的浮动式涡旋压缩技术和自主的知识产权，拥有了强大的研发团队，摸索出独特的制造技术，并在 1997 年获得美国 DESIGNNEWS（设计新闻）年度优秀设计大奖。公司曾被多家国外公司看中，提出要高价收购，最终被倪诗茂博士婉言谢绝。他毅然回国创立了思科涡旋科技（杭州）有限公司。

2010 年，倪诗茂携"无油涡旋压缩机研发和制造"项目，来到杭州高新区（滨江），注册成立思科涡旋科技（杭州）有限公司。与此同时，成功入选杭州高新区（滨江）首批"5050 计划"A 类项目，获得了同期最高的创业启动资金及其他多项政策扶持。

中国在通用机械领域的技术、产品性能均远落后于德、日。倪诗茂深知顶尖的通用机械技术及高性能的产品能大幅提升中国各领域的产品性能，尤其是对于航空航天领域、科学仪器领域、新能源领域以及科研行业领域，提升作用更是明显。浮动涡旋技术正是这样一个能应用于各个领域的通用机械技术，加上自主的知识产权，具备了形成一条具有研发生产营销的完整的高科技产业链的条件。同时，浮动涡卷技术的应用范围直接对准新能源（如新能源汽车）、节能减排及大型高端制造的应用，完全符合国家发展重点扶持方向，前景广阔。

如果总是以接受状态延续人生，人生必然缺少色彩，于是，归来成为必然。

昱能科技凌志敏：
领航全球"微逆"，勇攀 MLPE 最尖端

*该企业获 2014 年中国创新创业大赛浙江
赛区新能源及节能环保行业三等奖

　　凌志敏，美籍华人，毕业于复旦大学物理系半导体专业，比利时鲁汶天主教大学 IMEC 博士，美国加州大学伯克莱分校电子计算机系博士后，浙江昱能科技有限公司共同创始人，现任董事长及 CEO。曾就职于美国 AMD 超微半导体公司资深主任工程师，美国赛灵思（Xilinx）半导体公司资深总监和美国升瑞（Solaria）低倍聚光太阳能光伏公司资深副总裁，具有多年半导体电子及太阳能光伏行业的经历。回国后入选国家第十批"千人计划"，成为国家特聘专家。

归国创业的资深海归

　　2009 年初，前往美国寻找投资机会的天通股份董事长潘建清，在航班上听邻座谈起凌志敏，十分感兴趣。几经辗转，潘建清在硅谷找到了凌志敏，经过简单的交流，便向凌志敏发出了回国创业的邀请。此时，国内的光伏产业经历了几年的大起大落，终于调适完毕，初现上扬端倪。而这个时候，世界上首款商业化的微逆产品刚刚问世，凌志敏是这一进程的早期参与者，奠定了他在微逆领域的技术优势。各种因素不期而遇，终于水到渠成。2009 年，凌志敏与搭档了 11 年之久的罗宇浩博士一同辞职回国，正式开始了创业。2010 年 3 月，浙江昱能科技有限公司在嘉兴科技城诞生。在企业的创办过程中，天通控股、嘉兴科技城给予了昱能科技全方位的支持。

公司创立之初，凌志敏就为昱能科技制定了 10 年三阶段目标的发展战略：3 年内成为区域领先品牌；5 年内成为全球技术领导者之一；10 年左右成为全球微逆企业前三强。第一阶段目标已于 2012 年在澳大利亚完成。昱能科技不仅是澳洲市场销量最大的微逆品牌，同时也是第一家进入澳洲的微逆企业和主要的市场培育者。2014 年，昱能科技在成功实现第二阶段目标的同时，还成为全球微逆出货量第二的公司。

永不满足的 CEO

微逆全称微型逆变器，属于逆变器领域的颠覆性新产品。小小的微型逆变器，包含着电力电子、高频数字电路及控制、电力线微波通讯、嵌入式软件、云计算五大技术。公司成立五年，就完成了微型逆变器三代产品的研发和产业化，与传统逆变器相比，微型逆变器具有安全、多发电、能源互联网等特性，在分布式光伏市场极具竞争优势。公司研发成功的光伏微型逆变器系列产品，拥有完全自主知识产权，是企业的创新成果。已申请 100 多项专利保护，其中，32 项发明专利，24 项实用新型专利，7 项外观设计专利已授权，拥有 3 项软件著作权。其中，第三代产品 YC1000-3 三相微型逆变器为全球首创。

MLPE（模块化电力电子）技术包含了微型逆变器、直流优化器和储能以及相关的软硬件。除了微逆，昱能在 2015 年开始进入直流优化器领域。2014 年，发布三款逆变器新品 YC3000 逆变器、YC5000（单相、三相）逆变器结合优化器，可实现组件级别监控；也可单独使用，降低系统成本，且后期运营维护方便简单。很明显，昱能在不断扩张自己的技术优势和领域。

自创立以来，昱能先后在国内及美国、澳洲、欧洲等国际主要光伏应用市场成立了分子公司，致力于打造全球化品牌。2015 年 8 月，昱能的 LOGO 由 APS 改为 APsystems。把 "system" 单独列出来，更加强调昱能科技要成为系统解决方案商，而不仅仅是一个硬件供应商。对于未来，凌志敏有了更清晰的认识和更明确的目标。

在创业的长征路上，凌志敏一直扮演着 "指挥者" 和 "决策者" 的角色。凭借着多年来在技术及管理领域的经验，为公司发展及技术研发指明方向，使公司少走了很多弯路，使昱能的研发速度始终比别人快一到两步。同时，凌志敏在如何让产品不断升级、性能更好、可靠性更高、成本更低的过程中享受到了不断开启新市场的快乐。凌志敏说："路还很长，未来才刚刚开始。"

浙江钛合仪器朱正锋：
开启空气净化产品"智时代"

* 该企业获 2014 年中国创新创业大赛
浙江赛区新材料行业三等奖

　　朱正锋（左），浙江钛合仪器有限公司董事长，为实现"智造国货"的梦想，将数百项专利技术让钛合智造投身大众亲民的消费级市场。

　　钛合仪器打造的空气净化器产品为 UCHEER 友好。对于友好空气净化器来说，将打造成新时代的"中国智造"的品牌。首席技术官黄建国（右）同时兼任公司的首席设计师。从"化工实验室"到"工业设计室"，他一出手就是高水准，2015 年 UCHEER 友好空气净化器极简主义的美学设计获得国际工业设计界的认可，先后将国际工业设计三大奖项收入囊中——德国红点设计至尊奖、德国 IF 设计大奖、美国 IDEA 设计奖，完成工业设计奖大满贯。

放下工业标准的"高"身段，投身亲民的消费级市场

　　过去 10 年在工业废气治理行业摸爬滚打，朱正锋和他的黄金搭档——化学家黄建国一起迅速完成原始积累：在一个废弃的厂房里将一个名不见经传的研究处理废水、废气的实验室打造成为政府"指派"改造城市环境的标杆企业。除了暴涨的身价之外，朱正锋修炼出对行业前景敏锐判断的商业嗅觉，同时还领悟到一种产业责任。而在黄建国带领下，多年在工业领域积累起来扎实的科研和技术力量，也让朱正锋开始从更为广阔的

视角考虑企业的未来。随着在战略投资圈人脉和经验丰富的叶骥加入，钛合关于"智造国货"的梦想也开始呈现出更为清晰的蓝图。

"放下工业标准的'高'身段，投身亲民的消费级市场。但降低身段，绝不代表降低标准。"朱正锋的言语很实在，"我们只希望给消费者带来一款真正具备净化空气功能的产品。"

过去几年，朱正锋和他的团队目睹了太多在互联网"风口"的企业，各种华而不实的宣传概念充斥着空气净化器市场，消费者大多对此一脸茫然。这让真正研究空气净化专业多年的朱正锋和他的团队有点坐不住了。朱正锋只是想用真正的"智造"展开一项"新国货"行动，至少在空气净化器这个领域里，让行业回归初心，让消费者不要为那些浑水摸鱼的企业所蒙蔽。

打造搭载安卓系统的智能空气净化器

有调查报告显示，世界上污染最严重的 10 个城市有 7 个在中国，中国 500 个大型城市中，只有不到 1% 的城市达到世界卫生组织空气质量标准，而国内空气净化器的家庭普及率还不足 1%。近年来空气污染加重，居民的空气净化意识加强，消费意愿也更为强烈，因此空气净化产品的市场容量巨大，至少有千亿规模。

目前公司正研发一款搭载安卓系统的新型智能产品，这款即将面世的新产品实现了高度智能化，可以通过手机 APP 或者 QQ 物联接入实现远程控制，此外还拥有红外语音污染指标显示功能。它相当于一个除去通话功能的平板电脑镶嵌在净化器上，可以自动实现对室内外的空气质量、污染情况的检测与预警。

古北电子刘宗孺：
开启物联网行业的新纪元

* 该企业获 2014 年中国创新创业大
赛浙江赛区电子信息行业三等奖

　　刘宗孺，墨尔本大学电子工程博士，原墨尔本大学 60 GHz Wi-Fi 项目经理，架构及集成负责人，从事 Wi-Fi 相关产品研发 10 年，杭州市海外高层次人才引进计划特聘专家。

　　2013 年，刘宗孺联合创办杭州古北电子科技有限公司（BroadLink），在智能家居领域掀起热潮，成为国内最具代表性的智能家居公司之一。BroadLink 首先向市场推出了智能插座、智能遥控等单品，借助单品的巨大成功，刘宗孺提出了"BroadLink DNA"的概念，致力于构建智能家居领域互联互通的生态体系。BroadLink DNA 吸引了众多传统家电厂商、传感器厂商、互联网巨头的加入，成为智能家居各领域的运转枢纽。

成绩优异却不甘安逸，不平凡的创业路与人生路

　　刘宗孺祖籍山西，以优异的成绩考入了上海交通大学。大家一定想不到，有人会放弃名校出来做生意，而刘宗孺博士就是这么"任性"的一个人。选择退学回家开起了小酒楼，不过这第一次的生意做得并不是那么顺利，不到 3 年酒楼就倒闭了。虽然酒楼倒闭了，但是在 3 年的磨砺中，他积累了一些经验。在关掉酒楼后，没过多久他又开起了酒吧，这次成功地让酒吧盈利了。可是想到自己不能就这样守着酒吧过一辈，于是刘宗

孺决定出国留学，带着梦想考入了澳大利亚墨尔本大学。他学成后又义无反顾地回到国内自己创业，创办了杭州古北电子科技有限公司（BroadLink）。

打造"AI ＋ IoVT"虚拟世界架构

BroadLink 是全球领先的物联网平台公司。公司从创立之初就致力于解决物联网最核心的连接问题，专注于打造互联互通的物联网平台，为用户带来优质的智能生活体验。

早在于 2013 年，公司就推出了可使传统家电快速智能化的自主研发 Wi-Fi 模块，现已占据国内市场半壁江山，年售超 500 万片。基于 Wi-Fi 模块，公司衍生的轻智能家居产品，在出世之时就改变智能市场格局，引领行业步入单品时代。随后推出一系列智能产品，销量在线上遥遥领先于同类产品，已覆盖全球 30 余个国家。

在 2014 年，BroadLink 强力推出一站式服务平台 DNA Kit 及智能家居生态圈 BroadLink DNA，实现了生态内的设备、家电可以互联互通、自由组合及无限拓展。并在 2015 年顺势推出三方 IoT 连接平台——DNA System，从此 BroadLink 战略升级为 IoT 平台运营服务商，目前 DNA System 已是全球最成熟的 IoT 的 PaaS 平台之一。

2016 年智能家居行业普遍遇冷，但 BroadLink 在这一年里厚积薄发，结合互联网、物联网及人工智能技术，提出代表物联网发展趋势的"IoVT"虚拟世界架构，打通现实与数字的桥梁，带领行业走出寒冬。

目前，BroadLink 已经上市第一套虚拟设备，具备恒温恒湿、远程看护、智能音响等四大功能。就比如恒温恒湿，虽然用多个现实设备组成，但用户现在只需要设置好适合的温湿度（甚至不用设置），所有设备就会自动运行。

胃天科技冯伟光：
第 N 次创业，在中国智能制造领域保持领先

* 该企业获 2014 年中国创新创业大赛浙
江赛区新能源及节能环保行业三等奖

冯伟光，加拿大多伦多大学 MBA，清华大学 EMBA，浙江胃天科技有限公司董事
长。

2009 年，冯伟光创建浙江胃天科技有限公司，并先后成立了全资子公司杭州思孚信
息科技有限公司，与清华大学合资成立安徽泽泰安全技术有限公司，着力打造智能制造、
智慧安全产业。近年以来，浙江胃天科技有限公司的"智慧工厂""智慧新能源""智慧
安全"三大主营业务先后为可口可乐、农夫山泉、中广核等一批行业领军企业提供长期
优质的技术服务与支持，其中，CMS 状态监测系统被列为可口可乐（中国）示范项目，
并获可口可乐大中华区以及全球工程技术年会二等奖。

第 N 次创业，在中国智能制造领域越战越勇

创业之初，冯伟光也曾纠结到底做什么。"就工业领域而言，当时中国工厂在很多方
面都是处于价值链最低端，只要我们能在某一领域做到精细化，提高生产效率，活下来
不是问题。"后来，还是在德国企业学到的"品质"和"诚信"的理念影响了他，决定为
中国高端机器设备和生产系统提升效率、安全性方面做出自己的贡献。

"这个方向是我 7 年前看准的，但直到今天，其价值才被大众看到。"这几年，我们

疯狂谈论工业 4.0、中国制造 2025、物联网、工业大数据，但有没有一个衡量标准呢？冯伟光说：有，就是看这个企业在做的事情有没有增值性和预测性。如他们公司正在做的"智慧工厂""智慧新能"源和智慧安全三大业务板块便是如此。

所谓工业 4.0、中国制造 2025，其目的就是使中国制造与互联网、大数据、云计算、物联网等现代先进技术相融合，改善生产流程，使得制造业更环保、更智能。具体业务层面，遵守科学规律，分阶段实现智能化生产。比如智慧工厂，第一阶段就是为机器等生产系统"穿戴"上实时运行状态监测设备，通过安装各类传感器，采集压力、温度等海量原始数据，实现互联互通，提前预测分析机器故障等，提供预测性运维解决方案。第二阶段则是从生产流程延伸至各个经营管理模块，实现所有底层设备数据与 ERP 企业资源计划系统的数据交互。第三阶段最终实现企业对内对外的智能化一体化系统管理云平台。智慧安全和智慧新能源的原理也与之相似。

多种技术跨界整合，得到行业龙头认可

冯伟光坦言，就其中某一领域而言，国内有做得与之比肩的企业，但能够把多种技术跨界整合起来的，而且得到行业龙头企业客户认可的，则寥寥无几。这是胄天科技的优势，也是挑战。

冯伟光希望胄天科技能一直保持学术领先。作为一家国际化的国家级高科技企业，智慧工业对跨界技术和人才的要求非常高，所以他一方面非常渴求 IT 信息、工程、电子、物联网技术或传统机械自动化方面的人才；另一方面，他担任全球创新力顶尖研究机构德国弗劳恩霍夫研究院的顾问委员，着手创立中德智能制造研究院，打造智能制造创新国际联盟，与清华大学等国内外著名大学和研究机构建立合作关系。

硅易科技张以弛：
用科技让教育者更轻松

* 该企业获 2014 年中国创新创业大
赛浙江赛区电子信息行业三等奖

　　张以弛，国家"千人计划"专家，2008 年进入剑桥大学攻读计算机科学博士，获得剑桥大学女王学院的奖学金，担任《中国民办教育蓝皮书》K12 卷编委，并入选《福布斯》"中国 30 位 30 岁以下创业者"榜单，同时在"世界知识产权日"作为科技创新的优秀代表被美国大使馆官方推荐。是杭州硅易科技（校宝在线）创始人之一，现为公司董事长。

　　杭州硅易科技致力于通过先进的人工智能（AI）和数据挖掘（DM）技术，为各类教育培训机构提供内部管理、对外招生、家校沟通、教学测评练等多维度的"互联网＋"信息化解决方案，帮助教育培训机构进行线上与线下教育的融合，提升效率，更好完成互联网时代的产业升级。旗下主打产品校宝 ERP 的付费机构目前已超过 3.5 万家，服务的校区超过 8 万个，同比增幅超 300%，是业内公认的民办教育领域信息化首选 SaaS 平台。

创业经历

　　张以弛在学习期间对先进计算机技术的商业应用产生了浓厚的兴趣。2007 年，他与另外一位创始人及 CTO 孙琳一起开始了英文校对工具 Gamma 的研发。2009 年，项目取得重大突破后，在英国建立了 Greedy Intelligence Ltd. 并担任首席执行官，带领公司获得了东英格兰发展署（英国政府）的资助，以及剑桥企业种子基金（剑桥大学官方风投机构）的风险投资。2010 年，他主导项目回国发展并成立杭州硅易科技有限公司，后更名为校宝在线（杭州）科技股份有限公司。目前，旗下校宝学校管理系统部署培训机构达26300 家，是全世界用户最多的教育机构 ERP。作为国内唯一一家具有全面的语言校对及评估技术的公司，校宝的创业项目早期即在英国获得了多个重要奖项及风投资助。项目移回国内发展后，受到了国内外科技媒体的广泛关注。

校宝依靠创新型技术显著提高国内培训行业的管理水平与效率，荣获"国家高新技术企业""未来之星明星企业""亚洲教育联盟科技创新奖""中国民办教育协会常务理事单位""2016 年中国最具投资价值企业 TMT 领域 30 强"等荣誉。

校宝在线已成为中国最大的教育机构 SaaS 服务提供商，致力于为教育培训机构提供信息化解决方案和基于教育智能的技术服务，帮助教育培训机构实现线上与线下教育融合，提升效率和盈利能力，更好完成移动互联时代的产业升级。

目前，校宝在线拥有校宝 ERP、校宝 1Course、校宝秀、校宝家、校宝学院、校宝指数六大产品，贯穿了教育培训机构运营过程中的全渠道招生、全场景教务、全链路服务的完整流程，服务的学校数量超过 8.1 万个，帮助他们获取招生线索 300 多万人次。

校宝在线的使命是让教育者更轻松。公司将通过平台沉淀的教育行业大数据，利用人工智能和数据挖掘技术，构建一个针对教育培训垂直领域的开放、协同、繁荣的服务生态。

杭州禾迈杨波：
打造全球最可靠的光伏卫士——智能光伏并网逆变器

* 该企业获 2014 年中国创新创业大赛浙
江赛区新能源及节能环保行业三等奖

杨波，2000 年考入浙江大学，在电力电子专业从本科一直念到博士。从攻读博士开始，杨波一直从事电力电子变换技术、新能源发电领域的研究与开发，曾在国际知名刊物上发表多篇论文，获得多项专利，曾获"2016 国家自然科学进步奖"二等奖。

2012 年 9 月，杨波成立了杭州禾迈电力电子技术有限公司，主打产品是应用于光伏行业的逆变器。在美国经第三方权威检测机构市场抽检后，禾迈的微型逆变器的转化率在 2015 年度做到了全球第一。此时的禾迈已在国际市场小有名气了，其销售足迹遍布美国、澳大利亚、德国等 12 个国家。

"浙大合伙人"联手创业

杨波与大多数博士一样，毕业后选择了留校任教，可他的志向不完全在学术研究上。他最大的梦想是通过做实业把自己专长的电力电子技术产业化，这一梦想在遇到杭开集团董事长邵建雄后变得更加清晰具体。

回顾创业之初，杨波说："2009 年我们就开始做研发积累，那时我们几个师兄弟都还在读书。2010 年，我们在一位师兄成立的公司内做孵化，一直到 2012 年 9 月，我们得到了杭开集团的注资，便有了禾迈电力电子的诞生。"

杨波的核心创业团队均来自浙江大学电力电子专业，该专业在全国排名第一。因为志同道合，几位师兄弟紧紧团结在了一起，杨波觉得自己很幸运，因为大家学相同的专业，志趣相投又性格互补，这是可遇而不可求的。

有了明确的方向与得力的核心团队，禾迈电力电子迅速发展壮大，公司成立第一年的收入就高达 1000 多万元，之后的销量更是年年攀升。

禾迈的核心产品是光伏逆变器。逆变器全球最大、最知名的公司都在欧美，中国产品的市场占有率还不到 30%，有很大的发展空间。目前全世界没几家公司能把微型逆变器做好，杨波就要做到别人做不到的。除了微型逆变器，禾迈还自主研发了大型智能模块化光伏并网逆变器。不同于传统集中式逆变器，该逆变器采用若干逆变模块并联结构，通过智能休眠和轮转技术提高发电效率和系统可靠性，内部采用抽屉式布局，模块可以随时更换，方便后期运维。这项技术只有少数几家国外大公司才能真正掌握。

要做到别人做不到的，就要比别人更拼命。别人一天干 10 个小时，杨波就要干 14 个小时。杨波经常出差，公司没有专职司机，都是自己开车，一年要跑 5 万多千米。由于常常天南海北地在外跑，他练就了一身吃苦的本领，不管是住宿条件很差的村镇旅店，还是环境脏乱的路边小摊，都能适应，照睡照吃。杨波从小是个爱睡觉的人，可现在每天脑子里都塞满了工作，渐渐就舍不得睡也睡不着了。

他的拼命还体现在多种创新上。杨波认为，科技人才创业不但要头脑创新、技术创新，更要想方设法推动市场接受自己的创新。禾迈电力电子就有许多这样的成绩，比如微型逆变器和 HVDC 高压电源，目前就可以做到全球最高的效率。2014 年，禾迈的智能微型逆变器分别获得北美 CSA、欧洲 BV 和澳洲 SAA 认证。是年，250W 和 500W 微型逆变器正式进入欧美等发达国家市场。2015 年，禾迈电力电子顺利完成国家高新技术企业审批，正式成为国家级的高新技术企业。2016 年 6 月，禾迈的 250W 和 500W 微型逆变器通过了国家能源局和工信部的"领跑者"认证。9 月，汇流箱和微型逆变器又成功入选了中广核太阳能开发有限公司的供应商白名单。这是业内众所周知的殊荣，中广核选择供应商的标准历来有行业最高之称，通常比国标要求更高，而禾迈是全国唯一一家入选的微型逆变器厂商。杨波带领着他的团队在创业道路上披荆斩棘不断进取，争做行业领跑者，以技术创新引领市场，赢得了诸多荣誉。

达则科技王建时：
让一众"黄牛"对橙牛汽车管家"俯首称臣"

* 该企业获 2015 年中国创新创业大赛浙江
赛区互联网与移动互联网行业三等奖

　　王建时，毕业于武汉理工大学，毕业后留在武汉创业。2014 年，王建时和朋友在杭州成立杭州达则科技有限公司，现任杭州达则科技有限公司 CEO。

　　橙牛汽车管家在开发之初，只有违章查询和罚款代缴几项业务，而就是这样简单的模式雏形，让橙牛在短短一年多时间内，从起初只有三个人的小型创业团队，发展到如今拥有上百名员工、颇具规模的创业公司。

找准正确方向

　　王建时看中了汽车违章这个切口。"全国车主有 1.2 亿人，但没有一款 APP 把车主需求作为核心，能够完全覆盖汽车后市场的。而违章查询和汽车价格是百度搜索指数热度最高的两个词，可见其中市场之大。"王建时说，"尤其是男性车主，他们追求省时，讨厌麻烦，能够接受花钱买时间，其中会产生可观的利润。"于是，一款代办汽车违章罚款、年检等烦琐事务的橙牛汽车管家 APP 上线了。橙牛汽车管家 APP 是国内首家通过移动互联网技术，以创新和用户体验为宗旨，专注服务私家车主用车生活的创业型公司。

　　橙牛将车务服务的用户需求标准化，然后让"野蛮生长"的服务商收拾齐整，光明正大地为客户服务；而"高大上"的车主，也不必四处求人、私下交易，双方的出场方式更加符合市场交易的规则，同时在移动端解决，一步到位，快捷高效。"一开始，我们的服务商只在杭州、济南、广州，为了寻找更多的服务商，我跑遍全国。"王建时说。东边的哈尔滨、西边的甘肃、南边的云南，他都到过，见过各种"黄牛党""地头蛇"以及包揽全城大半业务的超牛服务商。

靠着前次创业训练出来的三寸不烂之舌，王建时将他们一一收服，纳入橙牛。"印象比较深刻的就是去东北，和东北爷们一斤一斤地灌白酒。喝爽了，这个业务也就拿下了。"

橙牛汽车管家

杭州达则科技有限公司是橙牛汽车管家 APP 开发运营商，于 2014 年 3 月正式上线运营，是国内首家既能查询又能线上代办违章的互联网公司。公司自成立以来发展迅猛，不到一年时间即建立了覆盖全国的服务代办网络，线下服务商超过 5500 家。公司创始团队成员，均是来自各大互联网门户、电子商务平台的资深人士，对互联网有着深刻的理解，同时有着互联网企业阳光透明般的性格。

截至目前，通过橙牛查询违章的车主已经超过 1250 万人次，累计完成订单量超过 120 万，日活跃用户高达 11.5 万。在成立刚过 1 周年的 2015 年 5 月，橙牛汽车管家即荣登小米应用商家旅行交通类目第一，苹果 APP Store 导航类目第五。使用的车主遍布全国，一、二线城市更加集中。其中，前十大城市集中了 42.7% 的橙牛车主，车主数超过 500 万，通过查询车享的线下服务门店分布发展橙牛车主与车享门店分布较为一致，重合度很高。

橙牛拥有业内分布最广的服务商网络，由 5500 家服务商组成的代办网络覆盖全国。这些服务商为橙牛提供稳定优质的服务，也传播了橙牛的品牌，是橙牛重要的线下推广渠道。

曼安智能宋星：
科技，让梦想随心飞扬

*该企业获 2014 年中国创新创业大赛浙江赛区电子信息行业三等奖

　　宋星，杭州曼安智能科技有限公司创始人兼总经理，毕业于新西兰奥克兰大学，师从世界著名康复系统专家 Shane Xie 教授，致力于脑电信号和脑电辅助康复的理论研究，结合国际标准 I10/20 脑电模型，首次提出了 ANBF、DII、CSCI 和 VSCI 等一系列微弱脑电信号解析方法和脑电控制协议，有效地解决了脑电信号解析准确率低和维度少等技术瓶颈，实现了非特定环境下的脑电解析和多维度脑电控制。2014 年入选杭州市"521 计划"特聘专家和高新区（滨江）"5050 计划"创业领军人才，2016 年入围第九批浙江省"千人计划"人选。

让声音透出大脑、直达心灵

　　杭州曼安智能科技有限公司专业从事高性能脑机接口产业化，自主研发针对脑科学研究、辅助康复、可穿戴设备和高端医疗器械等脑机接口应用的智能机电系统及器件，致力于让用户仅凭大脑思维活动来实现与外界的交流和控制。

　　早在 2012 年，宋星团队就在实验室里完成了一项温暖人心的实验，这也是他创业的初衷之一。"让瘫痪的病人戴上设备，把要表达的话'说'出来。当时就有一位瘫痪十多年的患者，通过脑电信号采集，对妻子说出了'I love you'，系统合成了这个声音，感动了在场的所有人。"

在宋星看来，瘫痪患者被困在轮椅上或者病床上，没有办法跟家人交流，是非常无奈和痛苦的事，他希望将技术带到社会上来，为更多人的美好生活做一点事。也正是带着这样的使命感，宋星踏上了创业的道路。他一直都铭记导师的教诲："真正有用的科技，应该是能走出实验室，造福人类的。"

脑机接口技术的研究对理解大脑认知过程、智能信息处理有重要的科学意义，是国家重大需求科学和国际前沿科学。高性能脑机接口最新一代产品WBR03无线便携式脑电信号采集仪采用自主研发掌握的脑电专有DFD和SWSD技术，通过特殊的数字滤波方法对湮没在强噪声背景下的极微弱脑电波信号（10纳伏级）进行分析，抑制同频噪声干扰和其他生理杂波，实现脑电波的可靠提取。该产品采用国际最先进的自适应相邻窄带滤波法（ANBF）和两通路相关检波技术，大幅提升抗噪声能力，成功研制出高性能脑电采集仪器和高性能脑电智能控制器产品。

其中，MindAngel® UBR系列脑电采集仪能够高精度采集脑电、肌电等多种生物电信号，精确地实时在线呈现认知活动不同时间进程中的脑功能活动状态，在信号采样精度、分辨率、共模抑制比、可移动性和电池续航时间等主要性能指标均达到或超过国际同类产品，可为国内脑科学、心理学和脑电应用系统的研究提供仪器支撑。高性能脑电智能控制器可帮助用户仅凭大脑思维活动来实现与外界的交流和控制。产品也可广泛应用于辅助控制、医疗康复、交互游戏、智能家居、智能通讯等领域。

杭州登新陈林波：
做每一个企业都买得起的贴片机

*该企业获 2015 年中国创新创业大赛浙江赛区先进制造行业三等奖

陈林波，2008 年毕业于杭州电子科技大学电子信息专业，校优秀毕业生，曾获全国大学生电子竞赛国家一等奖。

"做国产桌面式贴片机领跑者"是 2012 年公司 3 个合伙人在完成第一代产品时提出的口号，也是公司一直追求的梦想。在这个追梦路上，陈林波和他的团队一路摸索，不断完善自己，朝着梦想一路前行。

连续创业，不忘初心

2008 年，陈林波毕业选择创业，坚持一年创业失败后任职于杭州信雅达科技有限公司，成为一名研发人员。2010 年再次选择创业，因运作经验不足未产生效益再次选择进公司学习。2011 年进入杭州士兰微股份有限公司任职研发工作，直到 2012 年 5 月开拓贴片机领域，再次选择创业，创办了杭州登新科技有限公司。公司运营 4 年，开创了贴片机小型化时代，让桌面式小型贴片机进入了 SMT 领域，是目前国内最大的小型贴片机供应商。

做国产桌面式贴片机领跑者

2012 年，陈林波 5 人研发小团队完成了公司的第一代产品，并以每年推出一款新产品的频率，占领了桌面式贴片机市场的大部分份额。至今，公司拥有员工人数近 150 人，销售服务区域覆盖全国。4 年的发展，公司不断创新，推出了一款又一款极具性价比的设备。每一代产品的上市，都凝聚着陈林波和同仁们的心血。目前公司在这几款产品中共拥有 40 多项专利，在国产贴片机行业中已经形成一定的影响力。

如今，公司拥有自己的研发团队、管理团队、销售团队以及全球的销售渠道。4 年的积累，让公司有了自己的零件工厂、专用的研发设备，进一步提升了自主研发能力以及生产能力。陈林波和他的团队成员都是充满激情的"80 后""90 后"，因而公司保持源源不断的创新动力。陈林波和他的团队坚信只要坚持自己的路，坚持自己的目标，市场永远都有他们的一席之地。

祥珑容器科技陈华卿：
面向未来的食品包装，为提升食品安全而努力

* 该企业获 2015 年中国创新创业大
赛浙江赛区先进制造行业三等奖

陈华卿，台州市祥珑容器科技有限公司执行董事，连续创业者。凭着一颗"不安分"的心，他从学徒工变成中国食品工业协会罐藏食品科技委员会专家委员，成就一次次华丽转身。

台州市祥珑容器科技有限公司专注于研发生产不添加任何色素防腐剂就能达到长期保存效果的塑料食品包装。产品经欧洲及美国 FDA 注册符合国内外食品安全要求，为国家航天员中心航天提供航天安全食品包装定点研发单位，现为美国 30 多所中小学校区营养配餐提供包装。现这种面向未来的包装被越来越多的国内企业所接纳，祥珑秉着为身边食品安全提升而努力的目标，通过服务李锦记、海天、鲁花、双汇、太太乐、中粮等大型食品企业，致力于让身边的食品更安全、更健康。

一位学徒工的创业梦

陈华卿 18 岁高中辍学进入工厂当电工学徒，不断地学习提升考取电工证后进入三菱（上海）技术中心进修可编程控制器 PLC 的编程学习，打开了进入公司的中层的通道。2001 年康师傅冰红茶风靡初时，已在塑料机械厂摸爬滚打 5 年的陈华卿对其中的"热灌装 PET 瓶"产生浓厚的兴趣。凭着几年的工作经验和对机械制造的兴趣，他在自家库房中成功组装"热灌装 PET 瓶"生产机器，由此开始了自己的创业生涯。2007 年，陈华卿第一次接触多层复合高阻隔塑料瓶时，他敏锐地发觉其中大有可为，充分论证后，他坚信这种让食品在不添加任何防腐剂下就能长期保持质量的神奇包装未来一定会被消费者所接受。2007 年，陈华卿又成立台州市祥珑包装科技有限公司入驻台州市高新技术创业服务中心，开始高阻隔瓶产品的生产设备及工艺的研发。2014 年完成研发，成立台州市祥珑容器科技有限公司进行产业化生产。2016 年研发的 32 模旋转设备顺利并线生产完成出货 150 集装箱，为今后的发展奠定坚实的基础，为企业未来提供广阔的发展空间。

坚持钻研阻隔性食品包装"十年磨一剑"

创业伊始，陈华卿即以阻隔性食品包装容器国产化生产为目标，始终坚持于阻隔性多层容器制造技术研发升级及容器产品的开发设计。经过 10 年的钻研与坚持，祥珑实现了五层以上阻隔性食品容器国产生产设备从无到有的转变。从 2 模架设备到 32 模架设备，从日产 6000 瓶到日产 50 万瓶，从开始的 3 层到最高 10 层容器的不断完善与革新。公司获得了发明专利 2 项，实用新型专利 7 项，拥有完全的知识产权。实现了让食品穿上多层的"航天服"，得到像航天员一样的保护。通过在两层食品级材料中间，添加一层或几层阻隔紫外线、氧气、水、香味流失等的阻隔性材料，让相貌平平的塑料瓶变得不平凡，5—10 层的材料阻止影响食品变质变色的外部因素，同时保持内部食品的香味不会流失瓶外。实现了在常温下，不添加防腐剂的食品保质期达到一年以上。而针对酱汁、酱油等调味系列。打开后食用周期相对长一些的食品，同样研发了瓶内有内胆袋一次成型的包装形式，配合单向阀盖子使用，随内容物的挤出，内胆袋体积不断缩小，自始至终控制空气与食品接触，确保从开启包装到整瓶用尽，美味始终如一。

祥珑自主研发的吹塑设备不论产能及自动化程度毫不落后于国际一流装备，已成为国内阻隔性包装容器的标杆性企业。

探索传媒董大伟：
"发现新视界"——OTT 行业领军者

* 该企业获 2016 年中国创新创业大赛浙江赛区互联网与移动互联网行业三等奖

董大伟，中国青年天使会理事、会员，创建了尚通天地科技有限公司、华通互动有限责任公司，并担任总经理职务；曾在浪潮集团、和讯、4399 及 ADTime 任技术、运营负责人，北京富邦展瑞科技有限公司有限合伙人。现为探索传媒合伙人，担任 CEO。

创业也需要一些好运气

传统广告业正受到互联网（从门户期到技术派再到电商、商贸热潮）、新媒体的切入冲击。在恰当的时间、恰当的时刻，探索传媒成功转型，抢先进军 OTT 行业，是十分明智的。目前探索传媒集众多技术于一身，凭借自身优势立足于 OTT 行业。这一切都离不开公司的灵魂人物董大伟，他说："创业存在很高的风险，可以说成功的概率微乎其微。创业也需要一些好运气，有时尽管你的努力以及你的管理措施都做得很周到，但是没有好运气，事事与你作对。虽然说创业的过程中遇到问题是再正常不过的事情，但是每遇到一个问题都会耽搁你很多的时间，而我就是运气很好的选手，即便问题像雨点般打来，也能迅速解决。"

为客户量身定制最具差异化竞争力的整合解决方案

互联网革命席卷全球，OTT 业务的快速增长，智能电视和 OTT 营销已经得到越来越多行业从业者的关注。随着智能电视在中国家庭的大范围普及，我们期待的风口终于真正到来。2016 年作为 OTT 元年，一方面意味着 OTT 营销作为一种新的媒体营销形式的崛起，另一方面也预示着它作为起点必然伴随诸多尝试和挑战。与此同时，OTT TV 作为一种新型媒体的载体无论从技术、内容、平台到渠道，都为我们带来了视听新的变革。

探索传媒结合中国电视互联网＋新生态传播的独特需求，联合五大电视厂商（海信、创维、长虹、TCL 和康佳）和乐视超级电视，携手牌照方（华数、百视通、芒果 TV、ICNTV，优朋普乐—双牌照方授权），打造互动电视创新广告平台"TVSmart ＋"。通过大数据开放能力，为广告主提供到达率超过 90% 的开机广告、电视点播贴片和品牌专区广告等电视流量入口型广告产品。

未来，探索传媒将依托强大的数据和内容云平台，实现更多创新互动广告和 APP 商业开放模式，从品牌覆盖传播到程序化购买，不断优化品效合一的营销效果，为客户量身定制最具差异化竞争力的整合解决方案。

三坛医疗科技何滨：
影航手术导航让天下没有难做的手术

* 该企业获 2016 年中国创新创业大赛浙江赛区生物医药行业三等奖

何滨，毕业于浙江大学，现就职于浙江中医药大学附属二院，骨科副主任医师。长期从事骨科临床工作，主刀各类骨科手术 6000 余例。独创"下肢延长双轴重合法骨延长"，获国内外学术界高度重视，论文被著名学术机构 BioMedLib 评为领域十佳。2003年因下肢延长术接受中央电视台"焦点访谈"专访，2004 年因成功救治"玻璃女孩"，被多家电视台、报纸杂志采访报道。

作为一名骨科医生，开始创业主要基于两点：一是想把自己的科研成果产品化，造福更多的病患；二是不懂创业艰难，一冲动就干上了。多年的临床工作经验使得何滨清楚地了解临床的一些急需解决的痛点，许多骨科手术是一类需要精确定位的手术，已有的仪器设备目前都不能完美解决这类问题，因此开发出一款符合临床应用的设备并且造福患者也是他的创业愿景。

骨科医生的创业梦

杭州三坛医疗科技有限公司成立于 2011 年，是一家由国内一流医学专家支持的高科技医疗设备研发企业。公司立足于国内医疗现状和临床使用环境，坚持以临床需求为导向，致力于实用经济的高科技医疗设备研发。公司目前主推的"智微天眼"手术定位导航设备及其系列相关产品，是具有独立自主知识产权的原创高科技医疗设备。该产品能够实现手术路径可视化及线性引导，精度高、实时性强。公司始终坚持将突破创新作为发展的原动力，立志于新理论的探索与应用，并着力研发自动麻醉手术机器人、泛骨科手术机器人、骨病治疗外骨骼方案等系列产品，有望推进科学理论技术在临床的应用，进一步提升市场规模和产业空间。公司扎根临床，立足于创新，期望整合优势资源，通过科技制胜，打造更具有行业竞争力的高科技医疗企业。

未来"个性化精准治疗"的先行者

手术导航系统（Image Guide Surgery，IGS）和医用机器人是医疗器械行业的高端产品，也是未来"个性化精准治疗"的重要内容，具有智能、微创、精准的概念，一经问世便迅速成为市场热点，未来成长空间巨大。

2015 年世界机器人大会上，不少与会专家指出：医疗机器人及相关设备的产业化前景将十分广阔。2015 年 3 月，美国专业市场调研机构 Winter Green Research 发表报告称，手术机器人行业规模将由 2014 年的 32 亿美元，增长到 2021 年的 200 亿美元，预期年均复合增长率为 29.9%。这个数据还仅是基于目前技术，并未计算创新产品出现而导致的市场爆发性增长。面对巨大的手术导航和机器人市场，三坛医疗瞄准了骨科手术领域，研制了"影航"激光定位骨科手术导航系统与骨科手术机器人系列产品。

目前，全球范围内，骨科手术导航系统主要被美国和德国公司所包揽；对国产导航系统来说，国内上市的手术导航系统仅有一两家，从原理、价格、技术指标分析，三坛医疗的产品不存在严格意义上的竞争产品。

西界王文化倪镔：
以创意为驱动器的中国美术学院 ACG 团队

> * 该企业获 2016 年中国创新创业大赛浙江赛区文化创意行业三等奖

倪镔，中国美术学院传媒动画学院副教授，动画导演，游戏制作人，也是浙江卫视 720 集动画《蓝巨星和绿豆鲨》的总导演，英雄互娱艺术顾问。2010 年成立中国美术学院游戏艺术研究中心，杭州西界王文化传媒有限公司创始人之一，目前担任公司董事长兼总经理。主要原创动画作品《暴基枪手》，公司计划将它打造成电竞 ACG 符号化的产品，在吸收优质的电竞用户群体的同时，疏通所有渠道资源，并以幽默风趣的叙事方式成为动画界的"万和天宜"。

没有钱，和肉饼有什么区别；没有梦想，和咸鱼又有什么区别

团队由全院发型最酷的副教授悟空侠——倪滨领队，他也算是拥有 15 年的动画经验的"老司机"，带着一群"90 后"的学生，怀着一份对动画的热忱与喜爱加入到动画这个"水深火热"的行业中来，在二维动画被三维冲击到"沙滩"的时候依旧坚持着。

在这个网络开放人人都是自媒体发声的时代，已没有早年对于动画的诸多限制与拘束，团队表示怀着"与其做有钱的咸鱼不如做有梦想的肉饼"的一份天真与冲动，一定要趁这个时代做点喜欢的事情，一定要来场想做就做的征程。

似乎艺术生天生就有些"脱线"与冲动的特质，团队成员并不想受命于人，希望做

些自己想做的并且喜欢做的事情，而原创动画就是这样的一种东西——能娱乐自己，也能娱乐众人。

小虫和三少月也是动画界10年的老成员，日常工作除了做游戏里的动画与分镜，很久没有做过属于自己的作品了。对这些长期奋斗在隔壁家游戏前线的动画与分镜师而言，做一部属于自己的动画的小火苗一直在心中蠢蠢欲燃，而对于属于那个年代出生的老成员而言，天天与朋友打FPS游戏的经历完全是青春的印记与美好回忆，游戏与动画占据着青春的绝大部分，其实和现在大多数人一样。

而年轻的动画成员毛哥、SUUM，编剧成员北极居士、小闹则是有梦想的"二次元逗比"小青年。用他们的话来说，喜欢的事情再难也要坚持下去，而年轻的血液最大的与众不同在于与时俱进的创新搞怪精神，在讨论剧本的时候会不停地加入一些"脑洞大开"的创意，黑洞般的娱乐精神，将整部动画的世界观设定得更加有趣、与众不同。

以 CS 系列游戏为线索引出的原创动画

《暴基枪手》是一款以CS系列游戏为线索引出的原创动画片，目标人群为13—16岁在电竞文化中成长起来的青少年。目前全网播放量超过5000万次，在电竞垂直领域已抢占先机，成为电竞领域为数不多的文化产品。公司与各大视频平台（腾讯、优酷、乐视、爱奇艺、搜狐、哔哩哔哩）均有签订PCG合作，并在电竞专业领域和IMBATV等主流电竞媒体也有相关合作，Alex（前WEG）CS赛事世界冠军和BOF（中国CS冠军队）也在动画中以动画角色的形式植入剧情中。

除了动画外，公司在漫画领域也一直尝试发展新的内容，首先是与中国军事第一自媒体——军武次位面有战略合作关系，共同打造漫画IP；再是与凤凰网合作打造正版金庸小说漫画，第一部《天龙八部》已经开始制作。

公司团队还拥有多年游戏开发经验，于2011年研发上线的Zombie Evil，美国区排名18，新游戏排名第四，谷歌下载量超1000万次评分高达4.6分。目前公司正在着手研发美术风格独树一帜的学院派独立游戏。

公司目前获得华谊兄弟董事王夫也的"集结号"资本和中科院旗下"中科创星"两家的天使投资，为公司的发展提供了保障，也为未来在电影以及智能玩具方向奠定了一定的基础，力争成为中国最顶尖的原创动漫ACG团队。

瑞德设计晋常宝：
引领行业，设计开创未来

*** 该企业获 2016 年中国创新创业大
赛浙江赛区文化创意行业三等奖**

晋常宝，瑞德设计联合创始人、董事、副总裁，硕士毕业于意大利 DOMUS 设计学院，德国 IF 设计奖评委，浙江省工业设计协会副会长，中国设计业十大杰出青年，中国工业设计十佳杰出设计师，高级工业设计师，多项德国 IF 奖和红点奖得主。

1999 年，晋常宝与李琦一起创办瑞德设计。2009 年与李琦发起创办了瑞德 Golden Frog Award 优秀毕业设计邀请赛——中国唯一由企业主办、以非营利社会公益活动为特性的专项工业设计竞赛。2014 年，瑞德设计在新三板成功挂牌，标志着"中国工业设计第一股"的诞生。2016 年，晋常宝被聘为德国 IF 设计奖评委，1 月赴德国汉堡参与德国 IF 现场评审，成为国内工业设计领域第一人。

引领行业，设计开创未来

从第一个 logo 设计开始，21 年来不断引领变革行业的工业设计战略合作伙伴，在日日刷新的中国制造业阵营里，瑞德设计与方太的坚持显得弥足珍贵，凸显了工业设计与制造业深度融合、相辅相成的可贵经典。在方太的每一次重大变革中，瑞德设计都置身其中，在众多成功案例中，用了 5 年时间研发而成的水槽洗碗机最具行业典范。

2009 年，晋常宝提出洗碗机的研发提案。2010 年，方太与瑞德设计共同组建了一支由社会学家、心理学家、工业设计师及研发工程师构成的跨领域厨房生活研究专案小组。

事实上，洗碗机在欧美国家已成为普及厨电，然而在中国推行 10 多年，至今市场占有率仍不到 1%。究其原因，还是中外饮食文化差异，欧美餐具以碟子居多，食品则主要是烤肉面包，洗碗机尚可以洗得干净；而中国家庭用碗碟品类繁多，且中餐多为爆炒，油多，食物残渣多，难以洗净。

历经了 5 个春秋，深入 1000 户家庭调研，150 余张设计草案，255 次全面原型机测试，25 位资深用户的全程体验跟踪，瑞德设计研发的方太水槽洗碗机于 2015 年 3 月 24 日正式上市。上市后短短几个月，市场份额迅速飙升至 12.8%，并引领洗碗机整体市场实现 68% 以上的增速。方太水槽洗碗机凭借优良的使用性能，在市场上备受追捧的同时，也在国际国内评奖舞台上捷报频传、屡获桂冠。截至目前，该产品已荣获 2016 德国红点设计大奖、2016 中国好设计金奖等 9 项国际国内大奖。

这款拥有 22 项发明专利技术的方太水槽洗碗机，一边是水槽一边是洗碗机，采用涡轮式离心洗涤技术，在不用任何洗涤剂下，依靠加温、超声波与水流冲击洗涤，实现污垢无死角、高效清洁，同时兼顾了中国家庭排水结构。另外，这款洗碗机具有加温去油腻、超声波去农药、水流去食物残渣等功能，因此，蔬菜、水果、碗碟都适用。方太水槽洗碗机，不仅打破了我国洗碗机固有的产品形态，重新定义了中国洗碗机的未来，还将开启一个百亿级的洗碗机市场，让中国家庭愉悦的厨房体验成为可能。

专注产业纵深，用设计让情怀落地

作为国家级工业设计中心，瑞德设计以 17 年的行业经验，专注产业纵深。创始人李琦和晋常宝，用设计让情怀落地，从完成中国首个工业设计毕业作品——方太油烟机成功产业化至今，已创造出 1000 多个设计项目，并为企业创造出了 3000 多亿元的商业价值。

2000 年，在晋常宝的领导下，瑞德设计成立瑞德青蛙概念组，一直保持通过参加世界顶级设计赛事，触摸前沿设计，开展前瞻创新性项目研究，带领拥有全球创新视野的瑞德设计师团队连续多年荣获 30 多项德国红点、德国 IF、美国 IDEA 设计大奖。

瑞德设计以产业创新设计研究院、赞匠开源设计两大平台为起点，着力构建"好产品生态圈"发展战略，强化工业设计与科技、商业的深度融合。随着瑞德设计与山东鲁能智能、唐年股份、厚达科技、锣卜科技等一批优秀制造业品牌企业战略合作的建立，进入酒店自助终端设备、电机自动化生产线、搬运机器人、环保智能轻交工具等领域，必将不断延展工业设计与制造业深入融合的全新路径。

沃镭智能郭斌：
打造完整的智能工厂技术体系

*该企业获 2016 年中国创新创
业大赛先进制造行业三等奖

　　郭斌，硕士毕业于中国计量科学研究院测试计量技术与仪器专业，杭州沃镭智能科技股份有限公司创始人，目前担任公司董事长兼总经理。沃镭一直致力于为传统制造业提供智能装备、智能生产线和智能车间的整套解决方案，为中国制造打造一流的智能工厂。

一位新杭州人的创业梦，立志用技术创造价值

　　郭斌的硕士课题就是和检测技术相关，自动化检测技术是汽车生产过程中的关键技术之一，通过检测各种技术参数，判定产品是否达到技术标准。为完成课题，郭斌到一些生产汽车零部件的工厂去调研，发现江浙民营企业的检测，完全采用落后的、纯手工的方式。于是就萌生了用技术来创业的念头，把自己掌握的技术转换为价值，为国内的中小企业提供智能检测设备。

　　创业初期，公司规模很小，郭斌经常要到客户现场进行调试。为了解决一些技术难题，经常调试到深夜，整个厂区就剩下他一个人。十几天下来，当项目完成时，连厂区门口的保安都认识他了。回想那段埋头研发的日子，郭斌说："虽然很艰苦，但现在回头看那时是非常快乐的，特别是当一个个技术难题被攻克的时候。"经过团队的努力，沃镭逐步打开了市场，研发的检测设备从根本上改变了生产厂家原有粗放型、低精度的定性

检测方法，实现了高精度、重复性好、自动化的定量检测。

随着国内工业化进程的推进，沃镭团队看到了客户在发展过程中遇到的种种问题。尤其是近年来，面对人工成本上升、原材料涨价、订单萎缩等多重挑战，对于国内汽车零部件制造企业而言，"机器换人"不是想不想做，而是不得不做。郭斌和他的团队试图用技术直面并破解这些问题。经过不懈的技术研发，沃镭的产品体系已经逐步完善，从智能检测设备开始，逐步拓展到整条柔性化智能生产线，并广泛应用于汽车零部件领域、空调制冷领域、轨道交通领域等行业。

希望打造完整的智能工厂技术体系

智能生产在我国制造企业的应用还处于起步阶段，但这是未来必然的发展方向。沃镭给客户提供的自动化装备是信息技术深度嵌入的智能装备，可以帮助客户做到在生产和装配的过程中，通过传感器或 RFID 自动进行数据采集，并通过电子看板显示实时的生产状态；能够通过机器视觉和多种传感器进行质量检测，自动剔除不合格品，并对采集的质量数据进行 SPC 分析，找出质量问题的成因；能够支持多种相似产品的混线生产和装配，灵活调整工艺，适应小批量、多品种的生产模式；具有柔性，如果生产线上有设备出现故障，能够调整到其他设备生产；针对人工操作的工位，能够给予智能的提示。

沃镭的装备可以为客户提高生产效率，缩短客户产品的上市时间，增加了制造的灵活性。沃镭的装备并不是单纯地用机器替代人工操作，更多的是将智能化、信息、自动化等相关技术逐渐融入制造生产整个过程中，使得客户的生产过程更透明、更可控。

沃镭智能于 2015 年步入新三板市场，借助资本的力量，助推公司的快速发展。公司现阶段的研发重点是应用于智能车间的 MES 系统。目前公司柔性化智能生产线技术、智能检测装备技术已日趋成熟，再加上 MES 系统，沃镭已经初步具备了打造智能工厂所需要的全部技术体系要素。

宜可欧环保车磊：
热解炭化技术多元化换应用

*该企业获 2015 年中国创新创业大赛浙江赛区新能源及节能环保行业三等奖

车磊，毕业于日本国立金沢大学，工学博士。曾任日本国立金沢大学自燃科学研究科博士研究员、小松精炼株式会社环境与能源科研究员、明和工业株式会社环境事业部研究员。回国后创立了浙江宜可欧环保科技有限公司，现任公司董事长。荣获浙江省特聘专家、国家"千人计划"专家、科技部创新创业人才等荣誉。

"南太湖精英计划"将他留在湖州

1979 年出生的车磊是一名留学日本的工学博士，给人感觉沉稳却充满着激情，他不是一个理想的空想家，而是踏实的将梦想的每一步都落到现实中来实现的人。

2011 年，在一次机缘巧合中，他来湖州看望在大连读书时的一位恩师。也正是因为这次机缘，他放弃了日本企业的高薪挽留，带团队毅然选择回国，成立了浙江宜可欧环保科技有限公司。

2011 年，车磊带着自己的核心团队，带着"染料涂料废物的深度资源化处理与设备的产业化"项目参与了"南太湖精英计划"的评审答辩。项目成功地入选了 2011 年度"南太湖精英计划"B 类项目，车磊的梦想也由此点燃！

当项目成功落户湖州之后，推行环保理念成为车磊回国后最大的梦想，为企业提供创造价值的废物处理技术使得企业由"被动环保"变成"主动环保"成为他创业的理念。

车磊还针对农作物废弃物，专门开发的无动力式节能环保新机器，无动力式炭化炉产品——ECO5000 在 2012 年 6 月正式上线，这标志着他又向农业循环领域迈进了踏实的一步！此项技术既可以解决一直困扰着大气环境的焚烧秸秆问题，也能用于将污泥变成非常有用的"污泥碳"。2013 年，公司成功研发病死害动物热解炭化处理技术和装备，为国际首创，并于当年成立浙江悟能环保科技发展有限公司。

公司申请专利 58 项，已授权专利 42 项，其中，发明专利 25 项，已授权发明专利 11 项。承担省级以上研究课题 2 项，其中，病死害动物热解炭化处理技术被列入国家技术导则。此外，有机污染土壤快速修复集成技术已获得 2015 年省科技厅重点研发项目立项。含油污泥无害化处理技术获得 2015 年全国创新创业大赛浙江赛区节能环保组第一名。公司于 2014 年被认定为国家高新技术企业。

将有机质残渣转变成炭化物资源并进行回收再利用

公司主要从事热解炭化技术及其应用研究、工艺设计、装备制造和销售服务，业务范围包括油气领域油泥、病死害动物、餐厨垃圾、污水厂污泥、工业危废、畜禽粪便等无害化处理市场，以及热解炭化装置销售等。其中，油气领域油泥无害化处理市场，是目前和今后几年内公司的主要业务内容。

公司以热解炭化技术为核心，围绕油气领域含油污泥无害化处理和资源化利用要求，为含油污泥处理提供了系统解决方案和设备系统。含油污泥经分拣、调质、干化、炭化等环节，达到无害化处理，最终产物、回收油品、过程热量均得到良好利用，较大幅度地降低了处理成本。

公司的关键技术——有机质废弃物的无氧热解炭化处理与炭化物回用技术，可以使任何种类的有机质残渣转变成炭化物资源并回收再利用。热解处理和焚烧处理是两个完全不同的过程。焚烧是一个放热过程，而热解需要吸收大量热量。

目前公司主要开发了两款产品。一款是针对大型炼化企业和油气田集中处理站的建站式设备，能够实现解决方案和集成设备的个性化定制，需要固定场所搭建厂房，另一款是针对残留油泥坑和油气田开采时需要直接处理的移动式设备，能够实现含油污泥就地处理，设备高度集成，可移动、可撬装，能够提供就地处理和上门服务。

梧斯源陈铁英：
看护机器人，聊天陪护样样行

*该企业获 2016 年中国创新创业大
赛浙江赛区电子信息行业三等奖

    陈铁英，毕业于浙江大学控制系，是浙江梧斯源通信科技股份有限公司创始人，目前担任公司董事长兼总经理。2010 年，创办杭州梧斯源创测通信有限公司，公司定位于为电信运营商提供软硬件设备及配套服务，研发的核心网拨测系统利用纯软件仿真技术开创了核心网拨测领域的技术先河，获得全国各大电信运营商一致的好评。2015 年开始，公司从社会责任感层面出发，立足于智能机器人的研发，依靠自身强大的设计团队和市场资源优势。目前，公司已经成功转型为集机器人研发、生产、销售于一体的高科技企业。经过 6 年的创业发展，2015 年公司改制为浙江梧斯源通信科技股份有限公司并成功挂牌新三板。

饮水思源

    "梧斯源"原意"吾思源"，也指"饮水思源"，滴水之恩，当涌泉相报，人不能忘本，要感恩知福。从公司名字就展现了浓浓的国粹文化，陈铁英一直在将她的人生理念通过平时的点滴行为传输给员工们。

    目前老年人的养老问题是一个严峻的社会问题，国家养老服务也遭遇到前所未有的挑战。经过仔细的社会调研和市场研究，通过实地的考察与接触，深刻体会到养老行业所存在的重重困难；出于一种纯正善良的意愿，公司将最初做智能管家机器人的方案做了方向性改变，决定转型到专业的老人看护机器人。

公司希望通过自己的努力，体现了"老吾老以及人之老，幼吾幼以及人之幼"的人文情怀，回馈社会，服务于公共事业，从实际行动上体现公司的社会责任感，实现企业的社会价值。

阿铁，老人看护机器人

我国从 2012 年开始进入人口老龄化快速发展期，"十二五"时期是我国第一个老年人口增长高峰，60 岁以上老年人口由 1.78 亿增长到 2.21 亿，比例从 13.3% 增加到 16%，这使我们国家养老服务遭遇前所未有的挑战，养老服务业的需求变得越来越突出。

机器人产业是国家产业规划发展的方向，工业 4.0 已经深入人心，机器人的市场如火如荼，未来机器人会跟手机一样走进千家万户。梧斯源生产的"阿铁"就是一款专门陪护老人、实现养老与医疗相结合的智能机器人。它的主要功能有吃药管理、护工管理、亲情互动、健康指标监测、跌倒告警、瘫痪老人大小便监测、文化娱乐、远程诊疗等，适用于居家养老、养老院、医院和疗养院等。

目前公司已经拥有十几项技术专利和软件著作权，在市场领域内占据先机，后续还会根据老人的需求，提供更人性化的服务，从技术上不断推陈出新，给机器人配上机械手臂，提高人工智能，让机器人真正成为老人的居家伴侣。

映墨科技吴震:
"把快乐还给孩子"——"龙星人"儿童VR游乐设备

* 该企业获 2015 年中国创新创业大赛浙江赛区电子信息行业三等奖

吴震,浙江大学航空航天学院博士,杭州映墨科技有限公司创始人之一,目前担任公司董事长。曾在华为工作 4 年,担任项目经理,领导开发了一款推向全球市场的新型路由器芯片。他的创业团队,是典型式"中国合伙人"。当虚拟现实成为新的创业风口和放眼未来的窗口时,公司的步伐已迈向坚实。

吴震及其合伙人自 2012 年开始就从事研发 VR 头显,于 2014 年 7 月正式成立映墨科技。目前的战略重点为儿童 VR 一体化解决方案。作为国内第一家深耕儿童领域的 VR 公司,映墨的宗旨是努力成为儿童 VR 垂直领域第一名。而做儿童 VR 的初心,则是把快乐还给儿童。

让人们更好地沉浸于 VR 世界

映墨最想带给用户的是什么? 其实从 3 个创始人在成立公司时取的名字就可以看出,"映里"(Immersion)旨在沉浸,让人们更好地沉浸于 VR 世界里是映墨一直以来所追求的。

吴震及其合伙人刚成立映墨的时候,从产品策划到产品研发,没有愿意合作的公司,没有愿意投钱的基金，甚至第一代产品的头带还是找一家修鞋店制作的。但不管怎么艰难，映墨的核心成员也一个都没有离开，大家咬牙坚挺，渡过难关，直至步入正轨。

2016 年，对于吴震及其合伙人而言是一个大的转折点。2015 年底，他们决定深耕儿童 VR 领域。吴震认为，找准一个细分领域深耕才是出路，在这个细分领域做到第一才能存活。从创业发展到现在，吴震认为自己的心态一直没变："创业不是一个人的事情，而是一个团队的事情。任何一个项目的模式都是有逻辑存在的，逻辑上成立了，就可以往前走了。"

2015 年，他和他的团队的坚持终于看到了效果，这一代儿童 VR 产品"龙星人"在市场上已签单有 7000 多套。并且发展了 100 多家城市合伙人，遍及全国 80 个城市和地区，并远销至韩国等地。产品入驻十多个大型连锁游乐场，例如木马王国、悠游堂等，且与乐客 VR 进行战略合作运营。

让孩子的未来世界提前到来

当虚拟现实成为新的创业风口和放眼未来的窗口，在 VR 硬件不被看好的节骨眼，映墨科技另辟蹊径，找到了细分市场和商业化模式。"龙星人"产品是专门为儿童定制设计的一款串联了硬件、软件、内容平台、场景交互等 VR 技术链的垂直化产品。整套设备包含一台手持式儿童 VR 眼镜、益智游戏库、商户平台、电脑主机和显示器等。产品的主要优势有：一是先发优势。国内第一家做儿童 VR 的企业，"龙星人"是全国第一款儿童 VR 产品和一体化设备，其搭载的头显是全国第一款儿童 VR 头显。二是硬软件和内容优势。映墨有场景、系统、平台三个层面的创新体系。"龙星人"硬软件的自行适配也是技术上的一个壁垒。20 家内容开发公司加入了映墨龙星人的"朋友圈"，2017 年还将有 30 个内容团队入驻映墨科技的内容孵化器。三是大数据优势。未来汇集了内容库和运营大数据的"龙星人"的内容平台是核心竞争力和核心价值点。

"龙星人"是一款偏娱乐带益智的设备，之后映墨科技会慢慢分出两条线——儿童娱乐和儿童教育。总之，映墨科技会继续在儿童 VR 垂直领域深耕，融合前沿技术，不断完善生态建设，在"开拓想象力、激发创造力"的同时达到"寓教于乐、科技娱乐"的效果。

纳威高通范杰：
"百万挑一"——超高通量智能喷墨打印
功能材料合成系统

* 该企业获 2016 年中国创新创业大赛浙江赛区新材料行业三等奖

范杰，浙江大学化学系教授，复旦大学无机化学博士，美国加州大学圣塔芭芭拉分校化学博士后。杭州纳威高通新材料技术有限公司创始人，任职董事长。

范杰教授团队将纳米化学技术与高精印刷技术相结合，开发出基于喷墨打印技术 Nanonov-C2 Fast 的功能材料超高通量智能合成系统，已获得发明专利授权。该系统可以一次性合成出成百上千种不同配方的新材料，最快的速度可达 100 万配方 / 时，大大缩短新材料研发周期、降低研发费用。范杰教授团队以高通量合成与筛选的思路，成功地将该系统应用于光催化剂、VOCs 消除催化剂、甲烷氧化偶联反应催化剂的开发。加州理工学院应用该系统在电解水催化剂的筛选上取得了不错的进展，开发速率为 7.5 万样品 / 时。在与壳牌石油公司合作的过程中，范杰教授团队已证实该系统在开发催化剂方面具有省时、省钱等优势。基于多年的研发积累，范杰教授团队于 2014 年 11 月 11 日成立杭州纳威高通新材料技术有限公司。

范杰教授的创业初衷

近年，雾霾成为人们最为关注的话题，久违的蓝天已成为奢侈品。纵观世界，中国是雾霾的重灾区，而美国、欧洲等地却是碧水蓝天。两者之间形成鲜明对比，最重要的原因在于我国能源消耗大，结构差。我国的能源结构以煤炭、石油为主，能源利用过程中带来的附加污染十分严重。如果以清洁能源取代煤炭、石油，有望改变现状，重现蓝天，这就是范杰教授的梦想。

取代煤炭、石油的清洁能源是天然气。以天然气化工取代石油化工，可以从源头解决污染问题。这件彻底改变化工行业的事情跟纳威高通有什么关系呢？天然气化工取代石油化工的所有条件都已具备，只欠缺一个高效的催化剂。纳威高通就是利用基于喷墨打印技术 Nanonov-C2 Fast 的功能材料超高通量智能合成系统穷尽催化剂配方，用"百万挑一"的开发手段寻找这个催化剂。

这项技术可以在更广阔的行业应用，加速新材料的研发效率。纳威高通将不断扩展市场，在不同行业用 Nanonov-C2 Fast 取代原始的研发模式。

一项被加州理工学院和壳牌公司看好的革新性技术

基于喷墨打印技术 Nanonov-C2 Fast 的功能材料超高通量智能合成系统，获得国家发明专利授权。该系统是一个集喷墨打印及多种功能性墨水于一身的全自动材料合成系统，将原料配置成可快速打印的墨水，通过智能化控制，用喷墨打印的方法超高通量（百万数量级每小时）地合成出不同组成和配比的新型功能材料，再配以高效的性能评价工艺，可以快速地进行新材料的合成和筛选，极大地降低新材料的开发成本，解决了石油化工、能源环保及生物医药等领域合成开发新材料，尤其是开发新催化剂困难的问题。

纳威高通的高通量喷墨打印设备已经可以用于快速合成大规模的新催化剂材料库，销往美国的顶级高校加州理工学院和美国加州大学圣塔芭芭拉分校等国际知名实验室，用于新能源和石油化工等领域新材料的开发。同时，项目团队也不断升级开发"功能墨水"，使其适用于光能吸光材料等更多领域。我们研发的目标是将 Nanonov-C2 Fast 喷墨技术和独特的功能墨水融入各种能源、环境、电子和生物公司所需要的生产制造处理过程中。

该合成系统用于新材料（特别是催化材料）的高效开发，是纳威高通原创的、世界独一无二的技术，其效率远高于现有的高通量合成手段，最大限度地为企业研发新材料节约成本、节省时间。例如，freeslate 公司采用他们的高通量合成技术可实现 100 配方样品/天的效率。纳威高通利用现有的技术与加州理工学院合作开发的项目中，新材料的合成效率是 100 万配方样品/天。

善时医疗边俊杰：
善时医疗 "善行中国，无创未来"

* 该企业获 2014 年中国创新创业大赛生物医药行业优秀奖

边俊杰，毕业于中国药科大学，先后创办了杭州善誉医药科技有限公司、浙江善时医疗器械有限公司、浙江善仁医疗设备制造有限公司和浙江善时生物药械（商丘）有限公司，任董事长兼总裁。

善时医疗的主打产品——全球独家无创实时动脉血压检测系统、无创血流动力学系统，以创新医疗技术引领行业发展新方向，有效填补空白市场，已获得美国 FDA 认证和欧盟 CE 认证。始终坚持引进全球先进医疗技术服务中国市场的战略眼光，善时医疗集团的快速发展具备优势基因，目前公司正在接受包括 IDG、高特佳、浙商创投等知名投资机构的 A 轮融资。

为产品获得独家授权，拿出了全部积蓄

大学毕业后，边俊杰的第一份工作是在一家知名医药企业做技术员。为了早日报答家人全力支持他上大学的辛苦付出，在工作大半年后，他毅然决定离开体面稳定的技术研究工作，投身商海。

一个偶然的机遇，得知美国一个研发公司通过十几年的持续研发，研制的无创实时动脉血压检测系统取得重大突破，即将得到 FDA 注册的信息后，他同合作伙伴第一时间

赶到美国，对产品进行详尽深入的了解，并通过各种途径"恶补"产品相关的专业知识，以及国内临床同类产品应用存在的弊端和不足。在对国内外市场充分调查研究的基础上，他迅速做出重金获取该产品独家授权的决定。为了这一决策几乎倾尽了他们积攒的全部家底。

无创实时动脉血压监测系统作为全球独家的专利产品，紧跟全球医疗技术领域先进技术，并从形式上实现研发、设计和制造于一体的创新变革，使产品上市后不仅解决了创新医疗技术在临床应用上的一大难题，也大大减轻临床患者的痛苦，提高了临床医疗的安全系数，也因无创没有感染和后遗症的绝对优势有效地降低医患纠纷。

善时无创实时动脉血压监测系统填补了临床医疗应用的业界空白

通过使用无创实时动脉血压监测系统，以无创方式实时获得麻醉病人的各项生命体征数据，善时无创实时动脉血压监测系统的问世，在临床医疗的应用方面填补了业界空白。经过数万例的临床实验，其监测数据准确有效，完美的动态血压变化及波形显示为医护人员提供血压实时变化趋势的实时信息，方便临床专家对患者围术期的手术实施。同时，有创穿刺置管有一定的操作技术难度，对于一些急重症手术患者而言，无创方式获得动脉血压实时数据更为简单便捷，可以大幅提高病人抢救成功率和医生工作效率。

善时医疗对无创实时动脉血压监测系统的引进和持续研发应用，在提升临床医疗水平、提升病患安全系数、降低医患纠纷发生等方面，将充分发挥其独特临床应用优势，为推进创新医疗技术服务大众健康做出贡献。

一能科技张乐年：
中国新材料的创业梦，世界的芯片，一能的原料

* 该企业获 2014 年中国创新创
业大赛新材料行业三等奖

　　张乐年，拥有多次创业经验，曾荣获台州"十大科创之星"称号，是台州市一能科技有限公司创始人之一，目前担任公司总经理。

　　台州市一能科技有限公司，以第三代半导体碳化硅的研究和开发为核心，是集研发、生产、营销于一体的高科技小微企业。公司自2013年成立以来，通过引进海外专家，始终致力于拥有自主知识产权的第三代半导体碳化硅原料的研发和生产，针对国内高纯度碳化硅被国外公司垄断和禁运的状况，用中国制造、台州制造弥补了中国半导体原材料领域的短板。

中国新材料的创业梦

　　1999 年，张乐年在上海理工大学毕业后即前往日本东京国际大学商学院进修。当得知全球半导体材料正面临着革命性的升级换代，而国内半导体产业由于国外垄断禁运裹足不前时，他毅然放弃原有高薪事业，联合几位国际著名半导体专家突破国外阻力，于2013 年创办了台州市一能科技有限公司，从事中国第三代半导体碳化硅产业。

　　张乐年最初设想是与国内的半导体厂家合作，把国外最先进的半导体碳化硅芯片技术与设备引入国内。然而国内的半导体厂家技术人员受限于现有技术，还未能够理解第三代半导体碳化硅对产业的重要性，而且认为碳化硅原料与晶片成本太高不能被产业界所接受。基于以上的理由，张乐年与导师决定自主创业，期望通过自己的努力，促进第三代半导体在中国的全面发展。

创业就是坚持，坚持坚持再坚持

一能科技成立至今，张乐年带领着他的台州草根民营团队不分昼夜地试验，向国产碳化硅的产业化难题发起"进攻"。一能科技目前所采用的仪器和设备都是国内外顶尖或独有（自行研制组装而成），为维持碳化硅研制，仅仅4年，张乐年已经将原先创业所得数千万元积蓄用完，并将名下两所住宅及祖宅抵押贷款。用张乐年的原话概括：创业就是坚持，坚持坚持再坚持；双休日永远地消失了，每天上班16小时是常态；创业不易，且行且珍惜。

在大伙的努力下，一能科技创造性地通过超高温真空反应成功制备了高纯度碳化硅，并进行小试化生产。该制备方法为国际首创，其技术水平达到国际领先水平。该技术申请了11项专利，其中4项已经获得授权。据测算，该项目开展后，公司产能将达到年产碳化硅30吨，年产值可以达到6000万元，创造了良好的经济效益和社会效益。目前，一能科技已成功生产出了纯度高达99.99%的半导体级碳化硅原料，已能满足大多数半导体产业的需求。

现在公司正在抓紧时间扩大产能，首先建设年产30吨半导体级碳化硅的生产线。在这个基础上，延伸产业布局，向下游的碳化硅晶体生长、衬底、外延、芯片、模组、器件方向继续发展，力争在台州打造国际一流的第三代半导体产业园区，为中国的半导体产业发展做出贡献。

艾罗电源欧余斯：
"家庭智慧能源上网互联"——智能光伏储能并网逆变器

* 该企业获 2014 年中国创新创业大赛新能源及节能环保行业三等奖

欧余斯，毕业于东北大学自动化专业，桐庐县"十佳科技创新人才"，是浙江艾罗电源有限公司创始人之一，目前担任公司总经理兼研发总监。

2012 年，浙江艾罗电源的储能逆变器一经上市，即与澳洲最大的两家安装公司 Euro Solar 和 True Value Solar 签订了储能逆变器供货协议和印度独家代理协议，并与全英最大光伏分销商 Edmundson Electrical 合作，在全英 240 家分店展销 SolaX。2015 年，产品荣获美国巴拿马万国博览会百年庆典产品至尊奖、米兰世博会最具影响力奖。2016 年，产品被列为中国"丝绸之路"指定产品，被推荐为联合国可持续发展环保能源突出贡献奖。经过短短 3 年的发展，艾罗电源营业收入从创业之初的 100 多万元飞升到 2015 年的 1.5 亿元。

一位年轻富有创新激情的创业者开启掘金"能源互联网"之梦

浙江艾罗电源致力于智能微电网领域，专业从事并网逆变器、光伏储能逆变器及智慧家庭能源系统等产品的研发、生产、销售和服务。让"用电上网互联"一直是欧余斯孜孜以求的创业梦。

一次偶然的机会，欧余斯接触到美国科学家里夫金在《第三次工业革命》中对互联网与能源行业"对接"的设想，数以亿计的人们将在自己家里、办公室里、工厂里生产出自己的绿色能源，并在"能源互联网"上与大家分享的理念。心潮澎湃之下，他决定向"能源互联网"淘金。

因此，浙江艾罗电源有限公司应运而生，成为杭州桑尼能源旗下子公司，专业研究智能微电网。尽管国外发达国家以技术壁垒实行封锁，但欧余斯毅然带领他的团队走上攻坚克难之路。辗转多国调研考察，夜以继日埋头苦干，投入超 3000 万元的资金，他和他的团队打破了发达国家的技术垄断，产品一经上市，引发全球关注。

打造互联网＋光伏储能，
助力国家"一带一路"战略建设

艾罗公司研发的智能光伏储能并网逆变器产品通过锂电池、铅酸电池等完整电池解决方案，基于互联网云平台设计，通过能源互联网，实现在线监控国内外所有家用分布式发电系统的运行情况，为电站运营提供详细的运维数据。可通过 Wi-Fi 等通信方式上传电站运行数据，业主可通过电脑、手机软件等查看和控制电站状态；通过后期研究大数据分析，为业主提供优化的家庭能源管理方案；通过后期开发远程软件升级，方便运维并降低运维成本。就如《第三次工业革命》一书所提，真正实现了在办公室通过点击鼠标就可以看到全球光伏应用产品的详细情况，实现用电"上网互联"。

国外虽有同类产品，但我们的产品价格合理，质量性能全面领先，交货周期短，市场认可度高，广受市场欢迎，为客户提供合理的投资回报。同时智慧家庭能源产品作为新能源、互联网融合的新型能源解决方案之一，适合在印度、巴基斯坦、马来西亚等缺电国家以及德国、荷兰、意大利等高电费国家推广，高度匹配国家"一带一路"战略，也将随着中国"一带一路"战略一起走向世界、引领未来、造福人类！

德清知域崔竟松：
高精度位置云管理平台解决方案

* 该企业获 2015 年中国创新创业大赛
互联网与移动互联网行业优秀奖

崔竟松，团队创始人之一，武汉大学计算机学院副教授。美国亚利桑那州立大学访问学者，车载信息服务产业应用联盟（工信部直属）成员代表。

崔竟松长期致力于研究云计算系统和位置服务应用，在云计算安全、北斗/GPS 高精度定位应用、空间大数据分析与数据挖掘等领域发表高水平学术论文 30 余篇。申请和获得国家发明专利 10 余个。主持国家 863 项目位置服务子课题一项，参与国家自然科学重大研究计划、自然科学基金项目和国家 863 项目 8 项，具有扎实的理论根基和丰富的实践经验。

一位博士的创业路

德清知域是做什么的？简单说来，就是通过与位置定位相关的集成商和服务商合作，为他们提供免费的高精度定位终端软硬件解决方案。终端的定位信息通过位置云管理平台进行解算分发，就可以使他们服务或监控的用户实时定位精度提高 100 倍。"云端并进，以端促云。"德清知域创始人崔竟松如是说。

崔竟松开始创业的理念，与其长期致力于研究云计算系统和位置服务应用密不可分。云计算技术与特定行业结合，形成行业整体解决方案，是该市场发展的主要趋势。导航与位置服务产业在国际上已成为继互联网、移动通信之后发展最快的新兴信息产业之一。相应的导航系统是经济安全、国家安全和公共安全的重大技术支撑系统和战略威慑基础资源，关系到国家安全、经济发展和社会民生，在物联网、数字地球、节能减排、救灾减灾等领域发挥着重要的基础性作用，具有举足轻重和不可或缺的地位。近年来，随着我国智能手机、网络电脑等多种接入设备的迅速推广以及汽车保有量的快速增长，人们对位置及相关信息的需求不断增加。

面对这样的环境，崔竞松毅然开始了他的创业之旅。最终，他的梦想在浙江省德清县实现了。在创业的时间里，他和他的团队一直在突破技术上的难关，终于开发出了高精度位置云管理平台及高精度定位终端软硬件解决方案。

实现高精度的位置定位服务

随着市场需求的增加，国外软件厂商希望找寻更多合作伙伴进入中国市场，但其生产工艺、经营模式、人才资源、服务体系等阻碍其市场开拓。对国内市场来说，市场空间极大，德清知域的技术得到了多个国家 863 项目的认证，是为数不多的集数据采集、处理、解决方案、大众化为一体的公司，具综合竞争优势。

目前，德清知域基于高精度位置云数据管理与分析技术为行业提供整体解决方案、定制化开发及咨询服务，已形成以北斗高精度导航定位软硬件、二三维一体化地理信息系统平台、高性能地理空间信息坐标转换为核心的产品集群，所有产品均为自行研发，不存在对外采购硬件或其他原料的情况。

未来，德清知城的产品主要是供给下游集成商，与其共同进行用户需求攻关，实现强强联合和资源共享式的滚动发展。同时德清知域作为"高精度位置云"整体解决方案提供商，业务链覆盖了空间数据快速获取与处理、集成管理与更新、共享服务发布与行业应用。

而然科技沈志坚：
国际上首个完全数字化定制的个性化全瓷牙

* 该企业获 2015 年中国创新创
业大赛新材料行业优秀奖

　　沈志坚，国家"千人计划"专家，杭州而然科技有限公司总经理，瑞典斯德哥尔摩大学材料化学系教授、主任。《瑞典时报》于 2003 年和 2007 年分别以《瑞典技术革新神奇材料》和《先锋研究关注患者》为题介绍了沈教授留瑞 20 余年在生物材料领域的研究成果。

　　2011 年，在"大众创业、万众创新"的经济浪潮中，受到祖国的感召，沈志坚决定回国完成报国梦，让科学与智慧的成果在祖国落地生根、开花结果。回国后，沈教授不仅在清华大学材料科学与工程学院承担科研教学工作，还身体力行地进行创业实践。2013 年，沈志坚创办"而然科技"，落地杭州高新开发区（滨江）海外高层次人才创新创业基地，致力于人体硬组织个性化替代部件的工业化定制。

材料制造的"魔术师"

　　2007 年，沈志坚被国际最著名的牙科材料和部件定制企业瑞典 Nobel Biocare 公司聘为材料创新教授，负责新材料和新工艺的前期探索和产品开发。这一基于企业和大学的深入合作引起了瑞典媒体民众广泛关注，为沈志坚投身于人体硬组织替代治疗领域的研究埋下伏笔。

2013 年，以沈志坚为核心，集结了生物材料、精准医疗、精密加工、物联网、云技术等各个领域，掌握了目前最先进技术的国际高水平研发团队，终于实现了从原材料到产品的全流程技术突破——新产品"釉锆"研发成功！瑞典 Matts Andersson 教授发来贺信："沈教授潜心研究，开发出的创新的材料和工艺，实现了我升级 Procera 的梦想，这就是釉锆。我坚信，釉锆将再次带来牙科修复的变革。"

而然科技自 2013 年成立至今，充分利用具有自主知识产权的高新科技和创新思维，成为人体硬组织替代材料研发生产领域的领跑者，持续确保公司的领先地位，带领相关产业群健康持续发展。公司先后入选"杭州高新开发区（滨江）5050 计划""杭州市全球引才'521'计划""2014 年度高层次留学回国人员（团队）在杭创业创新项目"等。

釉锆，国际上首个完全数字化定制的个性化全瓷牙

"牙疼不是病，疼起来真要命。"这是一句民间俗语，说的就是牙齿一旦出现了问题，便会带来很大的痛苦。特别是牙齿损坏严重的时候，需要制作一个个性化牙冠来保护和修复。可千万别小看一颗小小的牙冠，其技术含量非常高。表面材质要光润耐磨，内部结构要有韧性，而且人体口腔非常敏感，几十微米的误差都会让患者感到不适，这些都对材料及其制造工艺提出了极高要求。看牙过程也非常麻烦，咬牙印、试牙冠、调磨都增加了就诊时间，影响了患者的就诊体验。这些都是有待解决的问题。

釉锆，采用了拥有自主知识产权的"3D 胶态沉积技术"，改变了以往数控加工陶瓷牙只能通过"减法"实现的工艺局限，在个性化增材制造的过程中仿生天然牙的结构和功能进行编织，产品具有类似天然牙的纳米梯度结构，呈现牙釉质光润质感，给天然牙带来最大保护。同时，釉锆在牙科修复史上第一次实现了完全数字化定制，口内扫描、数字化模型、云端设计、远程审核、智能制造。一系列高精尖的技术，都是为了临床治疗过程中的"至简"和"自然"。2015 年，釉锆上市，成为世界上最先进的个性化牙科修复体，为大众带来福音！

菲助科技谭美红：
学口语就上英语趣配音

* 该企业获 2015 年中国创新创
业大赛文化创意行业优秀奖

谭美红，从流水线工人到企业 CEO，"励志女王""创业铁娘子"是在描述她时必然会用到的标签。她是杭州菲助科技有限公司创始人，现担任公司 CEO。

2015 年，在谭美红的带领下，公司先后获得了 2015 年（第四届）中国新媒体创业大赛杭州分赛冠军、2015 年全球移动互联网教育创业项目路演金奖、第四届中国创新创业大赛优秀企业、2015 年中国"互联网＋创业"大会紫薇奖、创客中国——最具投资价值创业项目百强企业等荣誉。2016 年，又先后获得 2016 年全球青年创业大赛杭州赛区第二名、2016 年文创新势力 NEW POWER 年度 TOP10、2016 年全球青年大创总决赛最具投资价值奖、2016 年度杭州市"雏鹰计划"企业。

大学向她关上一扇门，她却用"兴趣"为自己开了一扇窗

兴趣是最好的老师，兴趣也是自身努力最强有力的动力。从事英语学习的经历和线下培训的经历，让谭美红懂得兴趣才是学习的关键。她单刀直入，奔着"兴趣"而去。

2006 年，因为家庭经济条件不佳，谭美红错过了进入大学学习的机会，进入了一家工厂打工替家里还债。2009 年初，与好友创立了线下英语培训机构；2012 年，担任第一家分校校长。为了真正帮助大学生提高英语口语，利用更多的学习资源，谭美红从线下

转向线上。2013 年，她来到浙江杭州，开始了往教学辅助工具方向的思考。

多年的英语学习以及教学经验让谭美红对国人英语学习的痛点十分了解。集合市场分析与自身优势以及自己的学习经历，将全部精力集中在"配音"这个切口。事实证明，她掐准了用户的需求。推出"英语趣配音"这款 APP 后，在没有市场宣传的情况下，一年内，粉丝就增长到 1000 多万。

英语趣配音也一被到许多投资人看好，让谭美红印象深刻的是在首轮融资时，当时早上见了第一次，下午又见了一次，然后融资就谈成了。"投资人对我们团队和项目的肯定，让我始终牢记。"

对于很多人用"励志女王"来形容她，谭美红只是淡淡地说："其实我很普通，只是在这个过程中坚持自己热爱的事业，一直努力，坚信要不断努力学习，直奔兴趣而去。"用过这个软件的人能感受到一个很清晰的点：这是一个热爱英语的人做的英语学习软件。

坚持兴趣教育，围绕配音构建英语学习生态系统

目前，公司旗下包括三款产品——英语趣配音 APP、少儿趣配音 APP、老外趣聊 APP，均围绕英语口语学习及教学展开。不同于普通的英语学习，趣配音的用户通过给应用中已有的视频进行配音的方式来练习口语，视频包括电影片段、动漫、热门搞笑视频、配套教材等。在这样二次创作的 DIY 过程中，趣味性大大增强，学习的枯燥性弱化。如今英语趣配音的用户中，不乏央视主播、新东方名师等有影响力的"大 V"入驻，它的吸引力就大大增加了。

菲助科技聚集了众多专业人才，共同打造优质产品，传递英语口语学习价值。技术经理胡衍明，为原阿里巴巴 P7 资深技术主管；产品总监赵永昌，为原盛大资深产品经理；运营总监马浩，拥有 6 年资深市场运营经验，曾合伙创办 O2O 项目"懒猫洗衣"；财务总监陈晓燕，拥有 10 年的外资财务经理经历，中级会计师。公司还聚集了来自新东方等知名英语机构、有着丰富英语教学经验及留学背景的教研团队，共同致力于打造愈加便捷、高效、有趣的英语口语产品，服务于广大英语学习者。

2016 年 11 月，易观千帆最新数据显示，英语趣配音稳居英语学习应用排行榜榜首。未来，菲助科技将致力于构建英语学习生态系统，让所有英语口语的学习者，都能通过英语趣配音，轻松学习英语。

创业英雄谱
CHUANGYE YINGXIONGPU >>>>>

国千光电李红深：
智能互动裸眼 3D 虚拟现实体验系统及其应用产品

* 该企业获 2015 年中国创新创业大赛文化创意行业优秀奖

　　李红深，作为嘉兴市领军人才引进嘉兴，国家"千人计划"专家，海宁国千光电科技有限公司董事长。

　　海宁国千光电科技有限公司是由国家"千人计划"特聘专家李红深和嘉兴市硅兴电子公司合资成立的。公司开发的智能 MR4D 浮影互动显示系统拥有国际先进技术，部分填补了国际、国内技术空白。公司及李红深个人拥有多项国际和国内专利。产品已先后投入嘉兴南湖景区、月河老街、2014 年南京青奥会、海宁皮革城、嘉兴智慧产业创新园、广州广播电台、上海车展和耐克上海体验馆、海宁盐官钱塘观潮景区白石坛公园使用，其中，有两套产品分别出口美国和日本市场，获得了良好社会反响及经济效益。

观众转换成演员简单易行

　　创意文化的产业化过程本身也可成为产品。事实证明，传统的电影视觉特效技术经创意制作后可用于群众参与的场景，使未经专业培训的观众亦可以通过虚拟方式变身为演员并参与微电影拍制中。最有市场意义的是参与的观众可带走其参拍的微电影，这个微电影也可通过 APP 存入观众手机。观众可用微信传播其参拍的微电影，经营者可凭此向观众收费，也可通过在微电影中植入微广告收广告费。

视觉特效这个科技含量很高的行业的核心竞争力不在于学习，而在于观念创新。让千千万万的观众成为演员，圆他们的演员梦。让观众转换成演员是简单易行的，关键是这个体验场所要亲民、接地气，设备能在非专业环境下使用，耐潮、耐温差甚至耐人手触摸，现场操控简易上手。

打破创意文化的市场及技术壁垒，让全民演艺成为可能

视觉特效在电影市场上技术壁垒极高，绝对算得上是高端行业。国千光电不是在传统视觉特效制作上竞争，而是在显示技术上另辟蹊径。传统影像作品都是通过电影机或投影机聚焦投射至幕布上播放的，所以视觉特效制作必须是按有聚焦中心来制作影像画面，制作时为了像拍摄自然形成的焦点，要使用复杂的软件进行复杂的计算和耗时的渲染，这就造成费时费力，成本昂贵。国千光电的发明专利是多焦点立体显示装置，在硬件上将影像分成多层场景播出，在拍摄制作时就前后景分开，播出时用两块以上的显示装置分别播放前景和后景两个不同焦点的视频。这就无须使用复杂的软件对视觉特效进行复杂的对焦计算，更改时只要改动前景或后景中的其中一个场景即可，再次渲染也简易得多。因此，使用这套硬件设备的公司不需要用专业的视觉特效团队和使用非常昂贵的制作软件，且影视产品在播放时达到的特效不亚于前者，但制作成本及放映场地成本之低足以让这种亲民互动影视体验走进乡镇一级市场。这就是国千光电作为一个高科技公司敢于跨界做创意文化产业的原因。国千光电的解决方案大大降低了这个创意文化的市场及技术壁垒，从而使全民演艺成为可能。

阿优文化马舒建：
从动漫出发，把儿童事业做到极致

* 该企业获 2015 年中国创新创
业大赛文化创意行业优秀奖

马舒建，杭州阿优文化创意有限公司 CEO，阿 U 品牌创始人，从事儿童产业的经营管理工作已有 19 年。

2012 年 10 月，马舒建在杭州创立了阿优文化公司。从此，他把青春与梦想全部献给了动漫与儿童事业。这些年来，马舒建凭借其对动漫事业的贡献，先后入选第九届中国国际动漫节"中国十大动漫新锐榜"、2012—2013 年度天下动漫风云榜（中国电视艺术家协会主办）年度产业精英奖、《创业家》杂志评选的"中国十大年度黑马风云人物""2014 中国文化创新人物"。在马舒建的精心栽培下，阿优文化公司茁壮成长，现已成为一家国家级动漫和高新技术企业，是国内顶尖的内容研发公司。

一个名叫"阿 U"的小男孩诞生了

"阿 U"正如他名字的发音一样，优（秀）、（朋）友、有（趣）、幽（默）……幽默搞怪，也善良正直。同时，"U"的造型就像一张笑脸，又像一块吸铁石，以积极的能量汇聚和影响周围的小伙伴们！

从 2012 年 8 月在央视一套播出第一部《阿 U》动画片开始，阿优文化公司秉承着优质高产的原则，进行着有质有量的动画片创作。目前已制作完成并播映 600 多集动画片，全年播出时长约为 47 万分钟，收视率居全国省级卫视第一。《阿 U》系列动画片在金鹰卡通卫视、广东少儿频道、上海炫动卡通卫视等频道播出期间收视率多次排名第一。值得一提的是，阿优文化公司与中国科学技术协会联合出品的《阿 U 学科学》，入选 2016 年浙江省文化精品工程扶持项目，以及中国科普作家协会优秀科普影视动画作品银奖等。而今，阿优文化公司已发展成为一家以阿 U 为主打品牌、专业从事儿童产业的文化创意集团。

一路小跑，享受"在路上"的感觉

从公司创立起，马舒建每天都带着阿优文化公司一路小跑前进。4 年的持续努力，阿优文化公司不断交出亮眼的成绩单：2015 年 5 月，国家广电总局的调研数据显示，"阿 U"在全国小学生中的品牌知晓度达 63.3%，荣获全国少儿精品一等奖。此外，《阿 U》还成为首个在星空卫视播出的原创国产动画片，在美国、印度等国家开辟市场。

正是因为阿优文化公司蓬勃的发展态势，马舒建决定，布局新的生态链。目前，阿优文化公司已累计投入近 1.5 亿元打造阿 U 儿童品牌和相关衍生业务。在衍生产业领域，阿 U 的商业生态已粗具规模，发展出阿 U 儿童智能产品、阿 U 主题乐园（国际卡通岛）、阿 U 儿童教育等，走出了一条动漫文化与高新科技融合发展的全新之路。

尽管如此，马舒建始终觉得，阿优文化还在路上，后面发展的路还很长，儿童事业可做的事还很多。目前，公司正在积极布局儿童科学教育事业，已与中国科学技术协会（国务院直属机构）、中国科学院、中国国家图书馆开启了全方位合作，打造阿优强大的内容平台。新一季的《阿 U 学科学》即将推出。今后，阿优文化公司将继续深入相关合作，创作更多相关的动画片、漫画书等作品，产生更大的影响力。

2013 年底，公司完成 A 轮融资。4 家股东中，两家拥有上市公司背景。眼下，新一轮的融资计划也即将披露，助力阿优文化公司踏上更远的征程。创新创业没有止境，马舒建说自己将一直奋斗在路上，带领阿优文化公司澎湃前行，拥抱更加灿烂的明天。

安存科技徐敏：
安存电子数据存管——互联网的基础建设

* 该企业获 2015 年中国创新创业大赛
互联网与移动互联网行业优秀奖

　　徐敏（花名：玄奘），工商管理及法学双硕士，有着 20 余年的律师执业经验，现任安存科技创始人、董事长，中国互联网电子数据研究院副院长，安存巴九灵公益基金会发起人兼理事长。

　　徐敏追求"求真——保虚拟电子数据的真实性；求善——感恩贵人相助的善心回馈；求美——推动行业发展的成人之美"。

用自助赢得他助

　　在创办安存科技之前，徐敏已是杭城颇有声望的律师，拥有自己的律师事务所。从决定转型创业，到摸清公司的发展方向，徐敏整整花了 3 年的时间。2012 年 3 月 27 日，安存科技推出自己的第一款产品——安存语录。

　　安存语录确实可以成为对付恶意差评师的利器，但产品发挥作用的前提是覆盖全国的移动、联通、电信运营商。这样无论双方使用何种网络，恶意差评师只要接起电话，被叫号码就可与购物时留存在网站上的号码进行比对。为了打通全国运营商，安存科技又整整花了 8 个月全国全网打通的安存语录，让恶意差评师无所遁形。

　　然而就在开拓全国市场之时，创业 5 年没有一分钱收入，公司资金链几近断裂，3

个月发不出工资。此时徐敏将别墅抵押，倾尽全部身家，形势危殆。一个月后，安存科技获得了一位浙商的投资。雪中送炭的 300 万元，将徐敏从濒临破产的危境中拉了回来。2014 年，在产品上历经打磨的安存科技已崭露头角，引起了浙江创投界大佬宗佩民的关注，并对安存进行了 A 轮投资 1 亿元。

见安存，即见真实

基于全数据生命周期电子数据存管与证明体系，公司研发了六大系产品，即：语音保全系、金融数据保全系、版权保全系、邮件保全系、搜索 / 日志保全系、电子合同保全系。安存人秉承"增而不争"的价值观，与全国 28 个省（市、区）的 260 多个地区公证机构及阿里云、百度云、腾讯云、网易、中国移动、中国联通、中国电信等伙伴建立了深度的合作关系，为中国百万企业及个人用户提供一站式电子数据证明解决方案服务。目前，客户遍及互联网金融、数字出版、电子商务、第三方支付、O2O、社交软件等行业，其中，包括最高人民法院在内的全国 750 多个地区的法院也在使用安存的产品。未来，安存将构建全方位电子数据证明体系，为用户创造无限应用可能。

在"求真"终极使命的指引下，安存聚集了一批阳光、活力、进取的互联网精英，一批拥有坚定信仰并脚踏实地的践行者。安存的专注、创新、坚持，赢得了多家投资公司的青睐。2016 年 10 月，安存科技获得"A ＋"轮投资，公司估值超过 30 亿元。2015 年 1 月 16 日，安存科技携手中国互联网协会签约成立中国互联网电子数据研究院，全面助推依法治国，维护互联网虚拟世界法制秩序。2015 年 6 月，公益创新项目——泰嘉·安存创新创业工场、安存巴九灵公益基金会正式启动，安存意在用感恩的心帮助更多的创业者。

安存，以无利害关系的独立第三方信用，着力打造诚信的信息世界。

见安存，即见真实！

法博激光徐靖中：
让激光诊疗变得更精准、更智慧、更普及

* 该企业获 2015 年中国创新创业大赛生物医药行业优秀奖

　　徐靖中，中国科学院热物理研究所研究员、博导，美国费城 Drexel 大学机械系访问学者，杭州法博激光科技有限公司创始人，现任公司董事长。

　　徐靖中以其深厚的技术背景、对市场需求的洞察和初生牛犊的气概，一步踏入该行业，开始了摸着石头蹚不知深浅之河的创业之旅，创立了国内最早从事全光纤铥激光微创外科手术设备研发的专业化公司。3 年过去了，公司成功研发出了国内第一台掌握核心技术的泌尿外科全光纤铥激光微创外科手术设备，同时，在上海市第一和第十人民医院泌尿外科所做的临床试验也已接近尾声，反映良好。迄今为止，法博激光已获得浙江华睿和杭州乐邦 VC 投资 900 万元，获得杭州市余杭区政府让利性投资基金 490 万元。

产品优于进口同类设备技术性能

　　以腔镜技术为代表的微创外科是 20 世纪最重大的外科学成就之一。随着 21 世纪生物技术、信息技术和激光技术的跨学科深度结合，微创外科技术面临又一轮新技术浪潮的推动。

　　全光纤铥激光技术与腔镜技术，实质上是人手（手术模式）和人眼（观察能力）的延伸，是 21 世纪微创外科学的重大进展。"只有当手术不仅在皮肤切口上为微创，而且在病损组织祛除上也是微创的——"最精准的靶向治疗＋最佳的止血效果＋最细的切缘线宽＋最轻的全身炎症反应"，才真正符合微创外科手术的理念。"法博激光创始人徐靖中教授如是说。

通过仔细了解肺部手术过程细节，同时提高激光输出的光束质量，技术过程艰难而繁复。法博激光最终通过动物实验达成了以 30 瓦的激光输出功率获得了比进口机型 60 瓦的输出功率更高的输出功率密度，较好地满足了肺部激光微创手术的特殊要求。法博激光以优于进口同类设备技术性能的成绩，获得了北京宣武医院胸外科的高度称赞，坚实地跨出了国产机型替代进口设备的第一步。

定位高端激光诊疗设备研发

在激光手术治疗设备方面，法博激光研发的 120 瓦全光纤铥激光微创外科手术治疗设备主要用于体内软组织手术治疗。这与目前微创治疗 BPH "金标准"的经尿道前列腺电切术（TURP）相比，具有术中术后出血极少、术中不发生"水中毒"、术后不需膀胱冲洗、围手术期并发症显著减少等优势。目前，前列腺增生适应症的临床试验已近完成。30 瓦同类机型用于胸外科肺部疾病的手术治疗临床试验也在首都医科大学附属北京宣武医院胸外科启动，其高光束质量和高功率密度的技术性能，以及术中止血效果好和非断面漏气少的实际疗效，很好地解决了常规手术中无法解决的难题。动物实验结果显示，本公司 30 瓦机型的切割效率可相当于意大利生产的 Cyber 型号 60 瓦机型的效果，可替代进口设备。

在癌症早期临床诊断设备方面，基于激光拉曼光谱技术的前列腺癌早期临床诊断系统结合激光技术、拉曼光谱技术、纳米技术和基因组检测的最新研究成果，针对前列腺癌变前后染色体 DNA 甲基化位点的变异作拉曼光谱检测，通过与前列腺癌变"指纹"光谱数据库对比分析，从分子层面对受检者肿瘤性质（良性和恶性）、肿瘤发展程度（病理分期）、肿瘤治疗效果以及肿瘤复发和预后作出病理性诊断。样本无须前处理，过程操作简便，检测费用低，便于大范围推广，是现阶段推广实施前列腺癌早期临床诊断的最佳技术手段。

承诺医疗李浩：
让神经刺激技术造福中国——微型
可植入神经刺激器

* 该企业获 2016 年中国创新创
业大赛生物医药行业优秀奖

李浩，毕业于加拿大约翰莫森商学院（JMSB）会计和工商管理专业，典型的"80后"，传承老一辈温商的质朴和创新精神，全程参与浙江诺尔康神经电子科技有限公司的创建，并把国产人工耳蜗推广到全球市场。现为杭州承诺医疗科技有限公司创始人、总经理。

不忘初心，深耕高端医疗器械

杭州承诺医疗科技有限公司是一家致力于神经电子刺激器领域的高科技企业，公司总部和生产基地位于杭州，研发中心位于美国加利福尼亚州。公司深耕与神经电刺激领域，从 5 年前埋头技术研究，到目前正在开发微神经电子刺激器、深脑刺激器等神经电子产品。

李浩在完成学业后，跟随父亲建立了浙江诺尔康神经电子科技有限公司，让聋哑人用上了好用的、低廉的人工耳蜗，实现了听到这个世界的梦想。经过近 10 年的努力，诺尔康已经与进口产品平分秋色。从在加拿大求学就培养起来的开阔视野，让李浩意识到，国内在医疗器械领域，特别是三类有源植入器械，还处于相对落后的状况，不应满足于诺尔康的成功，应进一步去研究开发其他产品。经过不断的分析和研究，最终确定基于神经电刺激技术的产品开发作为企业的立业之根本。

李浩放弃了诺尔康的所有待遇，从一片空白开始，创立了杭州承诺医疗科技有限公司。期望有世界先进技术造福中国人。

微型化开创新的神经刺激领域

神经肌肉相关的疾病随着老年化等因素有指数性增长的趋势。包括由中风、外伤等导致的偏瘫，糖尿病导致的胃神经损害和瘫痪，帕金森病、尿失禁等一系列由于神经调制、反馈功能的失调、阻隔甚至神经肌肉的损伤导致的疾病。这一类疾病均可通过外界神经电刺激取代原有的神经控制，经过相应的训练达到原有神经的功能。传统的可植入神经刺激器经过 50 余年的使用，效果和安全性均得到了市场的认可。但是由于其体积大，手术创伤相对较大，对患者和医生要求较高，并且具有导线脱落甚至感染等长期风险，限制了其在一些领域的发展和应用。

行业领先的神经刺激公司均已经认识到了微型可植入式神经刺激器是未来的一个发展方向。承诺医疗已经开发出第一代微型可植入式刺激器（简称 NuStim）。NuStim 的植入体部分十分轻巧（直径 3 毫米，长 10 毫米），可通过简单的经皮微创手术直接植入，直达目标肌肉的神经元。NuStim 神经刺激器的刺激可经由体外系统控制产生，实现多种刺激参数选择，从而有效地达到肌肉单元收缩、控制、训练、治疗的效果。该神经刺激系统可应用在与神经肌肉控制失调有关的疾病上，包括糖尿病引发的胃瘫痪、脊髓受损的瘫痪、呼吸功能障碍以及尿失禁等。

行者新材料陈翔风：
激光成像新材料单层耐 UV 油墨 UV-CTP 涂层

* 该企业获 2016 年中国创新
创业大赛新材料优秀奖

陈翔风，浙江省百名自主创新青年标兵，高级工程师，毕业于华东理工大学精细化学专业，温州市行者新材料有限公司的创始人。

温州市行者新材料的单层耐 UV 油墨 UV-CTP 涂层技术在国内处于领先地位。2016年 6 月，该项目获得了 2016 温州创客大赛三等奖。2016 年 8 月，该项目为企业赢得了第三届浙江省"火炬杯"优胜企业奖。2016 年 10 月，行者新材料因此项目入围了第五届中国创新创业大赛总决赛，获得了优秀企业奖。

放弃高薪，坚持自己的梦想

陈翔风原本是温州市康尔达印刷器材有限公司的技术高管，从 1995 年负责研发工作至今，几乎年年都有成果。2009 年，他独立开发的 UV-CTP 板材顺利投产，成为国内 UV-CTP 开发并产业化的第一人。然而，朝九晚五的工作，让他觉得缺乏工作热情。

创业，才能点燃他血液中的激情，才能激起他的挑战欲。2012 年，陈翔风毅然决然地辞去了高管的职位。2015 年，陈翔风创办了温州市行者新材料有限公司，取名"行者"，是因为他想提醒自己："做实业，一步一行，脚踏实地，虽然辛苦，但最终会到达心中的罗马。"

最终，他的梦想在福地浙江省温州市实现了。埋头实验室近 4 年，他和他的研发团队突破了技术上和工艺上的一系列瓶颈，从无到有，终于将单层耐 UV 油墨 UV-CTP 涂层技术研发成功，并正式生产销售。

让价格低廉、性能完善的涂层技术走进中国

温州市行者新材料有限公司是一家生产单层耐 UV 油墨 UV-CTP 涂层及附属产品的企业。普通的板材印刷溶剂挥发速度慢，比如打开一份报纸，油墨味扑面而来，让阅读者产生了不快的感觉。陈翔风开发的单层耐 UV 油墨 UV-CTP 涂层技术解决了这个问题。该涂层较普通板材印刷还具有环保、高耐印、更快捷、高清晰度的特点，是一款成熟的产品。

国外虽早有这样的产品，但高昂的价格使国内的企业望而却步，让价格低廉、性能完善的单层耐 UV 油墨 UV-CTP 涂层技术走进国内大大小小板材生产厂家，是陈翔风的创业理念。

目前，国外最成熟的直接制版技术是热敏 CTP，而由于技术及出于对热敏 CTP 技术的保护，国外对 UV-CTP 版的研究不多，UV 油墨印刷的应用也循着热敏 CTP 的路进行开发，成本难以下降。而国内情况则不太一样，尤其最近几年，随着激光设备的更新及激光技术的进步，UV-CTP 版的制版质量已经接近热敏 CTP 版，而在价格上则更具优势。在 UV-CTP 版基础上开发耐 UV 油墨版材及其涂层，是正确的方向，而他们团队在这方前进了一大步。

公司的项目团队在该领域有 12 年的实践经验，了解该领域技术发展历程，熟悉各相似相近产品的性能指标，精通结构与产品性能之间的关系，掌握产品性能测试方法。相信，在团队的努力下，一定能开发出更多的产品，再创佳绩。

阿优智能李小方：
让科技更懂孩子，"动漫 IP ＋智能科技"的创新应用

* 该企业获 2016 年中国创新创业大赛文化创意行业优秀奖

　　李小方，杭州阿优智能科技有限公司 CEO，经济学硕士，阿 U 品牌联合创始人。2015 年 5 月，在杭州创建了杭州阿优智能科技有限公司，专注于儿童智能产品，开启了国内"动漫 IP ＋智能科技"的创新模式。

　　目前，公司已研发成功阿 U 兔儿童智能陪伴机器人、阿 U 幻镜桌面机器人两款儿童智能产品。在 2016 年 5 月第四届京交会上，国务院副总理汪洋、原浙江省省长李强等视察了阿 U 幻镜等儿童智能产品。

专注儿童智能，让科技更懂孩子

　　科技支撑并推动文化改革发展，儿童智能产品是一个富于前瞻性和创造性的命题，有很强的现实意义。作为阿 U 品牌的联合创始人，李小方对于儿童产业的运营与管理已有了诸多经验。正是基于此，在科技创新日新月异的创业潮中，李小方扪心自问：能否采用智能技术对孩子们的成长给予积极引导？

　　精心酝酿之后，2015 年 5 月，杭州阿优智能科技有限公司成立了，从母公司杭州阿优文化创意有限公司独立出来，专注于儿童智能产品领域。公司以"动漫 IP ＋儿童智能"的创新模式，用爱心、童趣和智能科技的产品理念来开发产品，致力于为儿童和家庭提供优质的智能硬件和互动教育产品。

经过一年半的发展，李小方和阿优智能公司的团队们披荆斩棘，不断进取，取得了良好的发展。目前，公司已完全掌握自主知识产权，视觉识别技术等水平国内领先，是智能技术与动漫文化的一次全新融合发展。公司推出的阿 U 幻镜和阿 U 兔两款儿童智能产品，在 2016 年 4 月发布会上现场签约采购情况火爆。

目前，阿 U 幻镜已在 BROOKSTONE、哈姆雷斯等国内高端渠道登陆并取得了良好的销售业绩；阿 U 兔儿童陪伴机器人于 2016 年 12 月 24 日在南京首发，一经登场即受到消费者的抢购。

独树一帜，"动漫 IP ＋儿童智能"的融合发展

纵观国内儿童智能消费领域，已涌现出不少儿童智能产品。阿优智能如何在激烈的市场竞争中脱颖而出？李小方认为，阿 U 作为动漫品牌日臻成熟，居于行业的领先地位，因此如果采用"动漫 IP ＋儿童智能"的模式，可实现弯道超车。

在实际运营中，阿优智能公司如何让 IP 的领先优势转换成公司独特的竞争力和商业模式？坚持"文化＋科技"融合发展，两者互相渗透，令公司的发展优势不断放大。在这一年多的发展历程中，李小方带领阿优智能公司实现了智能产品的工业设计与动漫 IP 的高度融合。阿优儿童智能产品外观设计就来自于《阿 U》系列动画片中的主要道具或角色，并通过友好的工业设计结合智能科技，以人性化的设计思路融入到小朋友的日常生活中。同时，公司确保了产品与动画片内容的高度一致，真正实现了产品即内容，内容即产品。

回顾阿优智能公司的发展历程，李小方觉得关键的一点是，阿优智能公司的儿童智能科技，并非以授权形式实现，而是自主研发、掌握完全的自主知识产权，机器视觉识别技术行业领先。阿优智能公司现已拥有一支近 200 人的复合型研发团队，包括智能技术研发团队（设杭州、深圳、北京三个研发中心），以及原创内容开发团队，公司原创内容已获得了 40 多项国家级大奖。

杭州贝尔塔李龙：
为猪提供健康管理服务

*该企业获 2014 年中国创新创业大赛浙江赛区生物医药行业三等奖

　　李龙，博士毕业于浙江大学，后于美国密苏里大学从事相关专业科学研究。2012 年入选浙江省"千人计划"，被聘为浙江省特聘专家。是年，入选杭州"521"计划，被聘为杭州市特聘专家。是杭州贝尔塔生物技术有限公司创始人之一，目前担任公司董事长兼首席科学家。

　　杭州贝尔塔生物技术有限公司是国内最早开展猪场健康管理的专业兽医服务机构之一，主要从事的业务包括兽医疾病诊断、猪场健康管理等技术服务、新兽药研发及成果转化。通过杭州贝尔塔兽医诊断实验室平台，杭州贝尔塔目前已经为全国超过 500 家大型养猪企业提供疾病诊断、疾病控制和健康管理服务。公司目前主要从事鸡传染性法氏囊病基因工程疫苗的研制和猪重大病毒性疾病的唾液诊断系统及试剂盒开发。鸡传染性法氏囊病基因工程疫苗的研制为国家科技计划的高科技成果，是国际首个禽用基因缺失疫苗。猪重大病毒性疾病的唾液诊断体系的成功开发，将为牧场动物传染病诊断和流行病学监控带来革命性改变。公司现拥有 6 项国家发明专利。

猪粮安天下

　　中国人食用的动物蛋白 65% 来自于猪。目前，我国养猪产业连一家上规模的商业猪病诊断服务机构都没有。虽然猪病诊断的市场不算大，但诊断是保证猪群健康的前提。

早在李龙上大学的时候，在看到养猪户们因猪患病损失惨重而痛心流泪的时候，由心底生出一种使命感。从那时候起，"养好猪"成了李龙这辈子的理想。只要一有时间，他就到各个猪场做基础调研，博士毕业后去美国学习高端的养猪技术，潜心攻克科研难题。回国后，他在世界500强企业摸索适合中国国情的养猪技术。并为了实现养猪梦而毅然放弃高薪职位，开始艰苦创业。

李龙立志从贝尔塔开始，致力于推动猪病诊断的市场发展，打造中国最专业的商业化兽医诊断和临床服务机构。贝尔塔不会只停留在诊断，临床服务将涉及养猪产业的各个方面。

特定疾病及时准确的诊断和监控，保障猪群健康

目前公司致力于猪重大病毒性疾病的唾液诊断体系的开发，系统可用于猪群感染和免疫的快速诊断，适用于诊断机构向各种规模猪场提供诊断服务。相对于血清和组织采样方式，唾液样品采集更为简单、快速和廉价，通常针对一栏猪（15—20头），只需要采集一个唾液混合样本，即可监测整群猪的疾病状况，样本采集效率提高80%以上。相对应的，针对同一猪群的唾液检测样本数量，只需血清抗本总数的1/10左右，而单个样本的检测费用并没有增加，因此检测费用减少90%左右。另一方面，猪群唾液检测方法，为实现大数据的收集和分析，提供了可能。贝尔塔通过检测唾液样本，可快速收集大量猪群病原感染和抗体消长的数据，通过特定数据处理系统，总结出一套感染—免疫相关性模型，并将该数据模型应用于临床案例分析，取得了很好的效果。

浙江萧山某规模猪场，拥有3000头母猪，自2013年4月以来，采用贝尔塔研发的唾液抗体检测技术，对猪群进行了3次全面监控。利用实时数据模型分析，大大提高了疾病预警的灵敏度和准确性，为猪场排查了多项感染和免疫隐患。一年来，降低商品猪月均死亡率1%左右，挽回直接经济损失300余万元，而检测费用总计不到一万元。

猪群的健康让贝尔塔看到了希望，为了实现这个养猪梦，贝尔塔会一直在这条创业路上坚定地走下去！

旦悦科技李晶：
互联网科技整合优质教育资源

* 该企业获 2016 年中国创新创业大赛
互联网与移动互联网行业优秀奖

李晶，ABC360 伯瑞英语创始人兼 CEO。毕业于杭州电子科技大学计算机系，随后进入日本富士通公司。在日本工作期间，他看到了在线教育市场的商机，毅然回国创办了 ABC360 伯瑞英语。从 2011 年 12 月创业至今，他带领公司从几个人的创业团队发展为千人规模的大型互联网教育平台，成为目前国内真人外教一对一在线英语教育机构的领头羊。

改变国内教育资源分配不平等

2010 年，结合在日本时的英语口语在线培训经历，反观国内，尽管国内经济和教育总体上发展迅速，但在时间、空间限制下，教育资源的分配依然不均。这一年，宽带进一步在中国普及，李晶认识到国内教育资源分配不平等的现状，开始研究国内在线教育，并进行了长达一年时间的考察。

2011 年，李晶毅然辞职回国创业，以 100 万日元（约 7 万元人民币）作为创业启动基金。这一年冬天，就在公司上线前 5 天，由于租房合同无效，他被人轰到了大街上。李晶没有气馁，拿着所剩无多的资金，租了一间仅能容纳 4 人的小办公室，开始了创业之路。2011 年 12 月 12 日，ABC360 正式上线。

2012年3月，李晶携刚诞生不久的ABC360团队参加上海某创业论坛，空手而归。他意识到当务之急还是"勤修内功"，把公司的业务和管理做好。是年，ABC360获得本年度沪江网最受网友喜爱奖、沪江网中国十佳外语培训机构等荣誉。

公司运行一年后，用户反馈显示，外教课用户体验是必须突破的瓶颈之一，决定将Home-based模式（外教在家上课）调整为Office-based（外教集中到公司上课），急需大批资金建设大型教学中心。2013年6月，在未得到融资的情况下，李晶卖掉日本的车、房，取得百万元资金。就这样，ABC360的第一家海外教学中心在菲律宾成立了。

2014年4月，ABC360获得中金资本的天使轮融资。吸取前期经营的经验和教训，把每一笔钱都花在刀刃上。到目前为止，天使投资只花了一部分。12月，华睿资本、湖畔基金共同完成A轮融资，投资金额达千万元级。不断注入的资金流既是对ABC360的肯定，也为公司的快速发展奠定了良好的基础。

2015年，ABC360与阿里巴巴形成战略伙伴，强强联合，打造国内在线英语第一品牌。

2016年3月，ABC360完成B轮近亿元的融资，投资方为国金投资、清科辰光、腾讯众创空间。

互联网大潮让我们突飞猛进

面对互联网时代，ABC360从创业之初便开始建立自己的教研团队、技术团队、运营团队和市场销售团队，现已建立并完善了教材研发、技术开发、运营管理、市场营销等整个产品链的构建。随着公司的不断发展壮大，各路精英正在不断加入，而这一切都是源于ABC360对于产品质量的坚持、对服务的重视、对人才的渴望。

ABC360教材研发中心是其不断进步的心脏，团队本着"Good to the last word"的宗旨，字字斟酌、句句揣摩，为广大学员提供高效、实用、丰富的英语学习资源。该团队拥有60多位教材研发人员，其中，40%毕业于国外名校，拥有国内外双重英语学习背景；60%曾为资深教师，有丰富的授课经验，并且深谙不同年龄层、不同英文水平学员的心理。同时，在国外拥有一支强大的外教编辑团队，为国内的产品研发做好深入且全面的内容审核、质量监察、效果控制等工作。产品研发中心打造的多元立体学习模式，让课程内容渗透在所有的学习环节中，形成一个完整的学习过程：从入学前的一对一定位测评、课前APP预习、实情实景真人视频或动画视频导入，到一对一外教真人授课，再到课后PPS个性化复习、阶段性水平检测，每一个步骤环环相扣，确保学生的英文水平稳步有效提升。

德联科技胡真：
打造工业能源领域的知名品牌

* 该企业获 2015 年中国创新创业大
赛新能源及节能环保行业三等奖

胡真，2001 年毕业于浙江大学，博士。在校期间获得了研究生东港奖学金，并参与了中国石化总公司"七五"重点项目常压塔计算机控制应用软件开发的软件开发工作和"八五"科技攻关项目系统分析建模和优化方法研究专题。独立完成了抚顺石油二厂南蒸馏车间先进控制与静态优化软件的开发工作。毕业后，2001—2005 年，历任杭州家和智能、浙大网新快威自动化工程等公司总经理。

用坚韧的态度，迈向成功的未来

结合自身技术实力与多年的管理实践，胡真于 2006 年 1 月 16 日带领团队创立了杭州德联科技有限公司。创立初期，公司在资金短缺、资源稀少、人员不够的困境中，仍完成了 600 多万元的产值。2007 年，成为杭州市高新技术企业，获得了国家双软企业认证，并确立了"厚德载物、智联创新"的理念。2009 年，公司成为国家高新企业，获得了 AAA 企业信用认证。2012 年，在历经 5 年的沉淀后销售业绩爆发式增长，达 5000 万元，同时获得了多项国家、浙江省和杭州市的基金项目资助。2014 年底，公司成为浙江省第一家新三板企业，获得了"杭州市著名商标"称号，销售业绩实现亿元。至此，胡真带领公司完成了第一阶段创业历程。

历经 10 年的发展，胡真不断地累积着公司发展的经验，随着市场的变化，确定公司的商业模式，确保公司业务的稳定性与成长性。研究市场趋势，确定公司经营方向，确保公司健康发展。建立内部风险控制体系，确保公司经营安全等。带领公司克服了管理、资金、人员等的重重困难，从最初的 9 人发展至目前近 200 人，完成了一个华丽的蜕变。

未来的发展中，胡真将继续坚持以工业锅炉自动化系统集成为基础，以工业物联网为纽带，以锅炉房节能运营为目标，以工业锅炉电商平台为导向，建立工业锅炉行业创新型发展格局，带领公司成为中国工业锅炉行业未来的龙头企业。

自强在于心，创业践于行

针对我国的城市化进程不断发展，采暖建筑的比例不断提高，供暖地区也迅速向南扩展，采暖能耗总量持续上升。在胡真总的带领下，公司对能源的节能减排与环保进行了近 10 年的探索与研究，并在工业洁净能源领域取得了丰硕的成果。目前，已经取得了包括 3 项发明专利、9 项实用新型专利、2 项外观专利以及 22 项软著在内的 36 项知识产权。

随着国家对能源行业的重视，公司的核心技术如：基于中枢温度概念的"反向控制策略"的城市供热动态运行控制系统；基于中枢温度控制，气候补偿作为前馈的新型分布式变频控制系统；二次管网末端热用户的控制策略等均已在公司的业务中得到了应用，并得到了客户的好评。目前，公司的所有核心技术均为公司研发团队自主研发，其技术能力在全国均处于领先地位。

目前，我国建筑能耗已占总能耗的 27%，逐渐接近发达国家 30%—33% 的水平。而我国采暖能耗占全国建筑总能耗的 55% 以上，在北京等华北城市，采暖能耗约占建筑能耗的 75%—80%，为采暖地区社会总能耗的 21.4%。因此，采用高新技术将成为工业能源改革二次腾飞的前提，德联公司在行业中的技术优势和强有力的市场营销，使得项目产品的发展前景十分广阔。

点力网络孙嘉谦:
让虚拟现实深入人心
——VR 沉浸内容、互动影视缔造者

* 该企业获 2016 年中国创新创
业大赛电子信息行业优秀奖

  孙嘉谦曾就读于 CG 行业著名 Gnomon School,学生时期参与制作多部好莱坞电影特技部分。毕业后,致力于主机"3A 品质"游戏研发工作。工作近 10 年,先后担任 UBISoftware 美术、引擎拼合负责人,北京诺宝艺术总监,Game 798 技术总监等职位。

  出版影视、游戏专著 4 部,其中,一部专著被选为中国美院游戏专业指定教材。

  个人独立工作室 Vast Imagine 制作独立游戏 Black Order 先后登陆苹果、微软等游戏平台,获国际知名游戏评级网站 TA 的"热门游戏"奖杯。同时,游戏获得苹果编辑推荐、微软游戏全球推荐,在苹果平台多个国家付费游戏排名前 15 名,并曾在微软平台北美、中国区曾登顶付费排名。

一位"游戏天才"的杭州创业之路

  虚拟现实是什么? 2013 年,这是个鲜为人知的领域,这一年,孙嘉谦开始关注虚拟现实方向,他相信虚拟现实是智能手机时代之后的继承者。经过一段时间的探索,2014 年,孙嘉谦开始独立制作支持 VR(虚拟现实)的技术模组。此时,虚拟现实开始受到大家的关注，知名的 VR 企业收购案（FaceBook 创始人花费 20 亿美元收购 Oculus）也在同一年开启。

经过一段时间的制作，在 2015 年 4 月，孙嘉谦完成了第一个完整的 VR 游戏 Demo。是年，VR 进入了大家的视野。凭借着优秀的制作经验，国内第一款完整的 VR 游戏诞生。很快该游戏被北京暴风科技以数十万元的代理费用独家买断，这款游戏也是当时中国 VR 界月流水最高的 VR 产品。

当问到孙嘉谦为何选择在杭州创业时，他说："杭州这个城市似乎与我有不解之缘，当年与杭州的 Game 798 合作就非常愉快，与 UBISoftware 的几个朋友也经常在杭州聚会。杭州是人才的汇合处，而且大家的心态并没有那么浮躁，绝对是创业的福地。"

创业维艰，孙嘉谦和小伙伴创建的点力网络从无到有，跟随着 VR 发展的进程迈上了一个又一个的台阶。他和他的团队制作了多款 VR 游戏，都获得了合作伙伴的深度认可，同时，点力网络与国家体育总局合作开启了 VR ＋体育的道路。

点力，一家从中国走向国际的雏鹰企业

点力网络专注于优质 VR 互动内容制作，颠覆了以往的制作法则，率先融合了 CG 手段与国际 PBR 标准流程，将以往复杂的制作方案简化。利用独家的引擎光场系统大幅度提高了硬件使用效能，可以让复杂的图形算法运作在普通的计算芯片中。

点力网络于 2015 年成立，孙嘉谦与所有合伙人都拥有丰富的游戏与互动内容制作经验，大家为了同一份初心聚在一起，希望用 VR 的方式创作出非同寻常的内容。公司成立后，创建了多款 VR 内容，每一款内容都受到众多玩家与合作伙伴的喜爱。中国 VR 硬件众筹，无论北京暴风还是上海乐相，每一个关键节点都有点力精品作品的支持。

2016 年，点力网络得到了浙江知名投资机构如山创投的认可，完成了公司首轮融资。融资后公司迅速发展，经过一年的历程，点力网络几乎与所有国内外知名 VR 企业进行合作，就连业界最挑剔的元老平台——索尼公司 PS4 & PSVR 平台也向点力网络伸出橄榄枝。作为 Sony 公司在亚洲少数合作伙伴之一，点力网络的作品将会在 2017 年正式走向国际，登陆 PS4 & PSVR 平台。

芬得检测楼杭飞:
打造生命守护之盾——"搜爆犬"痕量式爆炸物探测器

*该企业获 2016 年中国创新创业大赛先进制造行业优秀奖

　　楼杭飞，杭州芬得检测技术有限公司总经理，具有十多年企业经营管理经验和市场营销经验。曾担任浙江卷积科技有限公司董事长兼总经理、浙江豪发弹簧有限公司总经理、唛歌娱乐投资人之一。

用自己的脚步丈量创业的路程

　　帅气的楼杭飞，年轻而不失稳重。当许多应届毕业生还在为找工作发愁时，他却辞去稳定的工作，踏上了创业的道路。一个人创业，需要的是胆量和勇气，没有足够的胆量和勇气，那么就很难走出第一步。"我庆幸自己走出了第一步。"楼杭飞说。

　　创业中吃了很多苦，最终坚持了下来，楼杭飞觉得这是最大的收获。用自己的脚步丈量着创业的路程。他说："人的一生只有一次青春。现在，青春是用来奋斗的；将来，青春是用来回忆的。"

成为世界互联网大会、杭州 G20 峰会、核安保等高等级 安保指定产品的"搜爆犬"

　　从事传统行业的楼杭飞，一直在寻找产业转型升级的发展思路。在一次高端论坛上，楼杭飞结识了美籍华人科学家张幼文教授。张教授是美国宾夕法尼亚州立大学和特拉华大学博士，在美从事国防科研 20 多年。楼杭飞在和张教授深入探讨以及对技术和市场前景的深入分析评估后，毅然拿出全部身家投身高端检测的行业，致力于气体拉曼光谱仪、荧光痕量爆炸物探测器等高端检测仪器的研发。在公司发展过程中，得到了中共浙江省委组织部及各级领导的大力支持。2014 年拉曼光谱项目组获得中国创新创业大赛浙江赛区第二名。

　　在技术攻关的关键时期，他每天带领技术研发人员夜以继日、加班加点地工作，整个实验楼几乎都是灯火通明。大家齐心打攻坚战，"啃掉"了一块块难啃的"硬骨头"。技术团队历经三年多的努力，成功推出新一代爆炸物检测产品——"搜爆犬"痕量式爆炸物探测仪。该产品拥有多项专利技术，并已通过公安部和兵器工业部的检测认证，技术指标达到国际领先水平。2016 年，痕量式爆炸物探测器项目组获得 2016 年中国创新创业大赛全国总决赛优秀企业奖。

　　"搜爆犬"一经上市，便成为世界互联网大会、杭州 G20 峰会、核安保等高等级安保指定产品，取得良好的安保效果。芬得检测已先后与中国保利集团、中国电子科技集团、合利科技、中国核安保中心等达成战略合作，在全球 20 多个国家进行推广和销售。

金源生物余伟明：
自动化耗材和定制化服务

> * 该企业获 2014 年中国创新创业大赛浙江赛区生物医药行业三等奖

　　余伟明，毕业于上海第二军医大学微生物学，曾在德国弗莱堡马克斯—普朗克免疫生物研究所做访问学者，在意大利圣拉斐尔生命健康大学细胞与分子生物学及生物技术研究所攻读博士学位。2010 年入选浙江省"千人计划"，2014 年入选国家"万人计划"。2010 年 10 月，任杭州金源生物技术有限公司总经理，专业生产实验室、生命科学、分子生物学、临床检验的一次性耗材、试剂和设备。

做全球品类最全的实验室耗材公司

　　1997 年，余伟明从意大利圣拉斐尔生命健康大学细胞与分子生物学及生物技术研究所完成博士学业后回国创办公司，研发生物试剂。2004 年后，在美国 Axygen 生物技术公司担任总经理。其间，认识到临床诊断将逐步摆脱手工操作，以提高诊断结果的精准性和可靠性，并避免实验者自身感染风险，决心二次创业。

　　"中国在这方面起步晚。目前全球市场规模在 200 亿美元，美国市场规模在 100 亿美元。虽然中国市场仅占全球的 5%，但发展势头非常好。"余伟明很看好高端生物耗材市场。

　　他的梦想在美丽的杭州实现了，他创办了杭州金源生物技术有限公司。公司从 2010

年成立至今，投入了 4000 多万元资金进行研发、生产和销售。他和他的研发团队突破了技术上和工艺上的一系列瓶颈。在过去 6 年里，生产出了用于新药开发和临床检测的高通量筛选及自动化检测耗材以及分子诊断耗材、试剂等近 600 种产品，并以同类产品一半的价格抢占国内外高端生物耗材市场。

做高端生物耗材的"中国制造"

在金源生物的官方旗舰店里，有自动化吸头、普通吸头、PCR 系列、培养板（皿）、样品管、离心管、实验室试剂、医用耗材及医疗器械。"这些生物耗材的技术难度在于表面处理，不同耗材表面处理技术要求不同，例如，临床检测的精准度要求非常高，样本之间的误差必须低于 3%。"余伟明表示。

在研发方面，他一方面同中外学者、国外企业实验室合作；另一方面选择自己研发。公司现有包括海外科研、技术专家在内的员工 120 余人，其中，科研人员 20 余人，包括从日本富士康公司引进的生产技术专家。"未来科研人员占比会越来越高。"作为一名海归创业者，他信心满满地说。目前，公司获得了 15 项专利技术，其中，发明专利 4 项，美国专利 2 项。

公司先后通过了 ISO9001 质量管理体系认证、ISO14001 环境管理体系认证、ISO13485 医疗器械管理认证、欧盟 CE 认证。公司目前拥有华大基因、药明康德、辉源、优思达、Quest、Medline、Biotix、PerkinElmer 等国内外客户，年利润在 3000 万元左右。

为实现高端生物耗材中国制造的伟大梦想，接下来余伟明计划在美国建立一条生产线，提供模具和定制化产品。他说："美国有 6000 多家医疗诊断器械公司，但模具供应商却越来越少。做产品应从源头抓起，直接贴近客户，缩短交付周期，降低成本。"

卡赛科技金双双：
打造社交推广新模式，为客户创造价值

* 该企业获 2015 年中国创新创业大赛
互联网与移动互联网行业优秀奖

金双双，毕业于杭州电子科技大学计算机科学与技术专业，为杭州卡赛科技有限公司创始人兼 CEO。

杭州卡赛科技有限公司成立于 2014 年 6 月，自成立以来发展迅速，目前已在互联网、电商、媒体、餐饮、健康、房产、汽车、时尚等行业积累了众多合作伙伴，包括携程、网易、奔驰、宝马、三九药业、味全、绿城、浙江卫视、Clarks 等国内外知名企事业单位。在成立初期就已获得华睿投资合伙企业数百万元天使轮投资。

立于社交，成于价值

公司全力打造的媒体广告交易平台"比搞"，集资源广泛性、操作便利化、价格透明化以及基于大数据技术的精准投放化等亮点吸引了大量企业广告业主和自媒体的加入。加盟自媒体粉丝已超过 2 亿，年收入 10 万元级自媒体近 1000 个，两年内已实现自媒体领域超过 6000 万元的变现案例，同时拥有近 20 万 KOL 稳定合作者，形成初步的示范效应关键期。

在未来几年内，公司将以强化平台建设和业务纵向拓展为主要方向，持续加大研发投入，同时逐步拓展平台业务上下游产业链，深入挖掘公司企业新媒体推广意向和力度，加大对自媒体打造包装和运营支持，优化整个自媒体产业链。至 2018 年，公司计划拓展超过 4500 家合作企业，预计达到营业收入 3 亿元。届时公司的平台研发和运营将达到国内最前列，从效果和效益两个层面提高用户口碑和认知度，努力成为中国自媒体交易平台中的一匹黑马。

获奖无数，仍为社交营销深耕细作

基于公司的业务开拓新模式和在平台化运作方面的苦心经营，公司获得第四届中国创新创业大赛互联网和移动互联网行业优秀企业奖、i 创中国海归人才创业大赛五强企业、2016 年中国青年互联网创业大赛百强企业。

为了更好地服务自媒体，公司平台通过自媒体数据采集系统长期不间断追踪平台内自媒体的广告内容与效果，做到了对自媒体知己知彼。平台已有效融合大型 AAAA 广告公司、政府部门、互联网巨头、电商、影娱、传统品牌转型等企业与包括微博、微信等在内的自媒体平台的市场需求。同时利用大数据技术，为企业提供更为精确的新媒体推广策略、广告出价、广告投放等信息，为自媒体分析粉丝属性、历史数据、网络环境等数据，在信息到达、传播力度、转化程度等方面进行充分考量，为其打造特性包装和市场指导。

美创科技闻建霞：
为数据上一把安全锁——敏感数据安全保护

* 该企业获 2016 年中国创新创
业大赛电子信息行业优秀奖

闻建霞，杭州美创科技有限公司副总经理、联合创始人，负责美创核心产品线技术研究与产品推广。

浙江大学电子与通信工程硕士，从事数据安全产品研究、数据库运维管理十余年，在运营商、金融、医疗、社保等行业应用积累了多年的实践经验。参与开发数据安全、数据容灾、数据备份、大数据智能分析等多项数据产品。

行业壁垒，离开运营商奔向创业路

在网上刷卡购物、刷公交卡出行、医院挂号问诊……这些日常的行为，都是个人信息产生的过程。每一个数据都关乎着个人隐私。杭州美创科技敏感数据安全保护中心创建了敏感数据纵深防御体系，全方位构建数据安全保护堡垒。

杭州美创科技在做的事，就是保护你的数据安全。"为数据上一把安全锁，保护个人信息安全。"杭州美创科技闻建霞说。

闻建霞早期曾服务于电信运营商，2004 年底遭遇通信行业竞争壁垒，运营商市场相互挤压，闻建霞等技术专家不得不另谋出路。技术人员创业，在那个年代并不多见。闻建霞联合两位技术合伙人和一位营销人员，共同创建了杭州美创科技有限公司。

从初出茅庐的"草根"创业团队到如今同舟共济的同共体，杭州美创科技的业务重心始终围绕数据展开，秉承创新研发、技术制胜的理念，深扎数据安全、数据管理领域，现已跻身数据安全行业前列，立足长三角，辐射全国，拓展国内市场。美创提供的数据安全产品、服务和解决方案，服务于医疗、社保、交通、政府、通信、金融、电力等行业，成为众多用户在数据管理产品上的首选。

顺应时代需求，保护数据安全

美创科技敏感数据安全保护防御体系是个人信息保护的最后一道防线，独立于网络安全之外，形成了数据脱敏、数据加密、数据库堡垒机、数据库准入、数据库审计等一系列安全产品，保护最底层、最核心的数据。

"美创拥有自主数据库访问控制安全技术，可以保障整条数据链安全，除事中控制、事后审计外，事前阻断技术是独一无二的。"闻建霞说。美创拥有全国闻名的数据库团队作为强有力的后盾，团队成员 70% 以上为研发技术人员，并获批浙江省级高新技术企业研究开发中心。

信息时代，信息泄露情况泛滥，信息安全保护是互联网时代个人、企事业单位乃至国家的刚性需求。新鲜出炉的《中华人民共和国网络安全法》单独成章规范"网络信息安全"，个人信息保护有法可依。也就是说，以后若要使用个人数据，必须具备数据安全保护的能力。

杭州美创数据安全产品应时而上，有效解决了数据保护难题。在大数据时代和云时代，敏感数据安全市场需求庞大。特别是在政务云、云计算背景下，数据的开放共享，内外网边界模糊，数据安全风险急剧增大，美创敏感数据安全体系则是为数据上了一把"安全锁"，由内而外的多层主动式防御体系，强调核心数据保护和防御。

"安全是数据之本，创新是企业之魂。"美创科技创新的步伐永不停步，这是美创的信仰和责任。未来，美创科技将顺应时代的需求，为各民生行业提供更为优质的安全产品和服务，形成全国市场覆盖。

派迻瑞筹单晓韵：
智能航空优化解决方案
——打造中国航空智能决策第一品牌

*该企业获 2015 年中国创新创业大赛
浙江赛区电子信息行业优胜企业奖

单晓韵，美籍华人，美国德州 A & M 大学计算机工程硕士、美国 SMU 大学 MBA，美国德州大学奥斯汀分校计算机专业学士。目前担任杭州派迻瑞筹信息技术有限公司总经理，2016 年浙江省"千人计划"专家。

单晓韵拥有 20 年全球航空和 IT 管理经验，曾在全球最大的航空 IT 解决方案供应商 Sabre 公司（美国世博）历任全球项目总监、中国区董事经理、大中华区总经理等重要职位，具有深厚的行业背景。2006—2012 年，在中国区创立了一支具有 80 多位优秀人才的团队，并使之成为 Sabre 全球最大的实施团队之一，带领团队成员参与了全球价值近 2 亿美元的项目。

2014 年，她放弃了外企高管职务成立杭州派迻瑞筹信息技术有限公司，志在培育一个高端的、世界级的软件企业。

大数据运筹优化领域的女诸葛

单晓韵在中国的民航业有极佳的口碑和极强影响力。作为全球高管，在一个高速发展的环境中，她充分显示了作为领导者的灵活性、战略性和运行高效性。她是位备受尊重的管理者，Sabre 中国有着"航空黄埔军校"的美誉，而单晓韵就是 Sabre 中国的创办人，为中国民航培育了大批高层次人才。

作为 Sabre 中国外派高管，在中国工作期间，单晓韵女士深有感触，民航产业虽然多年持续保持两位数的增长，但民航的信息化建设却落后美国 20 年，高端智能的解决方案几乎都是来自于欧美厂商。面对中国巨大的市场需求，真正具备国际竞争力的公司少之又少，国内的航空 IT 服务商基本提供软件外包服务或传统软件，很难与国际知名企业抗衡。中国的航空业迫切需要适合民航业务的解决方案。

为此，单晓韵毅然回国创立了杭州派迩瑞筹信息技术有限公司。团队在航空领域有强大的科技革新力量和业务深度，以大数据运筹优化为核心，并针对国家战略产业——航空业而制定的智能决策方案，打破欧美厂商对中国航空智能运筹优化技术多年的垄断，并且开拓了中国航空智能优化尖端技术的市场。

航空资源智能优化的引领者

派迩瑞筹的"护城河"是精英创业、科技创新、业务壁垒，最为关键的是将技术转换成商业应用的落地能力。

派迩瑞筹团队中有 8 位海归人士、5 位欧美名校运筹优化博士、2 位入选浙江省"千人计划"。派迩瑞筹团队充分利用国内外在软件设计、运筹优化领域的最新研究成果和最新设计理念，采用多种经典模型的算法设计思想，并结合航空公司实际情况，开发出一套航空优化系统，来满足国内航企的下一代运控、管理和调度需求。航空是个高壁垒的行业，技术复杂度高于其他许多行业，软件方案中往往要用到建模优化，从最常见的线性、整数规划，到高阶运算、机器学习等，不是一般的软件企业能够做好的，也是公司保持竞争力的根本。

未来，公司以航空解决方案作为运筹优化技术的制高点，从中吸取能复制的经验，并稳健地往其他垂直领域发展，从而填补国内企业智能决策优化的空白。

磐景智造潘建勇：
磐景让广告屏动起来

* 该企业获 2016 年中国创新创业大赛浙
江赛区文化创意行业优胜企业奖

潘建勇，毕业于浙江科技学院三维动画与设计专业。是杭州磐景智造文化创意有限公司创始人之一，目前担任总经理。

公司研发生产的磐景魔方柱、磐景滑动屏和磐景旋转屏改变了传统户外媒体的播放形式，使静态单一的广告播放形式转变成动态多元的广告播放形式。磐景魔方柱、磐景滑动屏、磐景旋转屏已获得国家"一种旋转屏和大型立柱结合的广告展示装置""一种垂直滑动屏广告显示装置"和"一种立柱旋转广告式可旋转组合广告设备"实用创新专利。在潘建勇的带领下，磐景智造已成为一家领先业界的新媒体设备制造商和新媒体广告平台运营商。

一位广告人的创业梦

磐景智造研发和生产创新多媒体广告设备，使广告设备具有创新的播放形式，从而能让广告效果发挥得更加吸人眼球。

磐景智造多次向客户强调，研发一台会旋转会运动的显示设备并不难，一块屏幕、一台电机加一些机械结构就能完成，真正困难的是要提供一整套完整且稳定的解决方案，让磐景的设备像传统液晶广告机一样使用便捷。

曾任上海某大型广告公司创意总监的潘建勇，服务过宝马、奔驰、一汽大众、麦当劳、肯德基、工商银行等品牌的媒体推广，与李连杰、王力宏、周杰伦等娱乐明星有过影视合作。他对广告市场有着敏锐洞悉能力，对文化创意产品的发展有着独到的见解和眼光，全程领导了旋转展示系统的研发，带领本公司研制新产品并成功走向市场。潘建勇和他的研发团队把一套内容创作软件、一个云服务平台、一台自主开发用料精良的设备打包成一个解决方案，让磐景的设备效果出众又简单易用。

改变传统，创造无限精彩动态的画面

　　磐景智造的产品很好地改变了在黄金地段的户外广告由于其单一的播放形式越来越不被观众注意的局面，使得黄金地段的广告效益得到了提升。磐景魔方柱以其占地面积小、播放形式新颖、内容创作简单等优点，成为许多广告商的选择，称得上是交通枢纽黄金广告点位的绝配。

　　第一代广告机伴随着媒体和技术的发展，已经由本来的"新媒体"变成了"旧媒体"。其单一的播放形式，已经令观众失去了好奇心。如今，无论是展会路演，还是其他各种场景活动，是否能够吸人眼球、引人驻足是关系到整个活动成败的关键因素。只有引人注意，才能将有效的媒体信息传达给受众，而磐景滑动屏、磐景魔方柱和磐景旋转屏却能轻而易举地做到这一点。

　　磐景滑动屏则是在第一代传统广告机的基础上，加上 1—2 根滑动条，使原本静态的广告机滑动起来，改变了原本单一的播放形式。磐景魔方柱是由底座、头部与可 360 度旋转的 3 个三棱柱箱体组成，每个三棱柱箱体由 3 块 LED 屏组成，受众可以围绕柱体 360 度无死角观看。磐景旋转屏是由一个或多个立式旋转屏组合而成，同时，一个主机可以带动多个旋转屏，多个主机也可带动多个旋转屏，最多可支持 99 台旋转屏同时运作，十分吸人眼球。多个旋转屏相互配合，动作与画面同时协调运作，画面内容可以穿屏、可以模拟重力形成类似水杯倒水的视觉效果，不管怎么转，画面都可以保持水平。

全拓科技崔永庆：
大数据精准营销的先行者

* 该企业获 2016 年中国创新创业大赛
互联网与移动互联网行业优秀奖

　　崔永庆，IT 时代创始人兼董事长，南京大学 MBA 硕士，高级软件工程师，拥有
10 余年互联网营销管理经验。他一直坚持以 IT 技术为企业发展的坚实基础，创建了以
"IEM、IPA、ICB、ITE" 为核心业务体系的 IT 服务整体解决方案。

　　2002 年，董事长崔永庆在杭州成立 IT 时代工作室，专注于网站建设及 APP 开发。
随后，IT 时代在营销领域不断开疆拓土，先后成立了 SEO 搜索引擎产品与 B2B、B2C
事业部。并在 2008 年正式确立主营产品方向，确立效果、广告、品牌、技术四大产品方
向。2010 年，IT 时代成立了 APP 事业部，并着手建立 IT 时代 APP 网盟。在获得业内广
泛认可的基础上，IT 时代于 2012 年开始布局全国营销网络，先后成为 12 家 AAAA 广告
公司的供应商，并于 2015 年开始布局开拓海外广告市场。

14 年艰辛创业路，以有限资源创造无限可能

　　2002 年，崔永庆在杭州成立了工作室，当时主攻的是网站建设与 APP 的开发。凭借
着几个元老级的技术骨干组成的小型精英团队，IT 时代当年覆盖了全杭州 70% 的装修行
业门户的开发。

　　回首创业初期，崔永庆记忆犹新："一支初创的小团队，想要在前路茫茫的互联网市

场中博得一席之地，其难度可想而知。我们从有限的资源中不断挖掘、扩充，才拥有了现在的成绩。不过也要感谢这段经历，让 IT 时代成为最早拥有站长资源的大数据营销企业之一。"谈到这些年营销思路的转变，崔永庆称："从前都是觉得以量推质，现在却觉得只有真正把每一项细节做到极致才能实现量的扩张。"事实上，IT 时代很好地兑现了这一想法。APP 事业部建成之后，公司全力打造 IT 时代 APP 网盟，在坚持高标准的品质把关原则下，不断吸收新鲜血液。截至目前，已有 7 万家优质 APP 加盟。除此之外，IT 时代拥有 PC 端自有与"一对一"对接媒体 3 万家，流量置换媒体 2.6 万家，并对接国内主流广告交易平台的第三方联盟，成为超过 160 万个网站组成的巨形网络。

永葆初心，争创大数据精准营销行业先锋

近几年，中国的 DSP 市场，尤其是移动 DSP 领域发展日趋成熟，行业数据资源也获得了长足增长。在 PC 搜索引擎时代，当用户产生某项需求时，必须搜索才能展示广告，且后续行为无法跟踪。在大数据时代，用户的行为可被记录、被预测，IT 时代基于多样化的数据类型和来源，分析用户行为，在用户决策前向其主动推送相匹配的广告。IT 时代通过全网抓取与大数据分析，建立了"5000 ＋"人群数据标签系统，拥有 5.7 亿级活跃 cookies 人群数据库数据，日曝光值超过 20 亿，平台行为分析日峰值达 1.5 亿次、年覆盖人群 550 亿人次。

IT 时代通过大数据库数据中心，分析区域市场潜在规模、竞争环境等，抓取目标人群的群体画像、传播路径、行为轨迹等数据，帮助企业运用数据解答最棘手的业务难题。同时，因人而异展示广告，将数据的精准运用到 IT 时代效果营销中去，记录和预测目标人群的行为轨迹，分析用户行为和兴趣趋向，主动精准地向其展示匹配的广告。

2016 年 8 月，IT 时代刚经历了一次"乔迁之喜"，成功入驻国际 AAAAA 级写字楼——莱茵·矩阵国际，这也预示着 IT 时代整体业务水平和行业地位将再上一个台阶，并逐步实现与国际接轨。在业务方面，IT 时代全面整合了媒体资源，进行模型化专业化行业定制，实施战略合作。针对电商、金融、教育、汽车、房产、媒体这几个行业，IT 时代可以根据已有的行业模型，对未来这些行业的客户营销需求进行直接专业的行业分析、数据运用、媒体运用、成本测算、报价等，全面提升了营销效率。

数亮科技蒋剑辉：
拥抱大数据，创造大财富

* 该企业获 2015 年中国创新创业大赛
浙江赛区电子信息行业优胜企业奖

　　蒋剑辉，毕业于浙江工商大学，是杭州数亮科技股份有限公司创始人之一。是国内较早从事指数编制和相关产品开发的专家，主持研发了国家发改委、商务部等政府部门和多个行业协会委托的 60 余项行业指数。获浙江省科学技术奖、国家统计局科技成果奖、中国商业联合会科学技术奖等省部级科技奖 7 项。任中国商业统计学会副秘书长，国家商务部"中国·义乌小商品指数"特聘经济观察员。因在商务科技领域的突出贡献获 2008 年中国商业创新人物奖，被国内媒体誉为"指数达人"。

让指数服务生活

　　蒋剑辉曾说："我大学时学的就是统计学专业，一开始只觉得这是数学的衍生课程，后来深入学习了才发现其中的奥秘。我不止一次地想，如何才能把数据从纸上、从笔尖带到实实在在的生活中？如何才能让数学专业的学生理直气壮地反驳'数学只能拿来买菜的时候算钱用'这一说法？数亮科技便是我的答案。"

　　2006 年，蒋剑辉带领团队编制了全国首个专业市场指数——义乌·中国小商品指数，后被国家发展和改革委员会、中华人民共和国商务部收录。2012 年 2 月，蒋剑辉团队注册成立了杭州数亮科技股份有限公司。现在的数亮科技已经是一家专业从事指数产品的开发、应用与推广，致力于大数据的集成、开发与运用的国家高新技术企业。数亮科技拥有优秀的研发团队、丰富的大数据资源和成熟的大数据平台，已经研发了一系列具有风向标意义的国家级指数，在业内拥有良好的声誉。

打造中国标普，成就百年数亮

公司创始人蒋剑辉长期从事统计指数理论研究，具有丰富的指数编制经验，在业界享有较大知名度。公司指数研发中心和技术中心目前集聚了一批能基本满足公司发展和用户需求的专业技术人才。指数研发中心拥有由统计学理论功底扎实、指数编制经验丰富且极具创新思维的博士、硕士组成的优秀员工团队。技术中心由一批拥有专业互联网数据挖掘技术、数据处理能力和分析能力的 IT 技术骨干组成。

数亮科技创立以来，开发的众多国家级指数已经成为所在行业的风向标，在国内外产生了重大影响。其中，中国·义乌小商品指数、中国·柯桥纺织品指数、中国·中关村电子指数、中国·寿光蔬菜指数、中国·成都中药材指数、中国·永康五金机电指数已被商务部纳入市场监测指数，并定期在商务部网站发布。在国家商务部发布的 9 个指数中，由数亮科技研发的占了 6 个。高质量的指数产品和专业的服务，为公司赢得了良好的声誉，也提升了公司在业界的知名度和权威性。

在未来，数亮将继续致力于服务国计民生、服务于我国产业结构的转型升级、服务于区域重大发展战略，按照"互联网＋指数"的发展模式，做大、做强、做精指数业务，发挥丰富的大数据优势，开发数亮大数据产品，同时开展第三方业务。打造中国标普，成就百年数亮。

思看科技王江峰：
全球首创双色激光三维扫描仪

* 该企业获 2015 年中国创新创业大
赛浙江赛区电子信息行业二等奖

王江峰，研究生毕业于浙江大学机械制造专业。是杭州思看科技有限公司联合创始人。

2012 年 12 月，一部成龙主演的电影《十二生肖》红遍了大江南北，影片中成龙戴着一副能发射激光的手套获取兽首三维数据的场景让人对这双神奇的手套充满了无限的遐想。而在这之前，王江峰和他的团队就已经开始了三维扫描的研究。不一样的是，他们的产品并不是一双白色的手套，而是一台重量仅为几百克的轻便手持仪器。他们希望解决的，不仅仅是文物和生活场景的三维数据获取，还要满足工业应用中生产和检测环节的三维数字化的需求。

五年如一日，专注于工业检测领域

2012—2016 年，当中国最热门的创业项目从电子商务转变到移动互联，思看团队却在一个海归博士和三个浙大硕士的带领下，五年如一日般潜心专注于工业检测领域，不断研发并优化工业智能视觉检测设备，为工业制造领域提供最专业最高效的解决方案。

此前，王江峰已在工业检测领域工作了六年，深知精度和稳定性在产品制造生产中的重要性。当时，国内在工业三维检测领域的技术仍是空白，工业三维检测的变革可谓任重而道远。因此，他们在团队创立之初就做好打持久战的准备，从关键元器件的定制到自动标定系统的搭建，再从场景模拟测试到出厂检验标准制定，都力求精益求精。在团队共同努力下，从无到有，打下了坚固的研发基础，历经五年稳步迈进发展的快车道。

HSCAN 系列手持式激光三维扫描仪是团队技术与具体应用结合的第一款落地产品，全球能提供满足工业检测要求的手持式激光三维扫描仪的公司屈指可数，而思看科技就是其中一家。使用者通过非常简单的培训，就可以用 HSCAN 轻松扫描物体的三维外形，用于产品造型和三维检测，是目前行业内最为高效灵活的三维检测设备。

颠覆性技术，重新定义工业三维检测

目前，工业三维检测领域最为主流的扫描仪是手持式激光三维扫描仪和拍照式三维扫描仪。它们各有优势：手持式三维扫描仪的便携性和灵活性高，而拍照式三维扫描仪的分辨率和细节度高。目前，市面上还没有一款三维扫描仪可以集两者的优势于一身，既能扫描高细节度的小型物件，又能高效快速扫描大型物体。因此用户在面临不同的扫描环境和需求下，只能同时采购这两种扫描仪搭配使用。

2016 年 11 月，杭州思看科技有限公司推出了全球第一台手持式双色激光三维扫描仪 PRINCE，完美解决了三维检测行业内的"痛点"，同时具备了手持式三维扫描仪的便携灵活高效以及拍照式三维扫描仪的高细节度，扫描对象大到一架飞机，小到一枚硬币，都可以轻松应对。发布会上，体验了 PRINCE 使用效果的行业人士惊呼，思看这台全球首创的手持式双色激光三维扫描仪完全颠覆了他们对激光三维扫描的认知，许多现有设备无法获取的三维特征，都可以用这台新设备去完成。PRINCE 的出现必将重新定义工业三维检测。

目前，思看科技的手持式激光三维扫描仪已经在行业内许多知名企业和研究机构应用。用户包括中国第一汽车集团、北京汽车股份有限公司、上海汽车股份有限公司、中国南方航空工业集团、昆山航理机载设备有限公司、沈阳机床厂、北京第一机床厂、西门子燃气轮机柏林研发中心、浙江大学、清华大学等。未来，思看科技将会扎根工业三维数字化领域，不断创新，结合各行业具体应用研发更多的三维成像产品，为"中国制造 2025"添砖加瓦，力争成为全球工业三维数字化专家！

杭州天任生物安行：
让手术更智能更简单—— 一次性使用微创智能吻合器

* 该企业获 2015 年中国创新创
业大赛生物医药行业优秀奖

　　安行，法律专业，从外企医药代表做起，历任主管、地区经理、区域经理等职位。做了 7 年医药代表后，安行终于进入了医疗加工领域，以联合创始人的身份建立一家医疗器械生产厂家。2011 年，安行正式创建了"天昱微创""轩辕"品牌，成为杭州天任生物科技有限公司董事长、总经理。如今的安行已俨然成为杭州医疗器械界的一张名片。

"刷厕传统"背后的极致理念

　　天任生物的核心价值理念是追求极致品质和服务，而这一切都源自于公司董事长安行的一段创业路上的一些小故事。从 20 世纪 90 年代末，安行踏入医药行业，一次机缘巧合接触到了医疗器械。当他看到一个小小的进口医疗器械用到国内消费者身上动辄上万元的价格时，便决心要改变这一格局，要让国内的老百姓能够用上廉价、优质、安全的医疗器械。于是，从小对工程机械感兴趣的他，放弃收入颇稳的销售管理工作，加入实业报国的大军。

　　由于资金有限，一开始采取联合创业的模式创办了他的第一家医疗器械制造企业，虽然企业的效益很好，但是由于股东之间管理理念上的差异，使得自己的很多想法得不到充分的施展，安行毅然放弃了原公司的所有股份，净身离开。几经调研最终选择落户杭州创设了杭州天任生物科技有限公司，他要将自己的管理理念融入企业发展中，要让它成为一家真正意义上有情怀的良心企业。

天任生物的"厕所文化"在圈内也享有盛名，新员工入职的第一课就是到厕所集合，安行亲自带头做示范刷厕所，平时从董事长到普通员工都要排班刷厕所，为的是让大家永远记住安行的一句告诫："一个连厕所都打扫不干净的企业，怎么可能做出让病人和医生放心的医疗器械！我们永远要把医疗器械产品的品质和安全放在第一位。"

打破外企垄断医疗器械行业的局面

现在的天任生物是医疗器械领域一颗冉冉升起的新星，安行专注于高精密吻合器产品的研制、生产和销售，拥有高科技国有自主微创医疗器械品牌"天昱微创"。国外高端人才的加盟，使公司产品从开放性吻合器转型升级为与国际一流接轨的高端微创吻合器。新材料、新技术的全面应用使天任产品的精度从吻合器产品普遍的 0.3 毫米降到 0.02 毫米，与进口产品相当。在关键部件上，天任采用三次压花结合折弯成型技术，17 道模具冲压工艺，实现压花面光洁处理。采用硬力差控制、纳米涂层等国际顶尖技术，使产品瘘回出血的发生率与进口产品相当。随着微创医疗领域的快速发展和"互联网＋"时代的到来，公司早在成立之初就着手组建了一支强大的研发团队重点研制攻关新产品——带大数据收集系统的一次性使用微创智能吻合器。该产品属于微创医疗领域的一次性使用的高值医用耗材，产品基于国际国内市场上现有的腔镜下直线切割吻合器做了大量的改进和革新。

医疗器械是一个特殊行业，容不得一丁点差错，一点儿疏忽也难以补救。所以，一切重点必须放在产品质量和服务上。"我要做的就是打破外企在这个领域的垄断局面，用一半的价格做出跟他们一样质量的产品。"安行说，这也是他这辈子最大的愿望。

同净环境王晟：
"黑科技"治理环境——光催化技术
及光催化三维净化网毯

*该企业获 2015 年中国创新创业大赛新能源及节能环保行业优秀奖

王晟，浙江理工大学教授，2003 年获工学博士学位（日本）。曾任日本北海道大学讲师，2005 年回国。现是杭州同净环境科技有限公司创始人之一，担任公司董事长，专业从事对核壳光催化材料的研究，所构建的核—壳结构光催化粒子业实现产业化，已用于浙江省"五水共治"工程中的河道污水治理示范工程。

卧薪尝胆，引领环保行业的世界革命

杭州同净环境科技有限公司成立于 2015 年 4 月，定位于高科技环保领军企业。同净通过可持续自清洁的光催化污水净化系统，为工业废水、生活废水、污染河道等提供大型水生态修复、维护服务。

通过研究纳米仿生细胞学的光催化负载技术来降低水体中有机污染物，利用多孔纤维技术构建仿生人工珊瑚群来恢复微生物的正常生命活动和功能，利用先进的光催化高级氧化技术和无机纳米细胞仿生技术，来研究和推广解决污染河道水体的新方法和新工艺。这些做法彻底颠覆了传统河道污染水体治理行业的技术与思路，是解决目前水环境恶化的重要途径。现已建成 6 条样板河道，业务范围遍及北京、江苏、陕西、上海、山西、湖南、云南及浙江各地。

凭借"黑科技"开启环境治理新大门

纳米仿生细胞学的光催化负载技术不仅能用于污水处理，也能用于光触媒空气净化。基于此，同净环境科技也有幸能够参与杭州 G20 峰会工作。回想起设计大会会场进入倒计时的那段时间，同净环境科技的工作人员最大的感受是——忙！为使会场空气质量更优，同净环境科技为约 5000 立方米的两个主会场铺设了光触媒"黑科技"的除甲醛网布。

"别看它很不起眼，这可是我们公司的'黑科技'产品，新搬进来的桌子椅子都有可能散发甲醛、苯类以及其他有异味的气体，而我们的产品能够有效解决这些难题！经过检测，铺网之后会场的甲醛浓度从 0.13 毫克 / 立方米直降到 0.05 毫克 / 立方米。"凭借光催化空气净化及水净化产品的核心材料和核心技术，同净环境科技成为行业内的一匹黑马，在全省各地的"五水共治"行动中大显身手。

目前，项目成果已获浙江省科学技术一等奖、中国纺织工业协会科技进步一等奖、浙江省环境保护科学技术三等奖等。

未来，同净环境科技将以提供核心产品、技术嫁接联合开发的发展模式，保证产业链的顶端位置，力争 5 年内成为国内新型各领域净化行业的龙头，将自身打造成一个百亿元市值的上市公司综合体。

米庄理财陈成庄：
让理财成为一种生活方式

*该企业获 2015 年中国创新创业大赛
互联网与移动互联网行业优秀奖

陈成庄，大学毕业后，因为几分之差，与温州国税岗位的公务员"失之交臂"，成为一名"程序猿"，开启了互联网及互联网金融的职业生涯。2015 年，创立互联网理财平台米庄理财并出任 CEO。

陈成庄不仅被授予"杭州市十佳创业者"称号，还是浙江理工大学创业导师、衢州市柯城区创新创业名誉导师，同时也是新生代温商委员会副会长，并担任杭州苍南商会常务副会长。

新生代温商，从程序员转身成创客

毕业后的 10 余年时间里，陈成庄一直从事互联网及互联网金融相关工作，丰富的从业经历为他的创业提供了宝贵经验。陈成庄先后担任过信雅达高级软件工程师，是铜板街创业核心团队成员，其非标产品的创始团队成员之一，也是连连支付跨境业务发起人及产品负责人。步入管理层的陈成庄，人生可谓完美，但温州人骨子里特有的不安定因子，却驱使他走向了新的转变。2014 年，他跟着前阿里 75 号员工钱志龙创立爱学贷，上线一年不到即获三轮融资，目前，估值达 20 亿元。随后，他又创立米庄理财，半年累计投资额达 20 亿元。

陈成庄创立米庄理财得益于在互联网及金融行业的从业经验，长时间的浸润让他对互金融发展的方向颇为敏感。在新一轮创新创业大潮来临之际，他抓住了互联网金融风口的这个机会。创立米庄理财，不光是陈成庄完成个人的创业梦想，他意在将理财和生活场景相结合，让理财变得更加有趣，让更多的人参与到理财中来。

陈成庄虽然在杭州创业，也始终不忘家乡。作为杭州市温州青年联合会委员，陈成庄一直活跃在温商圈。在2016年世界温州人大会上，陈成庄被选为新生代温商委员会副会长。2016年9月28日，米庄理财位于温州的浙南运营中心正式成立。

2015年11月，陈成庄获"杭州市十佳创业者"称号，并被聘为浙江理工大学创业导师。一年多时间里面，陈成庄还多次被《钱江晚报》《温州晚报》《中华儿女》杂志、杭州电视台、浙江财经频道、FM95等众多媒体作为创业典型报道。

安全高收益理财平台，让金融连接消费和生活

米庄理财隶属于杭州信釜资产管理有限公司，成立于2015年4月。米庄理财坚持安全第一，是一家专注于小额分散微金融模式，拥有严格的投行计量模型和严谨风控系统的互联网理财平台。公司致力于为用户提供安全、优质的理财产品。米庄理财经过一年半的时间运营，已经完成累积交易额120余亿元，注册用户60万人、交易用户近12万人。在2015年"双十一"当天，米庄单日交易额达到1.51亿元，在全国同类产品中排名第四，仅次于互联网金融行业"大佬"陆金所。2016年"双十一"期间，累计交易额3.26亿元。

米庄理财的创立与发展，顺应了当下互联网金融发展思路，以互联网科技手段创新金融服务模式，满足市场多层次的金融服务需求。米庄理财多次受到各级媒体报道。2016年10月19日，米庄理财线上累计交易额达100亿元。2016年，米庄理财荣获"浙江互联网金融创新风云榜十大产品"称号，公司愿景是成为全国领先的以消费金融资产为核心的移动理财平台。

华显光电吴跃初：
健康照明生活、柔性显示未来——OLED 显示
材料的研究与国产化

* 该企业获 2016 年中国创新创业大赛
浙江赛区新材料行业优胜企业奖

吴跃初，毕业于湘潭大学化学工程与工艺专业。多年从事 OLED 材料的研发和生产，拥有多项发明专利，现担任浙江华显光电科技有限公司总经理，公司创始人之一。

浙江华显光电开发了两款全新有望替代进口材料的 OLED 主体材料，目前处于专利受理过程，预计 2018 年初有望获得专利授权书。2014 年初，吴跃初创立了上海华显新材料科技有限公司并担任该公司总经理。其间，参加上海创新创业大赛，获得上海创新基金资助，同时申请了多项发明专利。

公司发展历程

浙江华显光电科技有限公司是一家于 2016 年初成立的全新高科技公司，致力于 OLED 显示材料的国产化，以弥补国内空白，打破国际进口材料的垄断地位。主要从事 OLED 有机显示材料如主体材料、空穴材料、蓝光材料、绿光材料的研发与产业化。

OLED 显示被誉为下一代显示技术，具有自发光、低能耗、轻薄、响应速度快、广视角、高清晰、高对比度、耐低温、抗震、可弯曲、可柔性、接近自然光、健康、无高热等 LCD 显示和 LED 照明无法比拟的优势，必然将在未来一段时间内成为主流显示设备。也正因此，其独特的魅力吸引着国际、国内诸多高科技企业在上游材料、中游面板及设备制造、下游终端应用如电视、手机、VR、PC 等多个显示应用领域积极投入整个OLED 显示产业链的生态建设当中。

吴跃初在创业期间开发了数十种新产品，但销售额一直难以突破 1000 万元。后于2014 年加入在 OLED 领域有着多年市场和客户积累的宇瑞（上海）化学有限公司，并共同创办了浙江华显光电的前身——上海华显新材料科技有限公司，利用自己多年来从事医药产业化的丰富经验，实现多个材料中间体产品的工业化生产。上海华显从成立之初便取得 600 万元的年销售额，到第二年就实现年销售额翻番，接近 1500 万元。

为了更好地发展，吴跃初在浙江嘉善创立了浙江华显光电科技有限公司，建立了OLED 成品材料的生产基地，并引进多套进口生产线，试产样品获得国内多家面板制造企业的认可与好评。

冲破国外技术核心的垄断，打造国内独立的 OLED 产业链

由于生产技术和知识产权被欧美、日韩企业控制，国内 OLED 面板企业竞争力不足。因此，OLED 核心材料的国产化意义重大。华显光电与时俱进，把握时机，努力向具有产品性能优势、成本优势、知识产权优势、客户资源优势、项目产品性能优势、产品市场竞争优势发展方向迈进。

产品性能上，已经对几款空穴传输材料、主体材料和电子传输材料的提纯技术进行攻关研究，具备了小试提纯工艺技术。生产能力上，通过前期积累，已经具备了批量生产能力，可直接用于 AM-OLED 核心有机材料生产，大大降低成本。客户资源上，通过和上海大学以及上海 OLED 产业联盟，与上海天马、上海和辉光电、微信诺等公司建立了很好的合作意愿。项目产品的技术性能上，提高纯度优势，材料纯度 ≥ 99.9%，高玻璃化转变温度 Tg ≥ 140 度。较高的迁移率，同等电流密度下，具有较低的操作电压。产品市场竞争上，华显光电具有价格、生产及销售合作网络建设、行业认知、企业管理等方面的优势。

利用这些优势，公司将不断努力，在手机营销、微信营销、网络营销方面加大投入，与相关企业保持密切联系，打开国内 OLED 市场，摆脱国外专利技术的制约，推动整个国内 OLED 产业的发展。

研趣信息潘予：
让实验仪器预约像"滴滴"打车一样简单

*该企业获 2016 年中国创新创业大赛
互联网与移动互联网行业优秀奖

潘予，本科就读于浙江大学光电系，瑞典皇家工学院光子系硕士，获欧盟全额奖学金。曾任职全球某顶尖科学仪器公司中国区区域销售经理，负责科学仪器的一线销售项目，客户群体包括著名高校、科研院所、企业单位及检测机构等。管理全国 22 个代理商，负责产品年销售额提升率为 100%。是科学指南针的创始人，目前担任公司 CEO。

让仪器预约像"滴滴"打车一样简单

科学指南针，简单来说其实就是一个科研仪器的"滴滴（网约车）"平台。"滴滴"成立了，于是众多私家车进入了网约车市场。而成立科学指南针，旨在让科研工作者能便捷地预约实验仪器，同时，唤醒那些沉睡在高校、科研院所的仪器。

为什么会诞生这样一个项目？这和潘予个人的求学及工作经历相关。基于理科生的背景，潘予经历过学校仪器预约排不上队、财务结算冗长、想找校外仪器做实验找不到等状况，后来在瑞典的求学经历也让他见识到国外先进的仪器管理系统。结束求学后，潘予曾经有很多工作可选择，当时某知名银行已经向他伸出了橄榄枝。然而他觉得办公室的生活不一定适合自己，他喜欢自由、更有挑战性的工作，于是最终选择了在某全球顶尖科学仪器公司任职销售。

凭借自身良好的口才及积极的工作态度，销售工作风生水起。高薪、稳定的客户关系、知名企业经理的身份……一切都来得那么顺利。然而工作过程中还是有一些痛点深深击中了他。"一般像我们销售的仪器，价格非常昂贵，有些单位购置了这些仪器，因为利用频次低，维护不到位，导致仪器闲置的情况很多，这真的让人非常得痛心！不仅仅浪费了购置资金，更重要的是没有体现出这些仪器的价值。"潘予如是说。

"我希望能做一些事情，去改变大家生活的这个世界，让她变得更美好，哪怕只是一点点。"基于这个初衷，潘予最终放弃了仪器公司的高薪，找了几位志同道合的小伙伴一起创业。2014 年 12 月，在浙江大学的一家小小的咖啡馆里，诞生了科学指南针项目。

实时在线提供预约服务

近些年国家颁布了一系列政策，加大科研经费投入比例，鼓励科研行业的发展。仪器使用的需求不断上升，然而设备资源的配置都非常不合理。"985""211"高校以及部分国有企业的检测中心都存在比较严重的设备闲置情况，而一般高校的科研人员和中小型企业又缺乏设备。此外，除了校外设备在线预约这个需求外，实验室/课题组内部也迫切需要专属的设备预约管理系统。

科学指南项目旨在解决科研仪器需求及供应不对等问题，将高校及科研院所的仪器资源集聚到平台上，利用互联网思维，实时在线提供预约服务；通过庞大的实验室仪器资源数据库，为广大科研工作者精准、快速地对接实验及送样需求，让科研工作变得更简单、更便捷。

团队主要成员均是浙江大学及海内外知名学校的硕、博士，对科研仪器的应用、科学实验的开展均有专业的见解。短短半年内，平台成功入驻仪器 5000 多台、实验室 600多个，业务领域已由杭州扩展至以江、浙、沪、京四省、市为主的全国范围，目前仍在快速发展壮大中。

遥望网络谢如栋：
构建垂直性"平台＋内容＋精准营销"
的良性生态模式

* 该企业获 2016 年中国创新创
业大赛电子信息行业优秀奖

谢如栋，杭州遥望网络股份有限公司的创始人之一，现任公司董事长、总经理。

谢如栋拥有 10 年互联网资深经验，团队成长迅速，公司员工在近一年内从 30 余人增加到 200 余人。核心团队拥有丰富的大数据资源：2 亿名互联网广告受众、数百万家公会玩家。其管理运营核心能力从互联网广告到手游无缝对接，并对公司业务不断寻求创新型发展，实现从手工操作的模式到全信息化流程的改造，充分体现了新互联网时代紧抓市场和产业发展趋势强大的创新能力。

连续创业者的不懈努力

谢如栋自 2006 年毕业开始就走上了创业之路，其间也经历过多次失败，如一开始与两个技术合伙人制作分类信息导航网站，但最终因技术能力不足而失败。之后尝试雇佣外包开发团队制作网页游戏，因管理失败，导致游戏还未开发出来，项目就流产了。

屋漏偏逢连夜雨，团队成员因各种压力陆续离开了，面对兄弟离开与创业失败的双重打击，年轻气盛的谢如栋并没有放弃。他意识到很多事情并没有想象中那么简单，于是开始驻足思考，从失败中吸取教训，总结经验，希望能够找到一个方向。

最终，他选择导航网站，2009 年成立 46.com，在当时居中国导航排名第三位，2010 年被盛大网络收购。同年，创立杭州遥望网络科技有限公司。遥望网络于 2015 年股份制改革更名为杭州遥望网络股份有限公司，并于 12 月在新三板挂牌上市。

谢如栋带领团队用 6 个月时间，实现手游流水从 0 到 1.4 亿元 / 月，合作公会从 0 到 2000 多家，创造质的飞跃和提升。

独有的服务器，全程无须人工操作

公司目前已与包括百度、腾讯、阿里巴巴、奇虎 360、网易、优酷、暴风科技、金山网络、二三四五、边锋网络、唯品会、乐逗游戏、4399、巨人网络、蜗牛游戏等众多知名品牌互联网网络服务商、电子商务企业、游戏公司形成了稳固的合作关系。

谢如栋说："我们的产品本身没有什么技术难点，别人完全可以模仿出我们的界面，但我们有自主研发的后台服务器。好比淘宝，具有一定技术的人都能够做出淘宝的界面，但强大的服务器却不是谁都能够模仿出来的。"

考虑到用户的账户安全问题，遥望网络进行了关键技术攻关，最终研发成功，拥有独有的服务器，全程无须人工操作，用户只要下载遥望网络的软件，用自己的账号密码进行登录充值即可，全程无须进行第三方交流，安全可靠。

亿泰自控设备丁锡端：
克难攻坚，做别人做不了的产品，
走高端新产品路线

* 该企业获 2014 年中国创新创
业大赛新材料行业优秀奖

丁锡端，草根工匠，杭州亿泰自控设备有限公司总工程师，拥有作为第一发明人的国家级专利 21 项，其中发明专利 7 项。成功研制出中国人民解放军国防科技大学航天与工程材料学院用于"神舟五号""神舟六号"的总温探头；研制的"加氢裂化专用热电偶"获得中国石油和化工自动化行业技术发明二等奖，攻克了该领域的技术难关，填补了国内空白。被聘为中国工业和信息化部中小企业专家。全国第三届化学工业仪器仪表标准化技术委员会会员，主持起草《化工装置用高温高压带套管热电偶》《化工装置用多点柔性热电偶》等行业标准。被评为富阳市十佳发明人、富阳市先进科技工作者。

一生转辗千万里，不问成败重几许

丁锡端，今年已经 64 岁，是退休的年龄，但在温度仪表行业，炼油石化一线工作的班组长们却舍不得他退休。他们亲切地称呼他为"丁教授""丁老师""丁专家"。

创业初始，丁锡端看到温度仪表市场竞争激烈，以自己公司的规模和资历，十有八九"关门大吉"。在琢磨了一段时间后，他决定"不走寻常路"——专门制作特殊温度仪表，解决别人解决不了的问题，做疑难杂症的专家。

在一片质疑声里，丁锡端和自己杠上了。重油提炼与常规石油提炼相比由于生产条件苛刻，多数处在高温、高压及腐蚀介质的侵蚀中，设备和装置除需采用特殊材料的制造外，对密封配套件非常挑剔，不同的工艺生产条件需要不同材质、不同性能指标的密封件，特别是一些催化裂化装置，要求更是严格，不仅要耐腐蚀、耐高温、耐高压，还要有弹性补偿、防止脆性材料爆裂，要求安全稳定、寿命长。靠着钉钉子的精神，丁锡端成功研制了高温高压系列铠装热电偶包括高温、高压、耐磨、耐腐蚀、多点、抗震等恶劣环境下使用的热电偶（阻），主要用于炼油化工高压加氢及加氢裂化 PX 大型芳烃装置反应器。特别是固定床加氢、加氢裂化装置和 PX 大型芳烃装置等温度测量。

但新产品研发出来了，怎么推广，谁家敢上马试用？一家名不见经传的小企业，怎么和国外产品竞争？在不断地推广营销中，他得知当时镇海炼化遇到一个难题，日本进口的测温仪表使用不到一周就会弯曲，寿命极短，但价格极高。丁锡端来到镇海炼化，面对大公司的质疑，他说："你们先可以试用一个星期，如果坏了不收钱。"这一用就是半年，实力赢得信任。后来，镇海炼化有一句话是这么说的："老百姓有困难找警察，镇海炼化有困难找老丁。"这口碑可都是"啃硬骨头"啃出来的！

目前，项目产品已在大连福佳·大化 PX 芳烃装置、中石化金陵分公司、中石油广西分公司、中石油兰州分公司、长岭分公司等国内多个装置配套使用，用户反映效果非常好，各项技术指标均大大地满足了工艺要求，各项功能完全替代甚至超过了进口产品。既保证了生产安全，节约了大量资源，使用维护也更便捷。项目的推广将会大大促进温度仪表行业的技术进步。

制造突围，草根结缘神舟五号

丁锡端的成功，打破了高端仪表都是进口的局面。2003 年，"神舟五号"风洞试验用的测温仪表，就出自丁锡端之手。丁锡端克服重重困难研制出"神舟五号""神舟六号"的总温探头，"神舟五号"的升空也与这位农民工匠息息相关，为中国航天事业做出了巨大贡献。

艺福堂李晓军：
"当代爱迪生"、互联网茶马古道开创者

* 该企业获 2013 年中国创新创业大赛
浙江赛区电子信息行业成长二等奖

李晓军，2006 年毕业于安徽科技学院中药学专业，2008 年创办艺福堂，任董事长兼 CEO，国家高级评茶师。曾获 2010 年度杭州市"十佳大学生创业之星"、2011 年度"全球十佳网商"、2012 年度"首届浙江省杰出青年网商""品牌中国茶行业年度经济人物""2013 年中国茶叶行业十大年度经济人物""浙江省优秀创业创新个人"等荣誉称号。

李晓军被中央电视台纪录频道（CCTV-9）誉为茶行业的"当代爱迪生"、互联网茶马古道的开创者。他改变了千百年来茶行业的流通规则，创建了互联网时代特有的"艺福堂模式"，主张做有态度的健康茶，致力于"让更多的人喝上更多的健康好茶"。

重构传统茶业，让更多人喝上更多的健康好茶

作为携手阿里巴巴上市路演的唯一一家茶企，阿里巴巴上市日，艺福堂创始人李晓军代表艺福堂作为阿里标杆企业接受了中央电视台财经频道的专访，与马云一起分享成功的喜悦与荣耀。以此为标志，创业至今，李晓军一路坚持、不忘初衷，在互联网上开辟了一条新时代的茶叶之路。

李晓军出生在"江南第一茶市"安徽芜湖峨桥镇，因此深知传统茶叶流通之道。艺

福堂的创建旨在打破传统茶行业的规则，从茶农手中买茶，通过互联网直接卖给消费者，砍掉了茶叶流通过程中所有的利益链条。

2008 年，杭州艺福堂茶业有限公司正式成立，当年的销售额就达 434 万元。此后，艺福堂稳扎稳打，在经历了基础年、模式年、人才年、品质年、品牌年后，打造出独有的"艺福堂"营销模式，即原产地取材后，进入艺福堂标准化工厂，然后通过电子商务平台直接送达消费者。

8 年来，艺福堂从只有 8 平方米的出租房，到现在在杭州拥有 1.5 万平方米的经营场所，拥有了中国第一家以 GMP 标准建立的茶叶生产线，在全国拥有 5 家茶叶工厂。8 年前，李晓军曾在出租房墙壁上写下"让更多人喝上更多的健康好茶"的标语，而现在每天有 50 万人在喝艺福堂的茶。

目前，艺福堂的销售平台遍及淘宝网、天猫商城、阿里巴巴、京东商城、1 号店、易迅等几乎所有电商平台，日均发货量近百万件。艺福堂已经从一个淘品牌发展成为互联网茶叶领导品牌。

坚持创新创业，向中国茶行业领导品牌迈进

艺福堂迅速的发展，得益于"一步到位"的"艺福堂模式"。艺福堂在茶叶原产地建立基地，或在当地建立专有合作社，坚持原产地原则，执行严格的采购标准，然后进入自建的现代化工厂进行生产、贮藏、保鲜，并通过互联网销售，第一时间将茶产品送到消费者手中。由于压缩利益链，艺福堂茶产品在电子商务平台上具有高性价比优势，再加上卓越服务，确保茶叶到达消费者手中都是新鲜、健康、优质的，实现让更多的消费者喝上更多的健康好茶宗旨。

未来 5 年内，艺福堂将在全国建立区域仓库，在所有产茶大区建立自己的茶叶原产地基地，将现代管理模式（GAP → GMP → MC）贯通整个产业链，打造电商茶行业全新生态。届时杭州将成为集团公司总部，建立电子商务运营中心、研发中心、茶叶国际交流中心、培训中心、现代化茶叶生产展示中心，向世界一流茶叶品牌迈进。

正如李晓军所说："创业至今，我一直将创新创业作为企业经营的双轮驱动，只有坚持创业、不断创新，我们才能在市场竞争中立于不败之地。未来，我将继续带领艺福堂坚持做有态度的健康茶，以顾客为中心，不断创新，深耕产品和服务，只为让更多人喝上更多的健康好茶。"

云豆科技金三奇：
专注于儿童健康智能硬件——豆芽智能体温计

* 该企业获 2015 年中国创新创业大赛
互联网与移动互联网行业优秀奖

　　金三奇，杭州云豆科技创始人、CEO。曾在美国埃森哲工作 9 年，给美国第二大心脏起搏器厂家做远程医疗的研发。他在 2011 年做心脏起搏器和其他医疗项目时深受震动，发现美国在智能医疗上已经走得很远了，而国内连个基本的体温计都那么落后，因此回国创业。

　　云豆科技创立于 2013 年，是一家专注于儿童健康可穿戴产品的创业公司。团队核心成员来自于美国埃森哲、亚信联创、海康威视等知名企业，曾参与过多个跨国移动医疗项目研发。云豆科技以"智能带娃、轻松爸妈"为理念，创立两年间先后开发了智能体温计、智能身高体重仪、儿童智能脚环、Baby Hero 豆芽健康助手。Baby Hero 豆芽健康助手在京东和淘宝众筹中销售额过 100 万元。

外企经理人转型母婴智创者

　　2013 年，金三奇开始创业。在这之前，他在外企担任高管，在美国埃森哲有 9 年工作经验，参与过多个国外医疗 IT 项目。一般情况下，他的人生轨迹应该是移民，做一个工程师，安安稳稳地过一辈子，但他说"还是有一点梦想吧"，于是便开始了创业。在美国参与心脏起搏器项目的工作给了他极大的触动。"当时在美国研发心脏起搏器的时候，发现很多小孩有先天性心脏病，戴上起搏器就可以彻底改变这些小孩的未来，非常受感动。"而这也成了他进军宝宝健康产品的出发点，"光体温计每年就有 20 亿元以上的市场，所以儿童领域的产品前景还是比较大的"。

2013 年 6 月，金三奇和合伙人开始创业。创业最开始的时候，缺钱、缺人、缺团队、缺好的产品方向，所以，需要通过各种方式寻找资源与合作。遇到最大的困难是不会电话沟通，金三奇及其合伙人都曾是从外企的高管，金三奇说："以前在与他人沟通中，只需说明来自哪家公司，就会有人感兴趣并接待你。而创业后，因为不懂得如何去表达自己的想法，因此经常会被当成是骚扰电话，被拒绝或被直接挂断。创业经验完全要靠自己的耐心和毅力一点点磨出来。"

创业最初的那段时间，是漫长而又煎熬的。2014 年 5 月，豆芽智能体温计横空出世。糖果般的绚丽外形和持续测温的功能受到了父母的一致好评，也为金豆芽掘得了创业的第一桶金。

智能产品让爸妈实现"智能带娃"

经过 3 年的发展，目前云豆科技推出的主要围绕宝宝健康产品有：智能体温计，以及配套的体温管理 APP "37℃"；"Kids Grow 豆芽宝贝成长计划"——智能体重身高仪，和配套的 APP "Kids Grow"，它可以记录孩子的身高、体重，还会针对不同的孩子给出一套健康方案，并带有社区功能以及一款儿童智能脚环。

"实现智能带娃，轻松爸妈是我一直追求的目标。"金三奇一边说，一边从一个盒子里拿出了一个纽扣形状的产品。"一摇开机，一贴测温，还能够通过内置磁铁吸附在衣物上。"这便是云豆科技即将进行众筹的新一代智能产品——Baby Hero。金三奇相信，这款集成测温、睡眠分析、运动分析、防丢、蹬被提醒功能于一体的智能硬件能够让爸妈实现"智能带娃"。同时，随着云豆科技的产品不断深入家庭，也将健康的种子播撒到每一户家庭中，让健康发芽。

云蒙新材料王春华：
压电材料与器件创新，撬动千亿级产业

* 该企业获 2016 年中国创新创业大赛
浙江赛区新材料行业优胜企业奖

王春华，博士，毕业于香港科技大学物理学专业。杭州云蒙新材料技术有限公司创始人，目前担任总经理。

杭州云蒙新材料技术有限公司，聚焦于多层膜压电陶瓷新材料技术研发及新材料与新器件的产业化。目前，公司成功地研发了多款压电陶瓷叠堆、压电精密位移台、压电马达等新型器件，正逐渐开拓机器人、精密仪器、光通信设备等高端工业领域的市场。公司力图在自身行业的细分领域取得全球领先地位。

梦想——创业的起源

王春华从小就梦想成为企业家。获得博士学位后，他便进入工业界。当时，LED 产业刚刚兴起，他加入了一家主营 LED 照明的企业，从事技术研发的工作。在工厂，他系统地了解到产品从设计到生产再进入市场的过程，体会到工业过程中从科技到商品的转化，同时也看到了我国产业结构中科技含量不高的缺陷。随后，王春华加入一家从事跨国贸易的电子分销商，完整地学习了产品销售与市场拓展的相关知识。2011 年，他加入一家刚起步的创业型公司，创建了陶瓷新材料部门，发展了多层共烧陶瓷新材料技术，领导团队完成了低压驱动陶瓷振动马达、氧传感器芯片及微波介质陶瓷等多种新材料、新器件产品的开发，在市场方面进行了广泛的拓展，可惜受制于资金和设备的缺乏，最终功败垂成。

2014 年，王春华被评为杭州市西湖区海外高层次人才。是年，创立杭州云蒙新材料技术有限公司。经过两年多的发展，如今公司已粗具规模，并取得了一系列成绩。

现状——争全球领先

杭州云蒙立足于多层膜压电陶瓷技术的创新，研发了低压驱动的压电陶瓷叠堆、一维致动器、二维和三维微位移平台、准静态步进马达、超声电机等一系列产品，其市场广泛涵盖汽车、机器人、自动化、光通信与传感、精密仪器与生物医学工程等多个领域。随着项目推进与产品的完善，杭州云蒙形成了完备的系列产品线。

杭州云蒙具有独立完整的知识产权，申报了多篇发明与实用新型专利，并形成了自己的商标品牌。目前压电致动器与电机领域，全球最主要的供应商均是国外厂商，如德国 PI，美国 Thorlabs，日本 Shinsei、法国 Cedrat、芬兰 Noliac 等。杭州云蒙的产品部分性能达到并超过以上公司产品的水平。

目前，杭州云蒙在国内外广阔的市场领域与客户建立了紧密的联系，与客户合作开发了多款定制化产品，即将迎来市场的爆发。

未来——创长青基业

杭州云蒙应该发展成为一个伟大的公司，应该具备一套恒久的核心价值观，并以内生的力量不断地自我更新，超越创始人的局限，从而长盛不衰。为了实现这一理想，作为公司的创始人，王春华深感一己之力之不足。卓越的公司，需要有卓越的团队，因此公司广泛地吸纳人才。公司的首席技术官和首席营销官，分别是王春华的同学和多年熟识的朋友，两人在技术和市场方面均具有丰富的经验和卓越的能力，极大地提升了公司实力。

公司也聚集了一大批毕业于世界知名大学的毕业生和高水平的年轻员工。全体成员有志向、有激情、有干劲，配合默契，同心协力，营造良好的创业氛围。他们把公司当作一个全体员工发挥聪明才智的平台，坚持走团结合作和集体奋斗的道路，集众人之所长，努力成就一个长盛不衰的基业。

杭州正银杨华：
晶硅太阳能电池用导电浆料整体解决方案领导者

*该企业获 2015 年中国创新创
业大赛新材料行业优秀奖

    杨华，浙江大学高级工商管理硕士。杭州正银电子材料有限公司创始人之一，目前
担任公司总经理。

    自参加工作起，杨华就一直从事光伏产业的相关工作。2000 年，杨华自组公司，带
领团队进行光伏组件系统的开发与销售。2011 年 4 月，杨华创立了杭州正银电子材料有
限公司，专注于研发晶硅太阳能电池用全系列导电浆料，是国内唯一一家有能力提供本
行业整体解决方案的公司。

打造国产导电银浆，突破国外技术垄断壁垒

    2011 年之前，晶硅太阳能电池用导电银浆仍属于国内空白行业，产品完全由美国杜
邦和福禄、德国贺利氏等老牌跨国公司所垄断，产品价格一直很高。随着多晶硅电池片
价格的持续下跌，导电浆料在太阳能电池制造中的成本占比一路攀升。2010 年，中国太
阳能电池产量已经达到 10 吉瓦（GW），而太阳能电池用导电银浆当年的市场容量超过
了 100 亿元，国外垄断企业在中国的光伏产业中汲取了巨大的利润，从中央到地方也多
次发文鼓励光伏行业突破关键原辅料的技术壁垒，打破国外垄断。"清洁能源是中国能源
产业的未来，如果能研发出国产的导电银浆，填补目前的市场空白，这将会是一个巨大

的机遇。"近 20 年的光伏从业经历，不仅给杨华带来了深厚的行业人脉，还令他具备了对市场的深刻认识和敏锐判断。2011 年 4 月，杨华投资 1000 万元，成立了杭州正银电子材料有限公司，并联合中国银粉及电子浆料协会会长杨荣春，作为公司的联合创始人和技术负责人，致力于成为一家晶硅太阳能电池用全系列导电浆料的研发、制造及提供整体解决方案的供应商。

致力成为全球第一流的太阳能电池新材料生产商

晶硅太阳能电池用导电浆料，是制备电池电极的原材料，起到收集电池基体产生的电流并对外传输的作用。它是一种由导电功能材料为主、无机黏结相和有机载体组成的具有特定流变性能的高黏度渗烧型"油墨"，属于电子浆料的高端细分门类。其生产技术属于国家重点支持的高新技术领域中的最新粉体材料的高分散均匀复合技术。在光伏产业的"提效降本"中，就电池制造这个环节，浆料技术进步和电池结构改进是提高电池光电转化效率的重要手段。公司技术负责人杨荣春是中国银粉及电子浆料协会会长，同时是国家银导体浆料 863 计划项目首席专家。他带领以清华大学和浙江大学研究生为主的技术开发团队，潜心专研，坚持自主创新，多次突破国外技术垄断，先后获得了 6 项发明专利、11 项实用新型专利授权，成功研发出晶硅太阳能电池用全系列导电浆料，实现了高端浆料的国产化。

杭州正银开发的全系列导电浆料自上市以来，在先后获得江苏顺风、东方日升、浙江晶科等原有客户青睐的基础上，又获上海神舟、广东爱康、无锡尚德等价值客户的认可，销售额连年高速增长。凭借着国内顶尖的研发团队，高端的产品技术，巨大的市场价值和社会价值，2015 年杭州正银成功引入了投资机构 3000 万元的投资。未来，杭州正银仍将以技术创新作为企业发展的原动力，为太阳能电池制造的"提效降本"，实现光伏发电上网电价的平民化不懈努力。

中科天维王彦昌：
用点云定义三维世界，让中国用上天维制造

* 该企业获 2014 年中国创新创业大赛浙江赛区电子信息行业三等奖

王彦昌，毕业于中国人民解放军国防科技大学。他曾是一名长期从事载人航天工程飞行试验管理的职业军人，2003 年自主择业，进入中国科学院某研究院从事知识创新工程项目的管理工作。2010 年，他放弃了中国科学院稳定的工作和优厚的待遇，带着中国科学院的科研成果及技术团队与社会资本合作，创办了杭州中科天维科技有限公司，担任公司董事长、总经理。

杭州中科天维科技有限公司是以中国科学院知识创新工程、国家 863 计划、"探月工程"等科技成果、专利技术和人才为基础，致力于三维成像激光雷达产品开发和应用推广的企业。

长期以来，复杂空间、大型不规则物体、危险区域和未知区域高精度三维测绘，一直是一个世界性难题。而有了高精度激光三维扫描仪，这个难题迎刃而解。然而，纵观国内市场，高端测绘仪器完全被国外产品所垄断。高昂的价格严重制约了激光雷达技术的应用与推广，随着大数据、三维实景中国时代的来临，这一问题愈加明显。因此，中科天维应运而生。

中科天维三维成像激光雷达系统利用激光测距原理和主动探测技术，是集光学、精密机械、电子电路、计算机、自动控制、云数据处理等新技术于一身的现代测量仪器。

具有速度快、精度高、全视角、全天候等特点。三维激光扫描仪主要采用 TOF 脉冲测距法，即由激光器发出一系列光脉冲，通过计算光脉冲从发射到返回的时间差，推算被测地物与探测点的距离，并通过坐标转换计算出被测地物的三维点云数据。"不管在水平位置还是有角度的位置，它都能精准到千分之一度。"三维激光扫描仪可广泛应用于电力、交通、水利、消防、公安、林业、国土资源、数字城市、古建文物保护、地形测绘等多个领域。

TW-100 三维成像激光雷达曾获中国国际工业博览会创新奖。获得该奖的 3 个基本条件是：拥有自主知识产权；主要指标达到国际先进水平；填补了国内空白。"2014 年是产品小批量生产的开始，公司产值有望突破 1000 万元。但 5 年后，我们的产值就能达到 1 亿—2 亿元。"对于三维成像激光扫描仪的未来，王彦昌充满信心。经过 5 年的发展，中科天维已经开发出了拥有自主知识产权、主要性能指标达到国际水平、可以替代进口的远距离高精度激光三维扫描仪系列产品。项目产品不管是建设工程，还是文物保护等都能用到，而且对于涉及国家安全的岛屿、海岸带的测量都有很广阔的应用空间。

卓健科技尉建锋:
打造医生学习交流管理和远程协同诊治一站式平台

* 该企业获 2015 年中国创新创业大赛
互联网与移动互联网行业三等奖

尉建锋,外科学博士、副主任医师,杭州卓健信息科技有限公司创始人兼总裁,浙江省"千人计划"人才,浙江省特聘专家,国内移动医疗行业的先行者。

2011 年,尉建锋创办杭州卓健信息科技有限公司。2012 年 8 月,公司发布全国首家掌上医院项目——掌上浙一,逐步引领移动医疗行业变革。2014 年,公司完成 A 轮融资,并在国内首提"医患友好度"15 项评价指标。2015 年,完成腾讯 B 轮融资,创立"移动远程"平台,上线医生学习协同平台——医链,同时作为核心骨干以移动及远程医疗项目获浙江省科技进步一等奖。2016 年,公司上线全国首个公立三甲线上院区"浙一互联网医院"、浙江省眼科互联网医院、安徽省临床病理专科医疗联合体等。12 月,浙江省台州医院互联网医学中心开启试运行。公司秉承着"以患者为中心"的产品理念,持续引领移动医疗行业的发展。

"海归"博士 10 年创业之路 让移动医疗真正为医患服务

2006 年留美期间,尉建锋深刻认识到国内健康教育的匮乏,回国之后一心想着如何做健康宣教,加强老百姓的健康意识。2008 年,尉建锋组织几位医学专业朋友开始做手机短彩信业务,面向老百姓做"掌上健康顾问"。在 2011 年的一次医患纠纷后,尉建锋明确了自己"以另一种方式做医生"的创业目标，于 2011 年 2 月正式组建团队，创办杭州卓健信息科技有限公司。从健康知识科普移动应用"掌握健康"的面世、"掌上浙一"的诞生，到紧跟国家分级诊疗政策的应用实践，打造医生学习交流管理和远程协同诊治平台，互联网医院等，10 年创业之路，尉建锋带领的团队始终不忘初心，深度洞悉医患需求，构建了完整的掌上医院、分级诊疗区域平台、医联体协作平台、基于大中型医院的互联网医院等专业的产品服务体系，打造智慧云医院生态闭环，已为数千家医院提供产品、技术及服务。

打造最权威、最专业的医生在线互动平台

医链项目是杭州卓健信息科技有限公司紧贴国家医改政策，助力分级诊疗，基于移动互联技术，通过"医疗＋互联网"的形式，以沉淀的医学智慧链接和聚合医生为目标，为医生群体打造个性化在线学习和管理平台，最终形成满足医生科研学习、互动交流、临床诊治、远程协同、慢性病管理等多样化需求的互联网生态圈。

医链主要有学习交流管理和远程协同诊治两大模块，涵盖移动端视频授课、临床病例库、专家资料库、远程会诊等。其核心功能包括：医直播、临床病例库、医链云学院、影像病理读片、移动远程会诊、MDT 讨论等。

医链具备强大的项目优势，以首席执行官尉建锋、首席营销官倪克锋双医学博士为引领，理学硕士叶建统担任技术总监，多名医学、计算机硕士组成强大的项目核心团队。团队以多年积累的海量医学数据和临床智慧为后盾及多年移动医疗行业技术为支撑，运用腾讯云大数据存储及上行下传技术，基于移动互联网技术的多终端视频会诊，构建识别率超过 90% 的 OCR 图像智能识别系统。项目现阶段已经完成第一阶段的核心用户和资源积累。未来医链将继续整合社会医疗资源，发挥社会效益，创造具有高创新、高价值、高盈利的全新商业运作和组织构架模式，打造最权威、最专业的医生在线学习交流、病例讨论、协同诊疗的互动平台。

弘视智能潘今一：
视频大数据搜索引擎——识别您身边的每一张脸

* 该企业获 2016 年中国创新创业大赛电子信息行业优秀奖

潘今一，美国纽约市立大学博士，嘉兴弘视智能科技有限公司创始人，公司董事长，浙江工业大学特聘教授，浙江工业大学感知技术实验室负责人。

视频大数据搜索引擎，在公安监管、平安城市视频图像分析和图像搜索比对领域市场占有率第一。公司人脸识别、布控和搜索产品入选 2014 年北京 APEC 会议、南京青奥会、2015 年乌镇世界物联网大会，并在 2016 年作为公安部反恐局重点部署产品，在 2016 年杭州 G20 峰会中得到大规模的应用，覆盖了近 1000 家酒店的人证合一验证、杭州及周边地区的高铁、客运中心、商贸市场（柯桥轻纺城、义乌小商品市场、桐乡羊毛衫城等）的涉恐人员、逃犯的实时布控，目前公司的人脸识别布控和搜索产品在全国公安市场占有率第一。

回国创业：研发智能视频分析系统

1993 年，潘今一进入美国贝尔通信研究院任研究员，1996 年加入诺基亚中央研究院任高级研究员、研究组负责人，2000 年创建美国 Sorrento 光网络科技公司，并于 2001 年在美国纳斯达克上市。2003 年，他放弃名利归国创业。

在短短几年内，潘今一创办的嘉兴弘视智能科技有限公司成功研发出了具有完全自主知识产权的智能视频分析系统。该系统是一个"主动出击"的系统，能对异常行为进行自动分析和处理。该系统可以"当场捕捉"犯罪事件、可疑人物，提供了整套的事件分析、前因后果（事件发生前 3 秒后 5 秒的过程）、联动搜索、联动报警、数据库管理和快速查询等功能。

该系统采用国际先进的图像处理、模式识别和计算机视觉技术，对视频中的行为进行自动分析和比对，并能对视频画面的背景进行自动学习，有效避免因天气和环境带来的影响，并根据实际情况做了上万小时的自适应学习和建模，误报率和漏报率极低，成为一个完全商用的实现主动出击报警系统。

采用国际最先进的计算机视觉技术

视频大数据搜索引擎紧跟国际前沿技术，针对全球安防领域内监控系统的被动性、无目的性而开发的高级智能分析系统。公司的产品和服务是将现有需要大量人力进行实时画面监控或者仅作为事后取证之用的视频监控系统升级为计算机替代人力并自动对画面中事件进行实时的识别、判断和告警联动的智能化监控系统。智能视频分析是以数字化、网络化视频监控为基础的一种更高端的视频监控应用。它能够识别不同的物体，发现监控画面中的异常情况，并能够以最快和最佳的方式发出警报和提供有效信息，从而能更加有效地协助安全人员处理危机，并最大限度地降低人员生命和财产的损失。在世界反恐形势日趋严峻的今天，智能视频监控将成为应对恐怖主义袭击和处理突发事件的有力辅助工具。

视频大数据搜索引擎采用国际最先进的计算机视觉技术、模糊数学技术等技术进行有机的结合和集成，利用公司专有技术和研发人员多年来在行业内的研发经验，在各个层面自行开发多种软件技术，同时简化各个层面的技术操作应用，使整个系统达到了一种全新的状态。

劲膳美胡安然：
无副作用的特殊医学用途配方食品

* 该企业获 2016 年中国创新创业大赛
浙江赛区生物医药行业优胜企业奖

　　胡安然（图中）来自中医世家，是国家一级公共营养师。他曾留学日本，获生物环境硕士学位。专注于药食同源与益生菌组合研究 20 余年，已申请发明专利 489 项，已获得授权 25 项产品专利。曾任上海国医馆（鸣鹤）及杭州太和堂汉方馆馆长。现任世界中联药膳食疗研究专家委员会理事，世界中医学会联合会亚健康专业委员会常务理事，世界药膳与养生产业联盟浙江省分会会长，劲膳美医学用途配方食品研究院院长，浙江省社区研究会理事。2015 年，胡安然创立劲膳美食品股份有限公司，担任董事长，联合开发一系列以食代药、安全无副作用的特殊医学用途配方食品。

中学传道，西学优术，中西合璧，以道御术

　　胡安然从小深受家族中医氛围熏陶，经过海外学习、中医馆坐诊等多种经历后，悟出了中西医结合的饮食治疗方案。在传承 200 年前御医王芷庵的膳食养生秘方的基础上，又采用三层蛋白质深埋微胶囊技术，使 65% 以上的益生菌能顺利到达肠道以调节肠内微生态平衡。

　　劲膳美曾参与并完成了由中国科学院领导开展的国家"十二五"科技支撑项目课题——针对不同疾病的临床营养治疗研究。公司将继续承担国家"十三五"科技支撑项目。

目前，已有临床研究数据表明公司生产的全营养配方食品对糖尿病、肝病、肿瘤等疾病的治疗效果十分显著。

好时机孕育好产品
——特医食品的春天即将到来

虽然许多世界级大制药公司如辉瑞、罗氏、强生、葛兰素史克、施贵宝等都投入巨资进行医药药物研发，但基本上都是针对细胞通路、免疫、炎症因子等对症治疗。产品成功率很低，且疗效有限，而特殊医学配方食品的研究与开发在我国乃至世界尚属新兴学科和领域，是多学科、多领域不断交叉融合的产物，涉及营养学、药学、中医学、心理学、生理学、预防医学、生物工程、食品科学等学科。

本行业属新兴的行业，先前国家政策都无关注，在2013年6月之后国家才出台相关的政策扶持该产业的发展。由于前期投入大，获取生产许可的周期长，直到近两年，国内才相继涌现了雅培、立适康、广州邦世迪、天津中恩等特殊医学配方食品研发、生产企业。上述企业产品都是只针对人体所需的七大营养素进行配伍研究，而劲膳美产品在此基础上，还独特地添加了多种益生菌及黄金配制的药食两用提取物，首次将我国"药食同源"的传统中医精髓理论与"多种益生菌"的最新功能研究开发有机结合，加具有宫廷膳食养生中医瑰宝品牌优势及近500项发明专利及20多个商标，使公司在产品结构、种类、功效及自主知识产权方面具有很大的优势。

康凯科技沈骏：
铺设优质 Wi-Fi 网络，服务各行各业

* 该企业获 2014 年中国创新创
业大赛电子信息行业优秀奖

沈骏，康凯科技（杭州）股份有限公司董事长兼首席执行官，美国南加州大学（USC）电机工程博士，具有近 20 年硅谷高科技产业经验，3 家硅谷高科技公司联合创始人，IEEE 高级会员，1997 年 IEEE 国际通信大会（ICC）分会主席，浙江省"千人计划"专家。

2012 年 8 月，沈骏团队的项目成功入选杭州市"5050 计划"A 类评级并获最高额度资金支持。以此为契机，2 个月后，康凯科技中国总部在杭州高新区（滨江）落地生根。沈骏率领团队自主创新，从天线硬件到底层软件，从单元到系统，创造性地提出整套高性能 Wi-Fi 解决方案。

从硅谷到杭州"智慧 e 谷"，在无线通信的世界里耕耘

在踏上回国创业的路途之前，沈骏已在硅谷从事高科技领域的研发和创业近 20 年，掌握最新的技术和企业管理经验，开发了包括 4G 芯片、Wi-Fi、DSL 等通信产品。

考虑到国内市场和现有技术，Wi-Fi 是一个很好的创业方向。回国前，沈骏首先在硅谷创建了研发团队，获得了天使资金支持，并成功研制出了样机。2012 年 10 月，康凯科技在杭州高新区（滨江）正式成立。公司致力于面向全球客户提供高品质的智能 Wi-Fi

解决方案与服务，是浙江省政府引进的高新科技企业，先后获得杭州市"5050计划"最高额度资金、杭州市全球引才"521"计划等殊荣。

高品质 Wi-Fi "大数据" 采集、传输、运营平台

移动互联网迅猛发展，渗透到社会生活的方方面面：一方面，智能手机、平板电脑广泛普及，新型车载设备、冰箱、照相机，甚至眼镜、手表等穿戴之物，正在逐步融入移动互联网；另一方面，传统行业与互联网的融合正在呈现出新的特点，网络平台建设和商业模式都发生了改变。

终端和行业的变化带来数据流量的快速增长，传统 Wi-Fi 已经无法满足数据业务的新需求。沈骏率领团队自主创新，从天线硬件到底层软件，从单元到系统，创造性地提出整套高性能 Wi-Fi 解决方案。

在传统 Wi-Fi 的使用过程中，存在着无法连接、覆盖范围不足、终端户数少、管理不灵活等问题。而康凯科技的目标，就是提供高品质的 Wi-Fi 信息平台、满足上述刚需、服务各行各业。

康凯科技在传统 Wi-Fi 里加入了智能天线。如果把普通的 Wi-Fi 比喻成灯泡，智能 Wi-Fi 就是探照灯。它将能量聚焦，辐射更广。康凯的智能天线技术早期研发在硅谷，后期在杭州高新区（滨江）进行了因地制宜的后续研发。智能 Wi-Fi 完全可以满足智慧城市、物联网、数字家庭的需求，而不仅仅是满足简单的上网。

智能 Wi-Fi 无线方案由室内 / 室外智能型 AP、云管理平台 SkyManager、接入控制器 AC 等组成，具有用户接入数量多、吞吐能力强、覆盖范围广、可靠性高和可管理性强等特色。与普通 AP 持续不断向四周发射电磁波相比，智能 Wi-Fi 能大大降低干扰。同时，智能 Wi-Fi 还能绕开障碍物，更具备穿墙而过的能力。智能 Wi-Fi 强大的并发能力和更远的覆盖距离，使得部署 AP 数量大大减少，工程配套和工程实施成本大幅度降低，简化了维护难度，同时大幅度提升了用户体验。

目前，康凯科技的高品质 Wi-Fi "大数据" 采集、传输、运营平台，已广泛应用于智慧城市、运营商热点覆盖、旅游景点、大型场馆、星级酒店、医院、学校、园区、智慧银行、数字家庭和物联网等广大领域。

奥耐特祝军伟：
让所有插管病人减轻痛苦
——亲水性超滑涂层导尿管

* 该企业获 2016 年中国创新创业大赛生物医药行业优秀奖

祝军伟，主治医师，毕业于东北财经大学法学专业，绍兴奥耐特医疗用品有限公司创始人，目前担任公司总经理。

导尿管虽然是医疗器械中的小产品，但临床用量却非常大。作为一次性使用的产品，就经济性能来讲，PVC 材质的导尿管仍是最佳的选择，美国市场上的家用导尿管大部分是 PVC 材质的。但由于 PVC 是疏水性材料，使用时摩擦力较大，病人常伴有灼烧感和疼痛感，容易造成血管、腔道组织损伤及带来并发症。因此，需要提高导尿管表面的润滑性，以减少导尿管在插入或拔出时对组织的损伤及黏连，从而减轻病人痛苦。

一位绍兴医学生的创新梦

奥耐特亲水超滑涂层到底先进在哪？一位记者曾经这样描述：将涂有超滑涂层的普通塑料皮管放进水里，皮管突然就变成滑溜无比，握感像是抓着一条泥鳅，手上却不会有黏液。这就是亲水性超滑涂层的作用。

之所以研发这种涂层，背后也有一段故事。2008 年，祝军伟参观某国际医疗器材展时，一种超滑导尿管引起了他的注意，但涂层的浆液会掉下来。此外，国内外市场上大多数公司研发的以聚氯乙烯为基材，进行表面处理的导尿管。由于环境问题特别是 PVC

中添加的增塑剂（类荷尔蒙物质）的毒性，使 PVC 用于医疗导管的适用性受到广泛质疑。且超滑涂层通常采用二次浸涂、加热烘干的工艺，涂层质量受涂布、烘干工艺等工艺影响显著，产品质量较差。一定要研制出一种绿色无害又使用便利的导尿管，这位绍兴医学生有了革新的念头。

两年后，祝军伟辞掉工作创立浙江奥耐特医疗用品有限公司。他广泛地拜访专家，全身心投入研发工作。2012 年，通过反复试验，他掌握了类似国外产品需要在皮管表面涂两至三层的涂层技术，虽然"也存在掉浆液问题，但比国外的产品好"。祝军伟并不满足，继续改进配方。功夫不负有心人，2015 年初，他做出了只需涂一遍且不会掉浆的超滑涂层。

攻破国际难题，亲水性超滑涂层技术享誉全球

导尿管、肛门冲洗器、亲水性胃肠营养管……目前，十多种亲水性超滑涂层技术产品被开发出来。令祝军伟开心的是，因为技术先进，病人用后反馈良好，亲水性超滑涂层导尿管远销美国，累计销量已达 100 万根。全球"独一份"的亲水性超滑涂层肛门冲洗器则被销往英国，同样受到好评。

"因为价格原因，国内医院基本不用进口的超滑导尿管，所以插导尿管时病人会比较痛苦。看病对于普通人来说是比较大的负担，我们奥耐特之所以决心攻克这种技术就是要让全国乃至全世界的病人在不增加经济负担的同时最大限度地减轻痛苦。"祝军伟说。

惟锐科技王会龙：
VR 大家居产业营销升维——场景时代系列平台

* 该企业获 2016 年中国创新创业大赛
互联网与移动互联网行业优秀奖

王会龙，惟锐（杭州）数字科技有限公司创始人，惟锐科技总裁。2006 年，王会龙创办成立全国最大的效果图公司——合肥一品效果图制作有限责任公司。2015 年 3 月，王会龙携手数联中国，创立惟锐（杭州）数字科技有限公司（以下简称惟锐科技），通过对虚拟现实技术及场景的深度专研，为大家居产业带来全新的变革。

惟锐科技依托数联中国大家居产业生态链，以泛家居产业为切入点。在王会龙的带领下，惟锐科技于 2016 年自主研发成功了两款基于 VR 应用平台，VR 场景内容门户平台——场景大师及 VR 场景内容制作工具——场景工匠，帮助企业打造"VR ＋"的全新商业模式，助力传统大家居行业转型升级，从而实现整家营销。

从效果图到虚拟现实 在杭州实现梦想

惟锐科技的核心业务是虚拟现实，VR 是一种所见即所得的沉浸式交互体验。用户带上 VR 设备后，便可在 VR 的世界中体验逼真的实景效果。"VR 之前一直应用在游戏领域，但惟锐科技目前致力于找到 VR 的真正应用本源，将 VR 打造成一种行业解决方案，用 VR 解决更多的产业问题。"惟锐科技创始人王会龙如是说。

在王会龙创办合肥一品效果图的时候，曾对公司历年的效果图订单量做了数据分析，结果却发现效果图订单量呈现阶梯式逐年减少，但常客总量并未减少。王会龙对这个现象感到十分奇怪，于是便邀请了几名设计师和企业负责人一起讨论。王会龙得知，传统的二维效果图只能单一展现客户房子装修后的效果，但随着客户物质生活的提升，客户对于未来家的需求从"看见"更多的趋向了"体验"，而对于购物体验也希望越简单越好。

"在创业中，我想到了 VR/MR/AR 等各种技术。但综合分析后，MR 前景广阔，但目前硬件都还不成熟，AR 实现和应用简单，但还是平面性的东西，只有 VR 才可以真正给用户完美的体验。"带着对 VR 创业的想法，2015 年，王会龙携团队从合肥来到了杭州，与拥有各种高科技产业与大家居产业梦想的数联中国团队一起，共同成立了惟锐（杭州）数字科技有限公司。

从攻破技术上的第一瓶颈，到产品正式上线；从第一笔订单，到年盈利 100 万元的完成，成立仅有一年的惟锐科技经历了一个从无到有的过程。

通过 VR 打造大家居产业链

惟锐科技场景科技平台主要由公司自主研发的 VR 场景内容门户平台"场景大师"与 VR 场景内容制作工具"场景工匠"共同组成，目前应用于大家居产业，致力于打通大家居产业链，帮助解决大家居产业问题，实现大家居产业的整家解决方案。

作为 VR 场景的运营平台"场景大师"，与其他同类平台不同的是，"场景大师"拥有海量的建材家具素材，并提供海量不同风格和分类的 VR 样板房场景，帮助家居行业实例化其户型空间与产品。更支持 VR、360 度全景等不同风格的营销方式展现。同时"场景大师"内置各种不同角色的 VR 场景营销解决方案，真正将房企、装企、设计师、家居品牌商连接在一起。未来，"场景大师"将是一个资源共享平台。

而通过"场景工匠"独具匠心的智能转化，则可以将 3dsmax、sketchup 等设计图快速智能转化为 VR 场景，极度缩减 VR 场景的制作周期，并通过将 VR 场景上传分享至"场景大师"，大大提升设计师、装企的设计效率。

沃土股份祝孝林：
用心做事，靠谱做人

＊该企业获 2016 年中国创新创业大赛浙
江赛区文化创意行业优胜企业奖

祝孝林，浙江工商大学 MBA，杭州沃土教育科技股份有限公司创始人，全国高校创新创业投资服务联盟副秘书长，中国"互联网＋"大学生创新创业大赛专家评委，杭州市大学生创业导师，杭州市青年企业家协会会员，青年网商云部落专家导师，网络创业培训项目（TSPS）建设小组组长，《引爆网上创业》《决胜网络创业》等网络创业系列教材丛书主编。先后参与创办了杭州晴辉科技有限公司、浙江里约酒店管理有限公司、杭州行鸽网络科技有限公司等企业，现任沃土股份董事长。

致力于打造最专业的创业教育服务交互平台

祝孝林是杭州沃土教育科技股份有限公司的创始人。在做沃土之前，他已经是一个连续的创业者，创办了很多企业，有失败和成功的经验。后来被评为杭州大学生创业导师，经常去高校做一些创业方面的分享，所以有机会接触到创业教育与创业服务，发现这里有巨大的市场机会。

一方面政府和院校非常重视创业，创业者也有巨大的培训需求，而市场上缺少一个全国性的平台和开创性的课程。于是，祝孝林跟几个高校和阿里巴巴的朋友一起创办了沃土股份，致力于用互联网的手段为创业者提供创业教育和创业服务，搭建了创业在线平台，希望通过自己的努力让创业者更懂创业，少走弯路。

公司成立之初，正好赶上杭州市提出打造创业型城市和全国电子商务之都，出台了很多鼓励创新的政策，而且杭州有阿里巴巴、淘宝、速卖通这些全球最顶尖的电商企业和平台，并沉淀了大量各领域的电子商务人才，这让杭州在发展电商创业方面具备得天独厚的条件。

自此，集高新技术和互联网服务于一体、致力于打造国内最专业的创业教育服务交互平台的沃土股份走上快速发展道路。秉承"让创业者更懂创业"的企业使命，沃土股份紧紧围绕创业者的实际需求，整合优势资源，不仅创造性研发了 TSPS 项目体系，开创了国内创业培训和创业服务的新模式，而且系统性构建了创智互动平台，打造了一个多维度、高频次、国际化、智能化的创业垂直领域互联网教育平台。

打造一个创业垂直领域互联网学习平台

自 2011 年起，前后历时 3 年，沃土股份组织专家系统研发了网络创业培训项目（TSPS）：开发了课程体系，建设了教学平台，制定了技术标准，出版了系列教材，培养了师资队伍，搭建了扶持体系。

沃土股份肩负"让创业者更懂创业"的使命。凭借创新的理念，前后历时两年研制出创智互动平台（IPEI），旨在解决院校"双创"困境。借助智能终端精心打造创业教育第一课堂、创新创业师资培养、大赛直通车、线上投融资路演平台等特色内容和服务。通过创业活动直播、精品课程点播、远程实时互动等核心功能，打造一个多维度、高频次、国际化、智能化的创业垂直领域互联网学习平台，源源不断地向终端用户输送高品质创业视频内容及高水准创业服务。实现了连接全球创业终端，共享优质创业资源，全面满足了创业学院开展创业教育及实施创业服务的需求，帮助客户以低成本提升"双创"工作绩效。

截至目前，TSPS 项目覆盖了内地十多个省份 70 余个市场，累计培训各类创业者十多万人次；IPEI 产品落地浙江大学等众多知名高校学府，实现了创业教育品牌的强势崛起。2015 年 7 月，沃土股份完成 2000 多万元的 Pre-A 轮融资，现已正式启动新三板挂牌计划。

岩土科技潘金龙：
打开地下空间，构建中国未来的地下之城

* 该企业获 2013 年中国创新创业大赛浙江
赛区新能源及节能环保行业成长二等奖

　　潘金龙，毕业于香港理工大学国际房地产理学专业，岩土科技股份有限公司的创始人，目前担任岩土科技股份有限公司董事长兼总经理。

　　岩土科技曾获 2015 年浙江省科技进步奖、2014 年浙江省岩土力学科学技术奖、2013 年中国创新创业大赛（浙江赛区）二等奖。是 2012 年杭州市重大科技创新项目，获得政府资助资金 200 万元。截至 2016 年，岩土科技共获得发明专利 4 个，实用新型专利 18 个。在潘金龙的带领下，公司已成长为一家致力于建构筑物加固和空间改造，集研发、咨询、设计、施工、服务于一体的国家高新技术企业。

一位杭州本土高技术人才的创业经历

　　我国的地下空间开发多属于浅层开发。随着城市人口的增加，许多的城市功能势必会从地面转往地下，这就需要有更大的地下空间去容纳这些活动。想要在此领域早日缩小与发达国家的差距，甚至赶超他们，技术实力是"金刚钻"，这也是岩土科技一直以来努力的方向。

　　1993 年，对城市地下空间未来发展具有超前意识的潘金龙从教育系统辞职，先后就职于浙江省建筑科学院、杭州尚城建筑工程公司。他努力工作，沉淀自己，积累经验，在行业内打拼了 6 年之后，潘金龙于 1999 年创办了岩土科技的前身杭州岩土工程有限公司，真正走上了创业之路，进行地下空间技术的研发与应用。事实证明，这一前瞻性的决定具有重大的意义。

在旧建筑物下建造地下停车库、在空地非表面开挖建地下车库、超深地下空间泥水平衡法等，都是岩土科技研发的具有自主知识产权的创新技术。而这些技术为城市地下空间的综合开发利用提供了更好的支持。

在既有建筑物下开发地下空间，为城市更新改造提供了更广阔的路径。岩土科技的超深地下空间泥水平衡法，可用于建造超过 30 米、常规办法很难施工的地下空间，且相比传统维护法，节约造价 30% 以上。同时，这一技术还可用于轨道交通、地下综合管廊、海绵城市、棚户区改造等工程，在加速城市地下空间的综合开发利用的同时，也促进了城市地上与地下的联动发展。

岩土科技的创新技术已推广应用，用创新技术来构建"地下之城"，让先进的技术能更好、更广地服务社会。

打造"精致空间塑造、地下空间利用"的城市管理新理念

如果说，宫崎骏的《天空之城》带给我们对城市未来空间的无限遐想，那么美国动画片《忍者神龟》中四通八达的地下城市则为我们解决短缺的城市道路资源提供了美好设想。潘金龙带领他的团队真真切切地将美好设想变为了现实，用岩土科技的地下空间技术为中国打造"地下之城"。

岩土科技所提供的在旧建筑物下建造地下车库及人防、抗震救灾工程的技术，能保证原有建筑的结构稳定，并具有施工速度快、建造成本低、环保等特点。该技术的推广可以缓解目前停车难的问题。另外，岩土科技所开发的地下空间可用于防空，同时对一些无桩基础的旧建筑物在开发地下空间时进行基础加固，增强房屋的抗震性。

地下空间施工，国内外的主流施工方式是"干挖法"，较为安全的深度为地下 30 米。在此基础上，每深入 5 米，施工难度和成本都是成倍增加的。岩土科技的超深地下空间泥水平衡法，用创新科技的力量，解决安全问题。原理在于通过控制基坑内泥浆的高度、稠度等，使得地下基坑内外壁侧向压力平衡，防止坑底土体突涌，保持井壁的围护结构处于安全状态。岩土科技的地下空间技术体现了"繁荣商业构建、精致空间塑造、人文历史传承、人性交通组织、地下空间利用"的城市管理新理念。

竟成环保胡如意：
高效一体化水环境生态修复微生物处理技术

*该企业获 2015 年中国创新创业大赛
新能源及节能环保行业优秀奖

胡如意，国家"千人计划"专家，高级工程师，浙江省"新世纪 151 人才工程"第一层次人才，浙江竟成环保科技有限公司创始人之一，目前担任公司董事长。

2012 年，胡如意回国创业，创立浙江竟成环保科技有限公司，带领公司致力于环境生态保护事业，主攻水生态环境治理和修复，已发展成具有环评咨询、检测分析、工程治理、维护运营的整体解决方案和综合性服务为一体的区域性领军企业。公司承担了国家创新基金等多项研发课题，核心技术获得 30 余项 PCT 和国内专利，项目获"浙江省'五水共治'优秀示范工程"称号。公司成立了院士工作站、博士后工作站和省级高新企业研发中心。核心团队中"千人计划"专家两名，员工从创业初的 6 人发展到现在的103 人。

引进英国治水经验，给塘河污泥"洗身子"

胡如意曾在英国最大的水务集团任职 6 年，成功研发出污泥反向分离技术，并获得 PCT 专利。他曾参与欧盟第二代生物能源研发课题，获得两届英国年度工程师奖、"大本钟奖"之"英国十大杰出华人青年"等荣誉。

从小在塘河边长大的胡如意一直关注着家乡的母亲河。当母亲河因为工业发展而受到严重污染时，他极为痛心。受中国的人才政策与浙江省大力推行"五水共治"举措的感召，2012年胡如意毅然辞职，回国创业。他创建了浙江竟成环保科技有限公司，并任董事长，立志要为母亲河"洗身子"。

在竟成环保的发展过程中，胡如意曾经的上司——越南裔英国人李宋博士功不可没。2012年，当胡如意决心回国的时候，李宋提前退休，并在2014年全职进入竟成环保担任技术总监，帮助他最得意的学生一起创业。在李宋心里，这个聪明、努力、求知欲强、积极上进的青年，让他看到了年轻时的自己，而且在温州，他还能找到自己专业的新价值。

历经两年的草创期，竟成环保顺利实现扭亏为盈。进入发展期的竟成环保，每一步都走得更踏实，且方向更明确。目前，竟成环保已承担起温州市各县（市、区）总计50多条的河道治理，逐步成长为温州市治水领域重点企业。

打造环保聚才企业

胡如意认为，在创业的过程中，最大的阻滞在人才。人才之困，对于一家科技型企业来说无疑是划船没有桨。因此，成立伊始，竟成环保就先后从英国、德国、加拿大引进了具有国际水平的技术和管理人才，搭建了一个有影响力和凝聚力的高端平台。目前已有全职技术人员96名，其中，"千人计划"专家两名，院士一名，教授和高级工程师10名。公司50%的核心成员拥有海外留学背景、硕士及以上学历多年的行业经验、多项PCT和国家授权专利。

人才工作，多管齐下。2015年，竟成环保与水处理膜技术专家、中国工程院院士高从堦及其浙江工业大学团队强强联手，成立竟成院士专家工作站。研发团队以"五水共治"战略为指导方针，积极开展好氧颗粒化污泥和MBR处理工艺耦合技术的开发研究，并用于有机废水的无害化处理。为确保院士专家工作站研发项目的顺利进行，双方确定，在院士专家工作站的基础上申请成立竟成博士后工作站，由浙江工业大学选派博士后入驻。

在人才领域，除了自主招聘外，竟成环保也开始与国内外院所、科研机构合作。2016年6月16日，竟成环保与美国巴斯特能源有限公司正式签订合作协议，准备就水体修复及相关技术开发、清洁能源利用系统技术开发、空蚀技术在地表水和工业污水中的应用等领域开展合作。

浙江宝晟胡萍：
新材料助力新速度——铁路轮轨界面固体润滑材料的研制及应用

* 该企业获 2015 年中国创新创业大赛新材料行业优秀奖

　　胡萍，武汉理工大学教授，从事高分子材料及精细化工的教学科研工作，浙江宝晟铁路新材料科技有限公司创始人之一，目前担任公司技术总监。

　　基于铁路建设行业的迅猛发展及高速化、重载化的趋势，胡萍针对轮轨高磨耗的实际现状，从延长轮轨使用寿命和节能环保的目标出发，寻找铁路轮轨摩擦的内在科学规律，并带领科研团队融合高分子材料、润滑领域的专业理论，提出了一种全新的摩擦学概念，攻破了多项技术难关，研制出一种新型润滑材料。近几年来，她带领的科研团队先后获得了 3 项发明专利、11 项实用新型专利和 1 项外观专利。

一组数据背后的故事

　　近年来，随着我国铁路运输的迅猛发展，列车轴重、运行密度不断向上攀升，小半径曲线区段轮轨磨损问题也日趋严重，运行时间和维护时间的矛盾发生严重冲突。据不完全统计，我国铁路有 20%—30% 的线路区段钢轨磨损严重，超过国外磨损的平均水平，特别是小半径区段，出现了新铺设 4 个月的线路钢轨，就因侧向磨损严重而不得不进行更换。与此同时，钢轨磨损带来铁路机车车轮的磨损报废数量日趋上升，每年高达

13万吨，在磨耗严重的线路区段，平均每3个月就需要对机车车轮璇修一次。

胡萍深刻意识到我国铁路轮轨润滑技术存在的不足，造成大量资源浪费和运能效率降低。材料科学专业的她，既是本职工作使然，也是使命所驱，满怀一腔激情和信心毅然决然地投入了研发工作中。从参考国外先进的固体润滑技术，查阅相关论文、成果及专利，到收集国内外同类产品的样品，从无到有，身体力行，她和团队成员不断进取，突破材料上、技术上和工艺上的一系列科研瓶颈。功夫不负有心人，心血的结晶最终开花结果！2011年，胡萍走出一条产学研结合及创新创业之路，通过与浙江宝晟铁路新材料科技有限公司的合作，研制出了第一代机车轮缘减磨复合型固体润滑棒。其环保、节能、高效的技术特点，在北京、襄阳、安康机务段试用后，获得了用户的一致好评。

力求完美的务实者，孜孜不倦求创新

在胡萍的带领下，公司开展了新一轮的升级创新科研活动，利用第一代轮轨固体润滑材料综合油脂和固体润滑的优势，模拟人体汗腺仿生原理研制而成第二代润滑材料产品。经配套涂覆装置在轮轨界面形成润滑转移膜，在轮轨摩擦热和应力作用下，润滑膜基体微孔中的油珠沿其通道不断"出汗"扩散（渗排）至摩擦表面，从而达到降低轮轨磨损，减少燃料、能量消耗，降低噪声，环保的自补偿性能等效果目标。

目前，公司在不断对铁路轮轨摩擦机理深入研究及润滑材料性能优化的基础上，从机车轮缘、钢轨轨侧润滑产品拓展到车轮踏面、钢轨轨顶面的全面摩擦控制的系列化，正在积极研制新产品。胡萍带领的科研团队正引领着宝晟铁路，以更加灵活的姿态适应国内高速、重载铁路和轨道交通迅猛建设发展的需要，勇做铁路润滑的急先锋、领头羊。做中国铁路腾飞的护航者是胡萍和宝晟铁路的共同心愿！

二马环境科技冯伟栋：
"用工匠精神，让产品说话"——专业空气净化方案运营商

冯伟栋，"70 后"浙商，浙江中德实业创始人及首席执行官，现任浙江二马环境科技有限公司董事长、总裁。公司携手浙江大学展开无缝对接与合作，共同研发的 1D-CATA 分解净化技术，颠覆了市场上普遍应用的过滤吸附传统净化技术，开启了室内空气净化技术新纪元。

用工匠精神，让产品说话

二马科技致力于"用工匠精神，让产品说话"的产品理念，以精益求精的要求推动产品更新。

公司创始人冯伟栋先后接受了 CCTV-2、CCTV 发现之旅、浙江卫视、凤凰网、《光明日报》《中国环境报》等媒体的专访和报道，在国内已有很强影响力。公司累计获得国家发明专利 8 项、实用新型等专利 10 余项。

浙江二马环境科技有限公司成立于 2015 年 1 月 20 日。2015 年度，公司处于产品研发阶段，2016 年初实现移动台式净化器小批量上市。

2015 年 12 月，冯伟栋被授予"2015 年室内车内环保行业先进个人"称号。2016 年

1月，成为全国"两会"专用空气净化器品牌和人民大会堂使用品牌。6月初，二马科技携手北京佑丰资本、京东东家投融，进行了股权众筹融资，10分钟内融资额便达到了3800万元，提前20天关闭融资通道，最后融资额度为4510万元。

为洁净空气补充"营养"

前沿的研发团队，成熟的经营管理理念，先进的"制造业＋互联网"思维模式，将助力二马科技成为技术领先、服务领先、市场领先的专业空气净化方案运营商，促进二马科技成为具有核心竞争力的浙江品牌。

二马车载空气净化器的与众不同在于它的核心技术和性能：与浙江大学共同发明的1D-CATA纳米核心6重净化技术，除了常规的去除PM2.5，更重要的是能把车内的甲醛、甲苯等化学有机物快速高效地分解为二氧化碳和水。在除尘、杀菌、去除挥发性有机化合物（TVOC）的同时，该产品设置有负离子发生器装置，可以及时为洁净空气补充"营养"。目前市面上的产品大多都没有此功能。另外，它含有智能监控数显底座，让车主能够实时感受到空气质量的改善。

浙江正洁任松洁：
"用服务创变环保未来"——做水处理的
第三方运营商

* 该企业获 2016 年中国创新创业大赛浙
江赛区新能源及节能环保行业二等奖

任松洁，浙江工业大学环境工程专业硕士，浙江正洁环境有限公司创始人之一，目前担任公司总经理。

2012 年下半年，任松洁与几位志同道合的朋友一起成立了正洁环保科技有限公司，公司名称取自"知以正其身，技以洁万物"。2015 年，公司实现了赢利、扩张，业务范围从污水处理延伸到环境监测和生态环境治理，被评为杭州市高新技术企业、雏鹰计划企业、国家高新技术企业。2015 年底，公司更名为浙江正洁环境科技有限公司。

环保梦＝正洁梦

正洁环境立足于提供工业污水工艺设计、设备集成与智慧水务运管体系研发等一体化专业服务，是一家以环境保护高新技术研发和行业应用、智慧水处理服务为核心的国家高新企业。作为团队的核心创始人，任松洁以一颗火热的心投身到誓言终生追求的环境治理事业。从项目一线示范指导到实验室深层研究，从市场拓展到技术攻关，从公司战略方向把控到日常事务管理，正洁环境的办公室总有一盏灯工作到深夜。

创业路上夹杂着苦与乐，环保事业更是牵动着亿万人的心。小时候嬉戏玩耍的清澈河塘，长大后竟变得浑臭无比，这一切深深刺痛着任松洁的心。他以改善人居生存环境为己任，面对其他热门专业的橄榄枝，毅然选择了就业环境艰苦的环境工程专业。凭借丰富的项目开发、管理经验，任松洁认识到环保产业不能仅仅停留在环保工程和环保设备批发零售的层面上，环保公司应该从传统的模式朝着提供解决方案的综合服务商转型，衔接销售、工程和技术开发，做到全线的运营维护服务，进一步向全生态链式的服务体系转变。

带着对环保工作模式的新理解，任松洁放弃优厚的待遇、稳定的工作，选择从新做起。从初出茅庐，到锐不可当，他怀着笃定的信念铺建着环保全产业链服务的正洁环境新体系，怀着满满的信心进入了环保事业的新天地。当国家大力推进第三方运维服务，正洁环境已经成功抢占了市场先机。任松洁用自己超乎常人的努力和不懈践行着一位环境治理工作者的创业路。以公司为重，以公司为家，甚至在儿子出生的时候，他还为工作奔波在千里之外。

全生态服务帮助企业"从绿到金"

正洁环境始终认为环保企业的使命在于提供全生态链的服务，通过系统化技术的实施和管理解决环境问题，提升客户的市场战略地位。创业短短几年后，正洁环境年销售额已过亿元，和康师傅、娃哈哈等世界级食品企业建立了合作关系，奠定了正洁环境在中国食品行业水处理运营地位，成为一家知名的环保企业。

正洁环境采用全生态链水处理技术与资源再生集成工艺，其关键技术来自自主研发和合作研发，其中合作研发是以"产学研"形式与浙江大学、浙江工业大学等研究院校共同完成的研究。以食品、电镀行业废水和实验室废水处理工艺为主要内容，以自有运营项目为主要输出对象，通过提高水处理稳定性和降低运营成本，使正洁环境特色的水处理第三方运维服务更具市场竞争力。目前，公司已经申请了 11 项发明专利、11 项实用新型专利和 11 项软件著作权，其中，已经授权的发明专利和实用新型专利共 9 项。

正洁环境近两年的技术转化成果包括 17 种特种水处理药剂和 5 种成套水处理特种设备，其中，实验室废水处理成套装置、畜禽养殖废水成套装置和污泥干燥器已经得到了很好的市场应用。

浙江和仁科技杨一兵:
科技服务健康——数字化医院整体解决方案

> * 该企业获 2013 年中国创新创业大赛
> 浙江赛区电子信息行业成长二等奖

　　杨一兵,浙江大学工业自动化专业博士,浙江和仁科技股份有限公司创始人,目前担任公司董事长兼总经理。2016 年 10 月 18 日,和仁科技在深交所创业板上市交易。和仁科技作为浙江省"智慧医疗"操作系统软件技术创新综合试点首批试点企业和浙江省高新技术企业研究开发中心,承担了浙江省重大科技专项和杭州市重大科技创新项目等研发项目。公司获得了 1 项授权发明专利、1 项实用新型专利、3 项外观设计专利及 112 项计算机软件著作权。

国内医疗信息化探路者

　　杨一兵早年接触到日本的医疗软件研发,了解到当时日本医疗的信息化程度远远领先于中国。同时,随着国内医改的推进和国内巨大的医疗市场信息化改造,杨一兵看到了国内医疗信息化行业的前景。最初,杨一兵及其创始团队通过与国内医学院、医疗机构接触,并结合对国际市场的研究,着手中国数字化医院建设体系的系统性论证。在论证方案初步成形后,杨一兵组织研发人员开始了软件雏形的开发,并于 2010 年 10 月在杭州成立浙江和仁科技有限公司,后更名为浙江和仁科技股份有限公司。

　　经过 6 年的快速发展,和仁科技构建了数字医疗全体系知识产权,依托自有核心产品，向医院、政府、个人提供智慧医院、智慧区域卫生及健康服务等解决方案和整体服务，取得了业界瞩目的成绩，是中国领先的智慧医疗和健康服务提供商。

和仁科技拥有国内一流的医疗物联网研发基地和"301"实践基地。业务涵盖医疗机构临床医疗管理信息系统及数字化场景应用系统的数字化医院整体解决方案，能够解决目前大型医疗机构普遍面临的临床医疗信息孤立储存的问题，能系统全面地满足大型医疗机构信息应用需求，实现单一临床医疗信息应用无法达到的应用水平，为医疗机构日常管理与医疗卫生行政管理机构决策提供科学依据。产品和服务在国内一流的大型医疗机构使用，并不断吸收客户需求进行持续优化，确保了技术创新和成果的领先性。

目前，和仁科技在业界屡获殊荣。和仁电子病历软件荣膺 2012 年度中国医疗信息化最佳产品奖，和仁高端结构化电子病历软件 V1.0 获 2015 年度中国金软件金服务医疗信息化领域最佳产品，以临床为核心的数字化医院建设方案获评 2015 年度浙江最佳行业应用解决方案。公司被评为 2012 年度中国医疗信息化最具影响力企业、2012 年中国医药卫生信息技术（首选品牌）金鼎奖、2012 年杭州市"雏鹰杯"最具成长潜力企业、2013 年度医疗行业十大信息技术服务龙头企业奖、2014 年浙江最佳创新软件企业、解放军总医院门诊大楼一期工程优秀参建单位、中国信息技术服务产业 2014—2015 年度医疗业信息技术服务示范企业。

和仁科技为客户提供集"数字医疗＋智能场景化＋云医院／区域卫生"于一体的智慧医院规划、建设和服务，发展了一批以解放军总医院、湘雅医疗集团、同济医院、天津一中心医院、浙医二院、广东省第二医院等国内知名医院为代表的标杆客户，积累了全国 300 余个用户单位，推动了全国医疗卫生信息化建设的发展。同时作为解放军总后卫生部共建单位，和仁科技参加了新一代医院信息系统的研发，是全军顶尖医疗专家与医院管理专家的倾力之作，必将引领国内行业未来 10 年发展方向。

下篇

创新创业的浙江现象

CHUANGXIN CHAUNGYE DE

ZHEJIANG XIANXIANG

浙江，创新创业的热土

在创新引擎的推动下，浙江新经济、新业态蓬勃发展，新动能、新空间加速形成。虚拟与实体经济融合发展，产业结构持续优化，服务业占 GDP 比重超过 50%。创新还引领了浙江的信息、健康、环保、旅游、时尚、金融、高端装备制造、文化八大万亿产业的发展。

创新不是浙商的专利，创业创新在浙江已是全民行动。如今，在浙江已形成了以高校系、阿里系、海归系、浙商系为代表的创业创新"新四军"。随着浙江创新创业国际化程度的不断提高，浙江省科技厅厅长周国辉笑称，将来"新四军"或要增加"洋人系"。除了全民创业浪潮的不断涌现，浙江还着力推进一批"众创空间"的培育。

目前，浙江全省众创空间已达 200 多个，杭州众创空间占到 115 个，宁波有 52 个，两座城市众创空间占比超过了 70%，形成了双引擎结构，带动全省各地双创发展，形成了良好的氛围。其中，作为省会城市的杭州市，无论是众创空间、创业公司，还是投资机构都较为密集。

"上有天堂，下有苏杭。"现如今杭州不但是旅游者的天堂，也是创业创新的天堂。这里传承了敢为人先、勇立潮头的创业创新精神，孕育了阿里巴巴等享誉世界的知名企业，打造了引领产业发展的特色小镇，集聚了国内外心怀梦想的创客，众多改革试点落地，形成了如今火热的创业创新氛围。

截至目前，杭州市 100 多家众创空间，35 家纳入国家孵化器管理体系，省级备案 42 家，市级认定 75 家，累计入驻团队（项目）达 1430 个。

浙江是资源小省，人口占全国 1/30，经济总量位列全国第四。在这样一个历史积淀丰厚、经济活力充沛的省份，创新创业是永恒的主题。阿里系、浙商系、学院系、海归系构成的"新四军"成为浙江创新创业的主体团队，100 个特色小镇为创业者提供了好的平台和创新的生态系统。

"浙江'双剑'兴盛有两个原因：一是首先政府要足够开放，支持新产业和新经济的发展；二是政府、企业、高校多方位结合，培养专业人才。杭州未来的发展潜力非常大，这里不仅有传统浙商，还有阿里巴巴这样的互联网巨头，可以带领周边经济的发展。"一位业内人士如此认为，这种先发优势和局面具有"马太效应"。

近年来，浙江大力推进"万企创新"，重点建设了一批新平台、突破了一批新技术、开发了一批新产品、推广了一批新模式、应用了一批新管理，引导企业进行了全方位的创新。2016年以来，浙江省积极开展"万企升级、千企攀高、百企创强"行动，在新一代网络信息、高端装备制造等领域，组织实施企业主导的省重点研发计划213项。围绕新材料、大数据、3D打印等领域，新建重点企业研究院43家。目前，累计下拨扶持资金15.1亿元，撬动企业科技投入90多亿元。设立20亿元的科技成果转化引导基金，首期已投入3亿元。据了解，2016年1—11月，全省高新技术产业增加值4759.5亿元，增长9.7%，对规上工业增长的贡献率达57.4%。

首先，充分发挥市场决定性作用是浙江"双创"火热的根本原因。作为中国最为市场化的省份，浙江在创新方面始终坚持市场化机制，充分发挥市场对配置科技创新资源的决定性作用，打造产学研创新利益共同体，推动创新链、产业链、资金链精准对接，让创新要素跟着市场走、跟着企业走，最终形成创新合力。用市场机制将人才、企业、资本、科研院所等创新资源连接起来、协同创新，形成创新源泉充分涌流、创新活力竞相迸发的良好局面。

其次，加大创新供给是浙江"双创"如此火热的关键。对政府来说，重在通过政府层面的制度创新、政策创新和工作创新去推动市场和企业层面的科技创新、管理创新和商业模式创新。早在2013年，浙江出台《关于全面实施创新驱动发展战略加快建设创新型省份的决定》，将全面实施创新驱动发展战略作为浙江发展的核心战略，有力推动了经济增长动力的根本性转换。近年来，浙江大刀阔斧地推行以"四张清单一张网"为重点的政府自身改革，进一步降低市场准入门槛和创业门槛，有效激发了更多人投身创新创业。据悉，浙江今后将继续深化简政放权、放管结合、优化服务改革，建立健全"四张清单"动态调整机制，用政府权力的"减法"换取创新创业的"乘法"。

第三，平台建设是浙江"双创"如此之火的有效支撑。筑好黄金台，引得凤凰来。浙江积极打造"双创"空间，加快科技城建设。目前，浙江有未来科技城、青山湖科技城、嘉兴科技城、宁波新材料科技城、舟山新区科技城五家科技城。同时，浙江是全国唯一的信息化和工业化深度融合国家示范区，信息化发展水平居全国第三位。浙江的网民规模达3458万人，占全国网民总数的5.33%，注册网站24万余家，互联网普及率超过60%，全国百强行业网站注册地在浙江的就占了40%。

第四，喷涌的创新人才是浙江"双创"如此火热的第一资源。创新性人才是创新企

业的核心要素。创新的主体是企业，创新的关键在人。打造创新强省、活力之省，要突出企业的创新主体地位，实施人才优先发展战略。近年来，浙江以海纳百川的胸襟用人才，以当好"店小二"的服务精神留人才，让浙江群贤毕至，人尽其才。

同时，浙商是浙江创新发展最为倚重的力量，民营经济是浙江创新发展的活力之源。在浙江，和改革开放同步成长的老一辈浙商老骥伏枥，志在千里。同时，更有一支创新创业的"新四军"崭露头角：以浙江大学为代表的高校系；从阿里巴巴出来创业的阿里系；以"千人计划"人才为代表的海归系；以及"创二代"、新生代为代表的新浙商系。一支以创新为主要特征的企业家队伍正在形成，他们就是浙江的创新活力细胞。

最后，雄厚的民间社会资本是浙江"双创"风生水起的基础。浙江民营资本实力雄厚，市场机制灵活，在创新创业过程中，形成资本跟着人才走、资本跟着项目走的良性互动局面。

同时，通过当地互联网巨头企业的示范和带动，进一步加剧了资本集聚和人才集聚，更加强化了创业创新的火爆。

"火炬杯"创新创业大赛，浙江"双创"的名片

创业大赛和众创空间作为"大众创业，万众创新"的重要组成部分，正在全国各地迅速发展。创业者获得了大量展现自身优势的机会，结果也出现部分创新项目把各种创业大赛当免费路演的情况，参与诸多赛事却没有在提高创新项目质量上得到帮助。对创业大赛来说，不能仅在赛事期间推出几个明星项目，更重要的是培养更多具备生命力的企业和更多成功的企业家。

中国创新创业大赛受科技部、教育部、财政部和全国工商联指导，得到共青团中央、致公党中央、国家外国专家局、中国石油和招商银行支持，由科技部火炬高技术产业开发中心、科技部科技型中小企业技术创新基金管理中心、科技日报社和陕西省现代科技创业基金会承办。

作为国内最高规格的创新创业赛事，大赛采用"政府引导、公益支持、市场运作"的模式，旨在进一步提高我国创新创业水平，紧密加强科技和金融的结合，创新科技项目评价方式，大力弘扬创新创业文化，营造良好的创新创业氛围。

同时，大赛统筹发挥政府引导作用和市场在资源配置中的决定性作用，集聚社会力量，整合各种资源，搭建服务平台，为参赛企业提供创业辅导、创业投资、银行授信、股改上市培训等支持，促进科技型中小企业创新发展。

中国创新创业大赛作为国内规模最大、规格最高的"双创"赛事，在关注创业项目在大赛上表现的同时，正不断延伸服务，长期、深入地支持创新项目在赛事后的发展，不仅为创新企业和团队在大赛期间提供展示机会，还会通过其创新服务平台的投融资服务、创业诊断、行业交流、品牌推广等创业服务，对优秀创业项目进行跟踪服务。参赛优秀企业和团队凭借硬实力获得的成绩，也成为打动当地政府和帮扶机构的"敲门砖"，进而进入企业发展的"快车道"。

浙江省自2013年作为独立赛区承办中国创新创业大赛以来，始终坚持"政府引导、公益支持、市场机制"的理念，以"寻找浙江创业英雄"为主题，在科技部的支持下，各地政府、科技管理部门、高新区等积极配合，创投、银行、媒体、上市公司等社会各界的广泛参与，取得显著成效。

2013—2016 年四届大赛，全省参赛企业已达 4000 多家，共促成创业投资 40 多亿元，银行贷款 50 多亿元。从中央到地方的几十家媒体参与报道，树立了大众创业、万众创新的良好氛围，为参赛企业和团队提供了广阔的展示舞台。

浙江赛区的比赛得到参赛企业、投融资机构、科技部火炬中心及省科技厅领导的高度评价，从大赛参与各方以及社会的反映来看，是迄今为止我省同类赛事中项目水平最高、规模最大、影响最广的全省性赛事。正如浙江省科技厅厅长周国辉接受省电视台采访时的评价："大赛高手林立，激情潮涌，成果丰硕，前景看好。"

2016 年第五届中国创新创业大赛（浙江赛区）暨第三届届浙江省"火炬杯"创新创业大赛由浙江省科学技术厅、科技部火炬高技术产业开发中心联合主办，由浙江火炬生产力促进中心、浙江省科技企业孵化器协会具体承办，大赛秘书处设在浙江火炬生产力促进中心。

2016 年第五届中国创新创业大赛于当年 4 月启动，11 月结束，历时 7 个月。全国35 个赛区 34341 家企业和团队报名参赛，经过各赛区层层选拔，激烈角逐。我省 1505家企业报名参赛，比 2015 年增长 30%；团队报名 222 家，同比增长 73.4%，报名参赛企业数量居全国第五位。

在全国六大行业的总决赛中，我省企业取得了骄人成绩，杭州联众医疗科技股份有限公司、杭州瑞杰珑科技有限公司、杭州林东新能源科技股份有限公司摘得互联网与移动互联网、电子信息新能源与节能环保三大领域的桂冠。合计有 8 家企业获一、二、三等奖，占全国总决赛获奖企业数的 22%，获得的总奖项数量在全国各省、市（区）赛区中遥遥领先。

大赛支持创新扶持创业，自主创新是社会发展的澎湃动力，大赛不仅仅是比赛，更是汇集创新创业资源并提供对接的平台，为创新创业者成就梦想。大赛以实际行动帮助创业者实现创新创业梦想，激发全社会创业热情，共同塑造创新创业精神特质。

创新激发创业源泉

在中小企业聚集的浙江省，已有超过 300 家省级创新型试点示范企业，4000 家高新技术企业，其中国家创新型（试点）企业近 40 家，数量居全国前列。省创新型试点企业中有 80 余家上市公司。

浙江必须且能够加快实施创新驱动发展战略，这一点已经成为社会共识。多年来，浙江省致力于创新型省份建设，科技创新大军如钱江潮水般不断涌现。科技创新，正成为引领这轮全民创业潮的第一动力。

一项成果成就一家企业

在采访的一个多小时中，胡巧玲教授接了至少五六个电话，几乎全部是风投公司和银行打来的。她抱歉地说，这半个月以来，作为公司技术总监的她每天都格外忙碌。其中，几个风投公司的负责人甚至专程从北京、上海等地赶来，希望寻求合作的机会。他们不约而同看中的是一项新技术：仿鱼体表超亲水超润滑涂层技术。

胡巧玲是浙江大学生物医用大分子研究所副所长，与上海交通大学医学院秦安博士一起创办了集医用仿生医用高分子材料的研发与生产为一体的科技型企业——杭州妥爱沐生物科技有限公司。针对医用导管表面粗糙、容易并发感染等临床难题，公司自行设计与开发了一种仿鱼体表超亲水超润滑涂层技术。

"你看，这种导管现在是干的，摸上去非常涩，但浸入水中 3 秒钟，即刻可以产生润滑效果，在插管时可以大大减轻病人的痛苦。"胡巧玲教授拎起一根加工过的医用导尿管向记者演示。她将一根干涩的乳胶导管在矿泉水瓶中一浸，顿时乳胶导管像被施了魔法一样，导管通身变得十分滑溜，摸上去十分光滑，却没有黏液脱落。

据介绍，这种润滑涂层技术，可以广泛用于各种医用导管材料、医用手套、医用缝针等医疗器械的表界面，起到超亲水润滑的作用。2014 年 9 月 26 日，第三届中国创业创新大赛生物医药组总决赛中，杭州妥爱沐生物科技公司以企业组总分第二名的优异成绩捧回全国二等奖奖杯。刚走下领奖台，总经理秦安就被十几家风投公司团团围住。

提高科技创新能力，逐步增强科技创新的驱动作用，离不开各项鼓励支持政策的实施。浙江省安排 3 亿元科技型中小企业扶持专项资金，通过设立种子资金、引导基金等多种方式支持企业创新，提供面向科技企业的金融服务和产品，改善企业融资环境。预计到 2017 年，将实现科技型中小企业数量倍增。

一次发现带来一片市场

傍晚，周伟忙完手头的工作，匆匆扒了几口盒饭后赶往机场，这一站是前往北京与出版社洽谈合作。这位自称每天"打了鸡血似的"1988 年生的小伙子，2013 年才从浙江大学毕业，如今已是杭州优卓科技有限公司的总经理。

2010 年，周伟还在复习考研期间，就萌生了编写考研教材的想法，希望通过分享自己的考研笔记，帮助更多的考生实现自己的考研梦想。这一想法和另外两个同学不谋而合，短短 5 个月时间，3 个人不分昼夜地编写了一套计算机考研书。因为根本没有出版社愿意付印，他们只能自己复印后在淘宝网上进行销售。让他们没有想到的是，一年内，这一套考研书在淘宝网上的销量超过 5000 套，利润竟然有 100 多万元！

"科技才能改变教育。在互联网时代，传统的基础服务终将被淘汰，只有通过吸引流量，从而提供增值服务才是大势所趋。"2014 年年初，已经和团队一口气编写了 100 多本考研系列丛书和几款程序教学软件后，周伟开始四处招揽技术精英，打造他的基于大数据分析的移动端智能学习软件——口袋题库。按照设想，这一软件的面市，将"重新定义学习的概念"，学生只要通过手机扫描题库上的二维码，就可以通过大数据分析，真正实现私人定制式的学习。

据介绍，自 2014 年 9 月公司从第三届中国创业创新大赛（浙江赛区）脱颖而出后，又陆续有十几家风投公司和数家出版社主动前来寻求合作。2014 年年底，他们还将进行新一轮融资。

一种模式引来一群金鸟

谁拥有高端人才，抢占了人才的先机，谁就能创造一个企业或是引领一个产业的发展，杭州高新技术产业发展的实践证明了这样的道理。

2010 年，已经 65 岁高龄的国家"千人计划"入选专家倪诗茂在位于杭州滨江的海创基地创办了思科涡旋科技（杭州）有限公司，项目总投资 3000 万元。据了解，该公司在美国的研发中心有 20 多年历史，由其团队自主研发的无油浮动涡旋压缩技术拥有多项原创性发明专利，使工业界对高效、可靠、高性价比和环保的洁净气体压缩技术的要求成为现实，并且至今占据世界无油涡旋压缩技术的最前沿地位。

在杭州高新区（滨江）海创基地优良的孵化环境下，思科涡旋实现了快速发展。2014 年 9 月，由公司历时 3 年开发研制的天然气汽车家庭用充气无油压缩机和高真空无油真空泵开始投入市场。目前，该公司成功进入医药、航空航天、燃料电池、光纤通信等诸多领域。

对于 4 年来的快速发展，倪诗茂庆幸当时选择了杭州这片创新创业的热土。作为一名留学回国人员，倪诗茂在公司初创期就享受到了该区针对留学人员创业的一系列孵化政策：办公场地房租补贴、创业项目资助资金、银行贷款利息补贴等。

在采访中，记者了解到，在杭州高新区（滨江），有这样一种孵化模式：政府负责搭平台，利用各类社会资源合作建设科技企业孵化器，实现"预孵化—孵化—加速—产业化"四位一体的"园中园"发展模式。

除了在项目评审阶段评审专家对项目进行创业辅导外，杭州高新区（滨江）在海创基地建立"5050 计划"加速器、海归人才基金创业园、海归创新工场，通过专业化、精细化的创业服务、科技咨询服务、投融资帮扶服务等，降低创业者的创业风险和创业成本，加大对海外高层次人才的培育孵化。目前，已经吸引多家由海外高层次人才领衔的公司入驻。

（白丽媛，《浙江日报》2014 年 10 月 29 日版）

创业创新成就浙江——浙江大力推动"大众创业万众创新"纪实

2015 年 4 月 30 日，第四届中国创新创业大赛（浙江赛区）暨第二届浙江省"火炬杯"创新创业大赛在杭州启动，正式拉开浙江省 2015 年创新创业大赛的帷幕。

在改革开放后的浙江，创业创新活动从来没有停止。无论是山区海岛，还是城市乡村；无论是老中青，还是工农学，创业创新的激情和活力无处无时不在。人们常说，在中国、在全世界，有人的地方就有浙江人。同样，在浙江，处处都有创业创新者。

大众创业、万众创新，是浙江经济发展和财富创造的决定性力量，是浙江始终走在前列的关键一招。浙江改革开放以来的发展史，就是在党的领导下，人民群众创业创新的奋斗史。没有人民群众的创业创新，就没有浙江繁荣发展的今天。

今天的浙江，平均每 13 个人中就有一个"老板"，平均每 43 个人中就有一家企业。尤其令人欣喜的是，以"90 后"年轻创业者、企业高管创业者、科技人员创业者、留学归国创业者为主的创业新军正在这片热土上尽情逐梦，酣畅圆梦。

大众创业、万众创新的春潮正滚滚而来。大众创业、万众创新成为浙江永恒常态。历届浙江省委坚持人民主体，尊重基层首创，鼓励和支持人民群众创业创新、共享成果。2006 年 2 月 5 日，时任中共浙江省委书记习近平在《浙江日报》发表了题为《与时俱进的浙江精神》的文章，强调："我们要坚持和发展'自强不息、坚韧不拔、勇于创新、讲求实效'的浙江精神，以此激励全省人民'干在实处、走在前列'。"这是对浙江精神的高度提炼，更是对今天的鞭策和对明天的引领。

回首 30 多年，浙江从一个资源贫乏的经济小省，发展成为走在全国前列的经济强省，从一个连温饱都亟待解决的穷省，发展成"民富、真富"的富裕省份，一条重要的成功经验就在于鼓励大众创业、万众创新。

进入新时期新阶段，省委深刻认识到，只有全面推进个人、企业和其他各类组织创业创新，营造大众创业、万众创新的局面，才能不断增强全省综合实力、国际竞争力、可持续发展能力，才能加快建设"两富""两美"的浙江。

省委、省政府不断推进浙江"双创"内在机制的完善和外部环境的优化,加快实现浙江"双创"优势的大蝶变。

2007年11月,浙江省委十二届二次会议审议通过《中共浙江省委关于认真贯彻党的十七大精神扎实推进创业富民创新强省的决定》,把浙江精神的核心归纳为"创业创新",强调"坚持把支持人民群众干事业、干成事业作为创业富民、创新强省的根本之举,大力推进全民创业和全面创新"。

2008年6月召开的省委工作会议,出台了《浙江省推动文化大发展大繁荣纲要(2008—2012)》,进一步提出,要坚持用以创业创新为核心的浙江精神凝聚力量、激发活力、鼓舞斗志。

2013年5月,省委十三届三次全会审议通过《关于全面实施创新驱动发展战略加快建设创新型省份的决定》,明确提出进一步形成有利于创新创业的体制机制。

2013年11月,省委十三届四次全会审议通过《中共浙江省委关于认真学习贯彻党的十八届三中全会精神全面深化改革再创体制机制新优势的决定》,提出要通过改革,"让一切劳动、知识、技术、管理、资本的活力竞相迸发,让一切创造社会财富的源泉充分涌流"。

浙江通过一系列政策制度安排,实实在在地释放出改革红利,在更广范围内激发和调动千万群众的创业创新积极性。

浙江按照人民创造财富、政府创造环境的分工协作机制,通过发挥人民大众的主体作用、政府部门的引领作用,营造起齐心协力、共创共富、共建共享的新环境。

2014年,浙江按照"法无授权不可为""法无禁止皆可为""法定职责必须为"的原则,在全国率先构建"四张清单一张网",坚持用政府权力的"减法"换取大众创业创新的"乘法"。

同时,完善建设法治浙江和平安浙江体制机制;强化"绿水青山就是金山银山"理念,加快建立生态文明制度,大力推进"三改一拆""五水共治"和治污治气、城市治堵、"浙商回归""四边三化""四换三名"、产业集聚区提升、市场主体升级、科技创新、主体功能区建设等。

浙江正是通过打造更有效率的政务生态系统、更有活力的产业生态系统、更有激情的创业生态系统和更有魅力的自然生态系统,为创业创新者营造更加适宜的"气候",提供更加肥沃的"土壤",集聚更多更优的"种子",让创业创新的激情竞相迸发,让一棵棵小树苗"茁壮生长",最终形成大众创业、万众创新的壮丽风景。

如果说过去浙江主要依靠改革催生和培育市场，那么现在还是要靠深化改革，真正打通大众创业、万众创新的"最后一公里"。

2015年初，省委决定在全省实施"小微企业三年成长计划"，加快把"大众创业、万众创新"打造成推动经济继续前行的"双引擎"之一。省委书记夏宝龙多次就小微企业发展工作听汇报、作批示，明确要求把"小微企业三年成长计划"作为转型升级组合拳的重要一招。省长李强提出要坚持"抓大活小"，充分激发中小企业特别是科技型企业创新活力。

2015年初，省政府出台"加快培育发展科技型小微企业"的文件。计划到2015年底，全省科技型小微企业达到2万家，到2017年底达到3万家。文件明确规定，在职科技人员额外领办或参与创办科技型小微企业，创业收入可归个人；收购国外研发机构的企业最高可获奖励500万元。

据了解，目前在全省工商部门登记的小型微型企业共有111万家，在册的个体工商户有287万家。在全省420万家市场主体中，小微企业和个体工商户占到98%以上。全省每万人的市场主体拥有量达到765户，远高于全国509户的平均数，位列全国首位。

特别是随着创业门槛的降低和创业环境的优化，大量高校毕业生加入创业群体，中青年逐渐成为创业创新的主力军。2014年，全省共新设企业22.7万家。其中，负责人年龄在40岁以下的有13.9万家，占新设企业总量的57.6%，同比增长51.4%。

各级各部门努力营造鼓励大胆探索、包容失败的宽松氛围，催生更加适应新时代潮流、新阶段竞争的优势力量。

杭州提出打造大众创业、万众创新的乐园。搭建创新孵化平台，建设一批创客空间、创业者加速器等创新型孵化器，构建一批面向人人的"众创空间"等创业服务平台，打造经济发展新引擎。

宁波已基本形成了包括市场准入、拓宽融资、服务平台、财政投入等方面的创业政策扶持体系，将创业扶持政策覆盖到大学毕业生、城镇就业困难人员、农村转移就业人员、新宁波人等城乡全部劳动力。

温州积极发展小微金融，小贷公司数量从金改前的26家发展到如今的45家，6年多累计发放贷款159466笔，共计1863亿元，其中，仅2014年就发放贷款28827笔共计407.9亿元，缓解了创业者的资金需求。

目前全省已有超过300家省级创新型试点示范企业，4000家高新技术企业，其中国家创新型（试点）企业40家，居全国前列。省创新型试点企业中有80余家上市公司。

在浙江，凡是想创业、能创业者皆可创业。

义乌市廿三里镇连坑村的丁志民，养过鸭子，摆过地摊，学过篾匠木匠手艺。在党委、政府鼓励自主创业的政策支持下，丁志民与兄弟一起创办了三鼎控股。如今三鼎控股集团有限公司已是一家跨领域、多元化、国际化的大型民营企业。

椒江区前所街道树桥头村农民李卫明是一位肢残人。10年前，他选择养殖长毛兔进行创业。在遇到困难时，当地政府部门出手相援，提供了包括资金在内的各种支持。目前李卫明养殖的长毛兔已发展到2万余只，并拥有了5个养兔场，成立了养兔专业合作社。2014年，合作社利润达600余万元。

今天的浙江，既有一批像鲁冠球这样的老将继续开创产业宏图，也有一大批像茅忠群这样的浙商接班人茁壮成长，更有像马云这样一大批在新兴产业领域策马驰骋的知识型、科技型新浙商。

2014年第三届中国创新创业大赛（浙江赛区）暨首届浙江省"火炬杯"创新创业大赛上，共有797家创新创业企业和团队参赛，决出浙江赛区30强获奖企业。在随后进行的全国总决赛上，浙江赛区企业大放光彩，一举夺得全国总决赛六大领域的11个奖项，并包揽了互联网与移动互联网、生物医药两大领域的一、二等奖。

互联网技术及软件业是新经济时代的产物。浙江人的创业特点与"平等开放、以用户为中心"的互联网思维不谋而合。

在互联网平台上，集聚起大批创业青年，诞生出大批具有很强竞争力和发展后劲的互联网公司。目前浙江有网站24万家，互联网普及率超过60%；有网店90多万家，占全国的14.7%；中国行业网站的百强，注册地在浙江的就占了40%。

大众创业、万众创新，汇聚闯荡市场的"满天星"。

车出杭州，一路向西，有座千年古镇仓前。昔日"大粮仓"已变身创业"种子仓"，一座"梦想小镇"在这里破壳而出，几乎囊括了互联网时代的所有热词：大学生创业、创客、互联网＋、众创空间、融资融智……预计3年内，小镇将集聚大学生创业者1万名，创业项目2000个，基金（管理）及相关机构300家，实际资产管理规模达到1000亿元，金融资产总额超过3000亿元。

目前，浙江除了6个国家级高新区与跨境电子商务实验区，各地的科技企业孵化器、创新园区如雨后春笋般涌现：创客小镇、私募基金小镇、互联网创业小镇、云计算产业小镇等创业社区、创业一条街，汇聚着各类人才和创业要素资源，形成一派大众创业万众创新的新经济、新生态、新产业。

杭州云栖小镇围绕云计算集聚产业发展，涵盖了游戏、APP 开发、互联网金融、数据挖掘等产业形态。小镇成立了全国首个云计算产业生态联盟，建设了超级孵化器，开设了云咖啡，还吸引了阿里云开发者大会永久落户小镇。他们的梦想是将云栖小镇打造成为世界创业创新的天堂，形成完整的云计算产业链。

专家认为，新常态下，浙江特色小镇将是新一轮产、城、人三者融合的重要平台，并将在大众创业、万众创新方面走出新路，给创业者提供更加肥沃的创业土壤。

众创空间是互联网时代创业服务机构和新型孵化器的代表，各地已涌现出以贝壳社、西湖创客汇等为代表的一批创客空间。

在杭州海创基地，名为贝壳社的创新工场里，蓝绿相间的地毯散发出青春气息，一张长木桌配 6 把椅子就是一家公司。贝壳社董事长姜慧霞说："我们为创业者提供 18 周的创业培训，再引荐给上百家专业投资机构，具有'珍珠'潜质的创业者将直接获得资金。"

大众创业、万众创新，既体现出浙江政策的激励作用，又演绎着"为自己打工"的传奇。其中，农民群体创业潮的涌动，更是成为一道亮丽风景。

国家统计局数据显示，浙江农民人均可支配收入已连续 30 年居于各省区首位，这背后与浙江农民创业意识强、创业能力高不无关系。浙江农村曾诞生了以李书福、鲁冠球为代表的数以万计的成功创业者，而如今，这里仍然是创业者的希望田野。

"现在采摘游是每年收入的大头。我的 105 亩种植地，2014 年接待的游客有 1 万多人，光门票就卖了 40 多万元。"每次向别人介绍自己创业之路时，建德人骆红群总是充满自豪。

几年前，骆红群还是一位普通种植户，通过在草莓上做文章，逐渐把自己的草莓基地发展为集休闲观光、生态农业、智慧农业为一体的综合产业园。2014 年，骆红群的"草莓事业"毛收入达 1700 多万元。

在他看来，自己的创业之所以成功，一个重要原因就是得益于在农民学院的学习充电。两年前，为适应新形势下农民创业就业需求，深入实施"千万农民素质提升工程"，浙江开始构建规范化、体系化的农民培训体系，在全国率先建立起省级农民大学、市级农民学院、县级农民学校的三级联动培训体系。与许多省份以就业为培训目的不同，浙江将农民创业作为重要组成部分，并更重视农业领域的创业培训。骆红群参加的是杭州农民学院。除少数学历教育外，农民在这里的培训均是免费，而培训机构的任务就是通过理念、技能、管理培训，培育新型职业农民创业、就业。位于浙江农林大学的浙江农民大学是中国最早依托高校和科研院所力量建设的省级农民大学之一。目前浙江 11 个市均已建立各自的农民学院和农民学校。

与骆红群的创业途径不同，一些农民把目光对准了网络。打开淘宝网上特色中国之遂昌馆的页面，充满"乡愁"的宣传语传递着别样的情愫，乡间的油菜花田是图案背景。而在所售产品中，农家烤薯、遂昌高山大米、乌溪江野鱼干、遂昌青糕等当地土特产琳琅满目。正如"遂昌馆"是淘宝第一个县级特色馆一样，农村电子商务正让遂昌变得与众不同。2014 年，遂昌电子商务销售额达 5.3 亿元，同比增长 76%；遂昌农民人均纯收入增速连续 7 年高于浙江平均水平。

浙江，这片诞生了阿里巴巴、网易等名企的沃土，目前已是中国新的电子商务之都。而在这里，电子商务在春暖花开的乡间已展现出了新的生命力。

这里有网店成交额数十亿元的中国第一淘宝村——义乌青岩刘村，也有温州西岙村——全村 200 多户中有 150 户开了淘宝店，还有衢州龙游以"一村一品"为特色的龙游电商模式……

2014 年，浙江农产品电商年销售额超过 200 亿元，同比增长一倍，继续领先全国其他省份。2015 年初，浙江进一步提出未来 5 年内要扶持农村电商创业 5 万人。

对于农民创业，有关专家表示，浙江发展美丽经济、农村电子商务、农民技能培训的经验都是值得借鉴与复制的，而浙江"合作经济"的思路与政府不断优化的服务，也是浙江农民创业走在全国前列的重要原因。

为推动更多农民创业，解决农民创业能力不足的问题，浙江大力构建合作创业机制，形成"能人创业再创业，带动广大农民广泛创业"的格局，而其主要思路便是转变创业方式，发展"合作经济"。

钱江潮涌、千帆齐发。浙江正是靠着千百万人的创业创新才有了今天的成就，浙江的明天也一定会在大众创业、万众创新中书写新的辉煌。

（吴坚，《今日浙江》2015 年第 9 期）

创业大赛——初创企业成功的"垫脚石"，叩响资本世界的"敲门砖"

在创新引擎的推动下，浙江新经济、新业态蓬勃发展。创新引领了浙江的信息、健康、环保、旅游、时尚、金融、高端装备制造七大万亿元产业的发展。

而如今创新已然不是浙商的专利，创业创新在浙江已是全民行动。而作为构筑创新创业氛围的重要载体之一——创业大赛的举办和实施也带来它的时代意义。

中国创新创业大赛作为国内规模最大、规格最高的"双创"赛事，在关注创业项目在大赛上表现的同时，正不断延伸服务，长期、深入地支持创新项目在赛事后的发展，不仅为创新企业和团队在大赛期间提供展示机会，还通过其创新服务平台的投融资服务、创业诊断、行业交流、品牌推广等创业服务，对优秀创业项目进行跟踪服务。

参赛优秀企业和团队凭借硬实力获得的成绩，也成为打动当地政府和帮扶机构的"敲门砖"，进而进入企业发展的"快车道"。

浙江省自 2013 年作为独立赛区承办中国创新创业大赛（浙江赛区）以来，始终坚持"政府引导、公益支持、市场机制"的理念，以"寻找浙江创业英雄"为主题，在科技部的支持下，各地政府、科技管理部门、高新区等积极配合，创投、银行、媒体、上市公司等社会各界的广泛参与，取得显著成效。

"大赛不仅仅是让选手在比赛过程中获得收获，更需要在各个环节都能有所得。"在第五届中国创新创业大赛浙江赛区上，不少人认为浙江"双创"已经实现了由小众到大众的普及。在这种形势下，政府主导举办赛事的目的已从单纯发掘项目，变成了借此为好项目提供交流平台，以及资本对接、信贷支持等方方面面的便利。

据了解，2016 年，第五届中国创新创业大赛于 4 月启动，11 月结束，历时 7 个月，全国 35 个赛区 34341 家企业和团队报名参赛，经过各赛区层层选拔，激烈角逐。我省 1505 家企业报名参赛，比 2015 年增长 30%；团队报名 222 家，同比增长 73.4%，报名参赛企业数量居全国前五位。

"利用行业沙龙、项目对接、展览展示、创业培训、股改辅导等方式，鼓励各类创业服务机构发挥各自作用，做好导师、培训、融资等专业深度的服务。"谈及中国创新创业大赛为何有如此巨大的吸引力，大赛相关负责人称，参赛选手能在后续获得投资机构、法务机构、金融机构、媒体、孵化器、培训组织等多方面的帮扶是最重要的原因。

据介绍，投融资服务是大赛的一大亮点，通过投融资平台化的服务，已有一大批优秀企业对接国内优质资本，在"资本寒冬"下，实现"强者永远自己造风口，投资者依旧慧眼识珠"。2017年的大赛，251名省内外知名投资机构风险投资人、上市公司高层管理人员、金融机构负责人和券商等组成的首席评委及专业评委，210家投融资机构的投资经理参与现场与参赛企业的对接。

"在浙江赛区2013—2016年四届大赛企业的回访统计中，共计107家企业已成功获得投资，总金额高达40.05亿元，银行贷款51.5亿元。"大赛组委会负责人表示，引入金融合作伙伴，可以为参赛者提供更多迫切需要的服务。

其中，第二届大赛全国总决赛企业组第一名的贝达药业股份有限公司，带着首个中国自主研发的非小细胞肺癌靶向用药凯美纳，于2016年11月7日上市，登陆深交所创业板，被誉为"抗癌药物第一股"。另外，27家获奖企业已经在筹备主板或创业板上市工作，已有13家获奖企业在新三板挂牌上市，另外还有35家企业正在筹备新三板上市工作。

大赛已成为参赛企业与投融资机构对接的有效平台。

"把每一场地方比赛都和当地产业结合，借用大赛这一平台带动当地服务机构的积极性；同时，也让地方政府有发现、培育本地优质项目的机会。"大赛期间，曾有一位参赛者很激动地向主办方表示，参赛完后的第一个客户和第一笔融资，都是大赛时的导师团介绍的。"这才是真正有意义的比赛。"他说。

"政府主导、公益支持、市场机制"相结合的方式，将能最大限度地为参赛创业者整合社会服务资源。在保证有针对性扶持的基础上，不损害这些中小企业在市场上的蓬勃活力。

（张吉，浙江在线，2017年1月10日）

大众创业万众创新 浙江经济迸发新活力

2015 年来，浙江的创业创新氛围越来越浓厚，中小企业大省和强省的内涵不断丰富，"以大众创业培育经济新动力、用万众创新撑起发展新未来"为特点的创新型创业和中小微企业新活力逐渐成为浙江经济发展新引擎。这正在不断印证经济学家约瑟夫·熊彼特在几十年前发现并提出的破坏性创造和创新推动经济增长的规律。

创业创新催生　新经济增长点

创业创新对浙江经济增长的贡献不断增大。2015 年上半年，浙江 GDP 增长 8.3%，其中，第二和第三产业分别增长 5.8% 和 11.4%。1—8 月，全省装备制造业、高新技术产业和战略性新兴产业增速分别为 6.2%、7.2% 和 7.0%，高新技术产业对规上工业增长的贡献率达到 58.4%。新产品产值同比增长 13.5%，新产品产值率为 30.0%，比去年同期提高了 3.5 个百分点。小微企业增长明显快于大、中型企业，前八个月小微企业增加值增长 5.1%，明显高于大、中型企业增加值的增长率 3.9% 和 2.9%。

创业创新不断催生浙江新的经济增长点，这些新增长点围绕一些大的平台迸发，并以为数众多的、创新活跃的中小微企业为主体。这些大平台既包括各类基于物理空间的形态，例如传统的产业集群、专业市场、高新园区、产业园区和新兴的"特色小镇"等；也包括各类基于互联网和信息空间的新形态，例如阿里巴巴网络交易平台、新涌现的创客空间等。近期以来，新产业、新技术、新商业模式、新业态不断涌现和发展，拓展了新的市场空间。一是浙江的新兴产业不断产生和壮大。新一代信息产业、电子商务和大数据产业、智能装备制造、生物和现代医药、新能源、新材料等产业快速成长。二是浙江不断催生新的商业模式。以阿里系为代表的商业模式创新，例如淘宝、支付宝、蚂蚁金服等，和以"义乌购"为代表的跨境电子商务模式，打破了传统贸易和金融领域的固有格局，催生了"互联网＋"的新格局；快的打车、车蚂蚁、时空电动汽车、挂号网、喵街等一批新创企业，正在颠覆传统交通出行、医疗健康、生活消费的方式。服务业、中小微企业作用更加凸显。三是新业态不断涌现，除了基于大数据和云计算引发的新业态，互联网与传统产业融合的O2O模式、节能领域的合同能源管理模式等新业态也在被应用到经济社会发展。四是在国家"一带一路"等战略推动下，浙江中小企业积极拓展海外市场，特别是亚洲、非洲和拉美等广大新兴经济体的新市场。这些以中小微企业为主体的创新创业活动，推动了浙江经济的可持续发展。

创业创新提升了浙江中小微企业的发展情况，激发了浙江经济发展的内在活力。"中小微企业景气指数"是综合反映民营中小微企业经营者对企业经营状况及宏观经济环境的判断和预期而编制的一种指标。中国中小企业研究院编制的《2015年中国中小企业景气指数研究报告》显示，当前浙江的中小微企业景气指数排名全国前三，比去年显著上升。反映中小微企业家信心与总体景气度的比较景气指数位居全国第一位。在省委、省政府的领导下，浙江不断深化制度改革、统筹推进"四张清单一张网"制度，降低了创新门槛和创业成本，取得显著成效，创新市场活力迸发。高层次人才不断聚集，开始爆发出创业创新的人才红利。民间资本活力不断提升，2015年1—8月民间投资达到9810亿元，增长8.1%，占投资总额的59.9%。民间资本投资多数投资在中小微企业，特别是以创新型中小微企业为主体。

顶层设计和草根　创新同时抓

经济学家对于经济发展是选择市场主导的"无形之手"还是选择政府干预经济发展的"有形之手"的争辩从未停止，但新时期浙江经济增长和中小企业创新创业活力的实践表明：只有市场主导和政府干预这"两只手"同时抓，才能推动经济增长和激发中小微企业迸发持续的活力。

以市场为主导的"草根精神"顺应和引领时代新潮流，是近期浙江经济增长和中小微企业创业创新的根本动力。改革开放30多年以来，以传统"四千精神"为代表的浙江人创造了一个又一个新奇迹，这是典型的"草根精神"，具备启动快、门槛低、成本低等特征。但是这一类"生存型"创业创新活动有它的局限性，增长方式粗放、产业层次低、无序分散和小规模、对资源环境的消耗代价比较大。当前新形势下，浙江创业创新活动同样具备"草根精神"的特征，从个体、家庭，到社区和特色小镇，再到整个区域，全省各地涌现出欣欣向荣的创业创新新局面。同时，当前以中小微企业为主体的浙江创业创新精神具备"机会性"特征，已从生存被动向主动选择良好的发展模式转型。经过

30多年的开放、全球学习和内部积累，浙江新一代创业者同样具备"草根精神"和创新精神，但更具有全球视野、首创精神、知识密集型和环境友好型等特征。当前逐渐形成了从"富二代"向"创二代"的转型。以新生代为代表的浙商系、阿里系（迄今约有2.5万人从阿里巴巴离职出来新创企业）、以"千人计划"为代表的海归系，以浙江大学和浙江工业大学师生创业者为代表的高校系。这一批"机会型"创业者传承上一代的"草根精神"，同时身兼"新四千精神"，即：千方百计提升全球价值链位置、千方百计扩大全球市场、千方百计首创和自主创新、千方百计提升质量和改善管理。这为浙江经济可持续发展和企业长远发展奠定了良好的基础。

顶层设计、提前布局，发挥政府干预市场的积极作用，有效弥补完全由市场主导带来的负外部性、系统失灵问题，是浙江经济增长和创业创新活力迸发的根本保障。2015来，省委、省政府继续积极落实国家战略，顺应经济发展新常态，对接国家"大众创业、万众创新""中国制造2025""一带一路"和长江经济带建设等战略。政府部门不断加快打造创业创新生态系统，以制度供给之"鞋"对接新型草根创业创新之"脚"。把创业成本降得更低、创业氛围凝聚得更浓、创业资金对接得更充分、全球高端要素吸引得更多；深化体制机制创新，营造良好创新环境，从深层次保障了创业创新的可持续发展。一是省委、省政府围绕推进政府治理现代化，已经在省、市、县三级全面建成"四张清单一张网"，运行成效明显，给社会带来极大便利、特别是大幅度降低了创业创新的门槛。二是全省各级部门纷纷出台相关政策，如《公众创业创新服务行动方案》《推广应用创新券推动"大众创业万众创新"的若干意见》《关于发展众创空间促进创业创新的指导意见》等，推动科技人员和团队、民间资本、创业资本和科技成果相结合的创业。三是政府部门发挥"有形的手"积极作用，提升浙江区域优势和激发广大企业、特别是中小微企业的创造能力。近年来，各级政府部门不仅继续加大对教育、基础设施建设和居民医疗保健等公共事业的投资，而且重视高端专门生产要素的培育，例如引进海外高层次人才、培养具有创业精神的大学生、培养高级技工等人力资源战略，再如通过设立产业投资基金、创业投资引导基金、公共财政与社会资本"公私合营"、建设"基金小镇"等多种模式激活资本活力，打造"产业、城镇和人才"集聚的特色小镇，如创客小镇、梦想小镇、私募基金小镇、云栖小镇等，为浙江民间创业创新提供高端要素保障。四是营造良好的创业创新环境，让生产要素和浙江金融市场有序运营，强化安全与环境标准提升质量，并通过知识产权政策修订和专项行动，更加注重推进、激励和保护广大企业的自主创新。这些举措，符合全球先发达国家和区域提升竞争力的内在规律，也为浙江经济和中小企业持续繁荣奠定良好基础。

浙江创业创新　呈现新趋势

2014 年，浙江人均 GDP 为 73312 元，约 11934 美元，高于全国平均水平。其中，杭州、宁波和舟山人均 GDP 已经超过 15000 美元。按照世界银行的标准，浙江已经进入中高收入发展阶段，正在处于从要素驱动向创新驱动转型的临界点。根据发达国家和部分新兴经济体的发展经验，浙江未来的创业创新将可能呈现出新的发展趋势。

第一，浙江的创业创新发展将是未来经济发展的新常态。从全球发达经济体的经验看，创新驱动发展是一个必然趋势。浙江作为一个资源小省，借助当前已有的产业发展基础，未来必须走创新驱动发展模式，依靠科学技术创新、商业模式创新和体制机制创新，走集约、低碳和创新道路。不仅要培育新兴产业、促使信息化和工业化深度融合提升竞争力，更要顺应全球发展趋势，发展高端服务业、特别是与制造业相关的高端服务业。

第二，未来浙江的创业创新应以满足不断增强的需求导向为驱动力。当前浙江和中国的人均 GDP、城镇居民可支配收入水平和不断提升的消费能力，对商品和服务质量都提出了新的需求。面对全球自由贸易不断的涌现，浙江的商品和服务面临着愈加激烈全球性的竞争。唯有通过不断的科技创新、服务创新、质量提升、速度战略提高生产效率，浙江企业的创业创新才能在新一轮的全球竞争中胜出。这不仅要求中小微企业通过"互联网＋"提升商品和服务的传递速度和便利性，也要求广大中小企业提供质量更佳、性价比更高的最终产品和服务，而不是依靠传统的价格优势。

第三，从全球创业创新的组织模式看，基于某种类型的产品或服务平台基础上、能够提供批量生产且定制化产品或服务的中小微企业组织模式，即"范围经济"，将替代当前以规模取胜的大企业组织模式，即"规模经济"。这不仅是浙江企业生产或服务组织模式变化的规律，也是全球产业组织模式演化的趋势。小规模、体制灵活、分布式、多样化、便利性和高质量的新型中小微企业将在未来竞争中获胜。浙江当前的"大众创业、万众创新"正在培育一些产品平台及一大批基于平台的创新型中小微企业，这为浙江经济可持续发展和获取全球竞争力提供了良好的基础。

另外，全球范围内产业发展正呈现去规制化的特征，这要求政策制定部门和公共部门从传统的规制角色向去规制化转型。政府部门应顺应产业发展大趋势，通过深化体制

机制改革、构建新型开放体系、提供必要的公共服务以弥补市场失灵，为下一步浙江经济和中小微企业创业创新提供良好的制度保障。我们拭目以待，信心满满地看着浙江经济持续繁荣和中小微企业持续地散发活力。

（陈衍泰，《浙江日报》2015 年 11 月）

附录

浙江创新创业政策文件选编

ZHEJIANG CHUANGXIN CHUANGYE

ZHENGCE WENJIAN XUANBIAN

浙江省人民政府关于支持大众创业促进就业的意见

浙政发〔2015〕21号

各市、县（市、区）人民政府，省政府直属各单位：

为进一步激发大众创业活力，促进创业带动就业，根据《国务院关于进一步做好新形势下就业创业工作的意见》（国发〔2015〕23号）等精神，结合我省实际，现提出如下意见：

一、深入实施就业优先战略

（一）坚持扩大就业发展战略。把稳定和扩大就业作为经济运行合理区间的下限，加强财税、金融、产业、贸易等经济政策与就业政策的配套衔接，促进经济发展与扩大就业相协调。充分发挥政府投资项目在扩大就业方面的示范带动作用，建立公共投资和重大项目建设带动就业评估机制，同等条件下对创造就业岗位多、岗位质量好的项目优先安排。

（二）拓展新的就业领域。着力发展智力密集型、技术密集型等产业，提高劳动密集型产业附加值，进一步提高就业吸纳能力。大力发展信息经济、环保、健康、旅游、时尚、金融、高端装备制造七大产业，培育就业新的增长点，加快形成推进产业转型升级与促进就业的良性互动机制。

二、积极推进大众创业

（一）放宽市场准入。深化商事制度改革，推行注册资本认缴登记制。全面实行营业执照、组织机构代码证、税务登记证、社会保险登记证、统计登记证"五证合一"登记制度，实现"一表申请、一口受理、协同审批、一证五码"。在国家统一实施社会信用代码后，全面推行"一照一码"登记模式。继续放宽企业住所（经营场所）登记条件，推行"一照多址""一址多照"等举措。积极探索全程电子化登记，推行企业名称远程自助查重申报，简化冠名程序。

（二）实行减税降费。高校毕业生、登记失业人员等创办个体工商户、个人独资企业的，可依法享受税收减免政策。支持农民工返乡创业，落实定向减税和普遍性降费政策。

将企业吸纳就业税收优惠的人员范围由失业 1 年以上人员调整为失业半年以上人员。按照中关村国家自主创新示范区税收试点政策推广工作安排，积极落实职工教育经费税前扣除、企业转增股本分期缴纳个人所得税、股权奖励分期缴纳个人所得税等税收政策。

清理和规范涉企行政事业性收费、政府性基金、具有强制垄断性的经营服务性收费、行业协会商会涉企收费，落实涉企收费清单管理制度和创业负担举报反馈机制。按规定减免企业登记类、证照类、管理类等行政事业性收费。

（三）支持创业担保贷款发展。调整小额担保贷款为创业担保贷款。有创业要求、具备一定创业条件但缺乏创业资金的在校大学生、城乡劳动者创办个体工商户（含经认定的网络创业，下同）的，可申请不超过 30 万元的贷款；合伙经营或创办企业的，可适当提高贷款额度。

加大贷款贴息力度，对在校大学生和毕业 5 年以内高校毕业生、登记失业半年以上人员、就业困难人员、城镇复退军人、持证残疾人（以下统称"重点人群"）实行全额贴息，其他人员实行 50% 贴息，予以贴息的利率可在基础利率的基础上上浮 3 个百分点，贴息期限不超过 3 年。

简化贷款发放手续，健全呆坏账核销办法。贷款 10 万元以下、由创业担保基金提供担保的，免除个人担保。由创业担保基金提供担保的贷款被认定为不良的，贷款 10 万元以下的，由创业担保基金全额代偿；贷款超过 10 万元的，由创业担保基金代偿 80%。

探索创新贷款发放机制，金融机构通过互联网方式发放创业担保贷款，经人民银行、财政和人力社保部门认定，可同等享受相关政策。

（四）加大创业资金扶持力度。将创业补助和一次性创业社保补贴合并为一次性创业社保补贴，重点人群创办个体工商户或企业，正常经营并依法缴纳社会保险费 1 年以上的，给予不超过 5000 元的一次性创业社保补贴。重点人群创办个体工商户或企业带动 3 人就业，并依法缴纳社会保险费 1 年以上的，给予每年 2000 元的带动就业补贴；带动超过 3 人就业的，每增加 1 人再给予 1000 元补贴，每年总额不超过 2 万元，补贴期限不超过 3 年。重点人群租用经营场地创业的，有条件的地方可给予租金补贴。

（五）拓宽创业投融资渠道。运用财税政策，支持风险投资、创业投资、天使投资等发展。充分发挥省级政府产业基金杠杆作用，推动市县加快建立政府产业基金。鼓励各地设立创业投资引导基金，实行专业运营、滚动发展，主要用于扶持初创期、中早期、成长性较好的创业项目，重点支持高校毕业生创业。有条件的地方可采取创业投资引导基金入股的方式，与社会资本、金融资本共同建立众创投资基金或众创公益基金。

（六）加强创业教育培训。高校要将创业教育课程纳入学分管理，允许学生休学创业。探索建立创业学分积累与转换制度，将学生自主创业情况折算为学分。

各地要大力开展创业培训，培育一批创业培训示范基地，优化培训师资结构，开发各类有针对性的创业培训项目，着力提高培训质量。在校大学生和城乡劳动者在定点机构参加创业培训的，按规定享受培训补贴。

（七）支持农村电子商务创业。重点人群从事农村电子商务创业的，一次性创业社保补贴和带动就业补贴标准可上浮20%。对从事农产品网络销售、农民网络消费服务的电子商务企业招用毕业年度（毕业当年1月1日至12月31日）离校未就业高校毕业生，与其签订1年以上劳动合同并依法缴纳社会保险费的，按企业为其实际缴纳部分给予社保补贴（包括基本养老保险、基本医疗保险、失业保险，下同），期限不超过3年。

城乡劳动者在村级电子商务服务站服务1年以上并依法缴纳社会保险费的，经人力社保、财政部门认定，可享受一次性创业社保补贴，其中毕业年度离校未就业高校毕业生的补贴标准可提高到1万元。就业困难人员到村级电子商务服务站就业并依法缴纳社会保险费的，经人力社保、财政部门认定，可参照公益性岗位政策给予岗位补贴和社保补贴，不再享受一次性创业社保补贴。

（八）鼓励科研人员创业。高校、科研院所等事业单位专业技术人员离岗创业的，经原单位同意，可在3年内保留人事关系，与原单位其他在岗人员同等享有参加职称评聘、岗位等级晋升和社会保险等方面的权利。原单位应当根据专业技术人员创业的实际情况，与其签订或变更聘用合同，明确权利义务。

（九）加快创业平台建设。鼓励各地新建或利用闲置场地改造建设一批面向大学生、失业人员、返乡农民工、残疾人等人群的创业园，对创业园建设给予支持。创业园提供创业孵化服务的，可按实际孵化成功企业数给予补贴。

（十）营造创业氛围。支持各地通过举办创业创新大赛、创新成果和创业项目展示推介宣传等活动，进一步培育创业文化，激发创业热情，形成支持大众创业、宽容创业失败的良好氛围。深化国家级创业型城市创建，促进创业环境进一步优化。

上述创业扶持政策对象为2015年1月1日以后初次创业的人员和登记注册的企业、个体工商户、民办非企业单位等，申请享受扶持政策的期限为初次创业或登记注册3年内，政策另有规定的按其规定执行。

三、鼓励企业吸纳就业

（一）支持企业稳定就业岗位。生产经营困难企业可通过与职工进行集体协商，采取在岗培训、轮班工作、弹性工时、协商薪酬等办法不裁员或少裁员。确实需要裁员的，要妥善处理劳动关系和社会保险关系转移接续，促进失业人员尽快再就业。淘汰落后产能奖励资金和依据兼并重组政策规定支付给企业的土地补偿费要优先用于职工安置。

强化失业保险防失业功能，将失业保险基金支持企业稳定就业岗位政策实施范围由兼并重组企业、化解产能过剩企业、淘汰落后产能企业扩大到所有符合条件的企业。

（二）发挥小微企业就业主渠道作用。小微企业新招用毕业年度高校毕业生，签订1年以上劳动合同、依法缴纳社会保险费且工资收入低于当地上年度全社会单位在岗职工平均工资的，在劳动合同期限内给予个人每年不低于2000元的就业补贴，期限不超过3年。

小微企业新招用毕业2年以内的高校毕业生，签订1年以上劳动合同并依法缴纳社会保险费的，按企业为其实际缴纳部分给予社保补贴，期限为1年。企业新招用毕业年度高校毕业生，在6个月内开展岗前培训的，按规定给予企业培训补贴，其中小微企业培训补贴标准可上浮20%。

小微企业招用重点人群达到企业现有在职职工总数20%以上（超过100人的企业达到10%以上），与之签订1年以上劳动合同并依法缴纳社会保险费的，可按每人不超过20万元的标准发放创业担保贷款，贷款总额不超过300万元。其中对入驻科技孵化器的实行全额贴息，对其他企业实行50%贴息，贴息标准按基础利率执行，贴息期限不超过3年。

四、统筹做好各类群体就业

（一）促进高校毕业生就业。实施离校未就业高校毕业生就业促进计划，强化实名登记、政策扶持、跟踪服务等工作举措。回原籍应届困难家庭高校毕业生和就业困难高校毕业生进行失业登记的，可给予不超过6个月的临时生活补贴。将求职补贴调整为求职创业补贴，发放对象为低保家庭、孤儿、残疾人和获得国家助学贷款的毕业年度高校毕业生，标准为每人1500元。

加强就业见习管理，见习单位所提供见习岗位须为本单位岗位。对年度见习期满留用率达到50%以上的见习单位，适当提高见习补贴标准。高校毕业生见习期间参加职业

培训的，可享受培训补贴。

鼓励高校毕业生到基层工作。到中西部地区、艰苦边远地区基层单位和老工业基地县以下基层单位就业的高校毕业生，以及应征入伍服义务兵役的高校毕业生，按规定实行学费补偿和国家助学贷款代偿。

支持高校毕业生灵活就业。灵活就业是指在法定劳动年龄内的人员，除与用人单位建立全日制劳动关系、在公益性岗位上岗或领取工商营业证照以外，以非全日制、临时性、季节性和弹性工作等形式实现就业，并以个体劳动者身份缴纳社会保险费的就业形式。毕业年度离校未就业高校毕业生实现灵活就业，在公共就业人才服务机构办理实名登记并依法缴纳社会保险费的，给予不超过其实际缴纳社会保险费2/3的社保补贴，期限不超过3年。

（二）加强困难人员就业援助。进一步规范就业困难人员认定程序，实行实名制动态管理和分类帮扶。用人单位招用就业困难人员，签订劳动合同并依法缴纳社会保险费的，按规定给予社保补贴。就业困难人员实现灵活就业并依法缴纳社会保险费的，按规定给予社保补贴。

规范公益性岗位开发管理，科学设定岗位总量，制订岗位管理办法，探索委托社会力量参与岗位管理。就业困难人员在公益性岗位上岗的，给予社保补贴和岗位补贴，社保补贴和岗位补贴期限不超过3年，对初次核定享受补贴政策时距退休年龄不足5年的人员，可延长至退休。

加强对就业困难人员在岗情况的管理和工作考核，建立定期核查机制，完善就业困难人员享受扶持政策期满退出办法，并做好政策衔接和后续的就业服务工作。确保零就业家庭、最低生活保障家庭等困难家庭至少有1人就业。在核定最低生活保障家庭和最低生活保障边缘家庭收入时，其首次就业或自主创业1年内所取得的收入可不计入，1年以后扣减必要的就业成本后再行计入。

（三）推进农村劳动力转移就业。健全城乡劳动者平等就业制度和失业保险制度，完善职业培训、就业服务、劳动维权"三位一体"工作机制，逐步把农村劳动力纳入就业失业统计范围。鼓励职业院校、技工院校面向农村招收初高中毕业生，加快发展农村新成长劳动力职业教育。各地在制订征地补偿安置方案时，要明确促进被征地农民就业的具体措施。

（四）加大退役军人就业扶持。落实军转干部及随军家属就业税收政策，以及自主择业军转干部、自主就业退役士兵、随军家属就业扶持政策。对符合政府安排工作条件的退役军人，要确保岗位落实。全省公安和司法行政系统招录人民警察（司法助理员）学员和浙江警官职业学院招录省属监狱系统人民警察学员时，安排不少于10%的名额面向退役士兵招录。细化完善国有、国有控股和国有资本占主导地位企业按比例预留岗位择优招录的措施。退役士兵报考公务员、应聘事业单位职位的，在军队服现役经历视为基层工作经历，服现役年限计算为工作年限。

（五）促进残疾人就业。落实残疾人集中就业政策，依法推进残疾人按比例就业，建立用人单位按比例安排残疾人公示制度，党政机关、事业单位和国有企业应当带头安置残疾人。政府开发的公益性岗位，优先安排符合就业困难人员条件的残疾人。鼓励残疾人个体就业和自谋职业，大力扶持残疾人网上就业，推进残疾人辅助性（庇护性）就业。

五、强化就业创业服务

（一）加强服务体系建设。健全覆盖城乡的公共就业创业服务体系，加强基层公共就业创业服务平台建设，健全服务网络，完善服务功能。强化公共就业创业服务经费保障，将县级以上公共就业创业服务机构和县级以下（不含县级）基层公共就业创业服务平台经费纳入同级财政预算。

推进人力资源市场标准化建设，构建人力资源市场诚信体系。规范用人单位招工行为，严厉打击非法职业中介和虚假招聘。完善国有企业招聘应届高校毕业生信息公开制度，健全公开发布机制。规范发展人事代理、人才推荐、劳务派遣等人力资源服务业。

（二）提升就业创业服务能力。加强创业服务，实施创业引领计划，鼓励创业服务机构开展政策咨询、信息服务、项目开发、风险评估、开业指导、融资服务、跟踪扶持等"一条龙"服务，探索发布创业指数。加快建立创业项目库、创业导师库、创业培训师资库，对优秀创业项目各地可给予资助。对获得全省创业大赛优胜者，可给予一定的奖励。

将职业介绍补贴和扶持公共就业服务补助合并调整为就业创业服务补贴，健全政府向社会力量购买基本就业创业服务成果制度。

（三）加强职业培训。深入实施重点产业高技能人才职业培训工程，积极组织"金蓝领"及省内紧缺急需技能人才培训。加强失业人员就业技能培训，大力开展农村劳动力转移就业技能培训。加快开发全省职业培训及职业技能鉴定系统，着力提高职业培训的针对性和精准度。对城乡劳动者到定点机构参加职业培训，取得职业资格证书或专项职业能力证书的，按规定给予培训补贴。对企业开展职工岗位技能提升培训的，可根据培训人数和取得职业资格证书等情况给予一定补贴。对通过初次职业技能鉴定并取得职业

资格证书或专项职业能力证书的，按规定给予鉴定补贴。

（四）推进信息化建设。按照统一建设、业务协同、资源共享的原则，完善公共就业服务指标体系，实现就业数据全省实时联网，推进业务经办系统省级集中。加快建立全省统一的公共就业信息服务平台，切实为用人单位和求职者提供高效便捷的公共就业服务。推动实现部门间系统数据互联共享，建立数据管理分析机制，加强对业务经办和资金使用的双重监管，为政策制定提供数据支持。加快大数据、云计算、移动互联网等现代信息技术在公共就业服务领域的应用推广。

（五）强化就业失业调控。逐步将城镇新增就业、调查失业率作为宏观调控的重要指标，纳入国民经济和社会发展规划及年度计划。总结推广失业预警试点经验，研究制订应对失业风险的工作预案。

完善就业失业登记办法，将《就业失业登记证》调整为《就业创业证》。在法定劳动年龄内、有劳动能力和就业要求、处于无业状态的城镇常住人员，可以到常住地的公共就业服务机构进行失业登记。各地要为登记失业的各类人员提供均等化的政策咨询、职业指导、职业介绍、职业培训等公共就业服务和普惠性就业政策。

六、完善就业创业工作机制

（一）加强组织领导。各地要将就业创业工作纳入政绩考核，分解目标任务，责任落实到人。对在就业创业工作中取得显著成绩的单位和个人，按国家有关规定予以表彰奖励。因不履行促进就业职责，造成恶劣社会影响的，对当地人民政府有关负责人及具体负责人实行问责。

（二）加强沟通协调。健全就业创业工作联席会议协调机制，督促落实政策，协调解决问题。人力社保部门要牵头做好就业创业工作；财政部门要强化资金保障，完善就业创业资金管理办法；发展改革、统计、人力社保等部门要加强就业失业动态监测研判；人行杭州中心支行要会同有关部门制订创业担保贷款管理办法。工商、税务、教育、民政和残联等部门要将相关数据及时提供给人力社保部门，实现成员单位间的数据共享。其他部门要按职责做好就业创业相关工作。

（三）加强宣传引导。各地、各有关部门要深入宣传促进就业创业的政策措施和先进典型，引导劳动者树立正确的就业观和创业观，鼓励全社会积极参与就业创业，推动形成支持就业创业的良好氛围。

本意见的高校毕业生是指全日制普通高等学校专科以上毕业生。经学历认证的留学回国人员，技工院校的高级工班、预备技师班毕业生，特殊教育院校职业教育类毕业生以及取得高级工、技师、高级技师职业资格证书的技工院校毕业生同等享受高校毕业生就业创业扶持政策。

本意见的相关扶持政策，同一对象按照就高原则享受同类政策，不重复享受。

各地、各有关部门要严格按照本意见精神，抓紧制订具体实施办法，切实抓好贯彻落实。已有规定与本意见不一致的，按本意见执行。

浙江省人民政府

2015 年 7 月 21 日

浙江省科学技术厅　浙江省财政厅关于印发推广应用创新券　推动"大众创业、万众创新"的若干意见（试行）的通知

浙科发政〔2015〕20号

各市、县（市、区）科技局（委）、财政局，省级创新载体：

现将《关于推广应用创新券　推动"大众创业、万众创新"的若干意见（试行）》印发给你们，请结合实际贯彻落实。

浙江省科学技术厅　　浙江省财政厅

2015 年 2 月 27 日

关于推广应用创新券推动"大众创业、万众创新"的若干意见（试行）

第一章　总则

第一条　为贯彻落实《国务院关于国家重大科研基础设施和大型科研仪器向社会开放的意见》《浙江省人民政府办公厅关于加快培育发展科技型小微企业的若干意见》，深化科技经费管理制度改革，加大政府购买服务力度，推进科技资源开放共享，推动大众创业、万众创新，决定省市县联动推广应用创新券。

第二条　高等院校、科研院所要面向经济建设主战场，加快推进科研设施与仪器向社会开放，积极为企业等创新主体提供科技创新服务，实现资源共享，充分释放服务潜能。

第三条　创新券由市、县（市、区）发放，主要用于鼓励我省企业和创业者充分利用创新载体的科技资源开展的检验检测、合作研发、委托开发、研发设计等研发活动和科技创新。企业和创业者利用创新券购买科技活动，收取创新券的单位到指定部门兑现。

第四条　省科技厅会同省财政厅共同组织实施创新券工作。省本级不直接向企业发放创新券，在省财政科技经费中每年安排资金，对科技创新载体根据开放共享实效进行补助，对各市、县（市、区）（以下简称"市县"）创新券支出结合科技成果转化实绩作为绩效因素给予奖励。

第五条 鼓励市县根据实际，深化科技经费使用制度改革，逐步实行普惠性政策支持，自主开展地方创新券工作，引导企业开展技术创新。各地科技、财政行政部门共同制定本地创新券工作实施方案，包括发放对象、主要用途、工作程序、保障条件等内容。

第二章　对象与范围

第六条 鼓励市县自主确定创新券的支持范围，优先支持在各类创新创业大赛取得名次的企业和创业者，省级以上科技企业孵化器、大学科技园、众创空间、泛孵化器的在孵企业和创业者。

第七条 省级科技创新服务平台、省级以上重点实验室和工程中心、省部属科研院所、省级重点企业研究院和省级企业研究院等创新载体（以下简称"省级创新载体"）应当向社会开放共享科技资源，利用创新券提供科技服务。鼓励有条件的企业和其他创新载体向社会开放。

第八条 创新券省奖补政策支持范围是由省级创新载体为浙江省的企业和创业者（不包括宁波市）提供的与非关联单位合作或自主开展研究开发等科技创新活动中所需的检验检测、技术服务。技术服务的范围按照《国家税务总局关于取消"单位和个人从事技术转让、技术开发业务免征营业税审批"后有关税收管理问题的通知》（国税函〔2004〕825号）执行。按照法律法规或者强制性标准要求开展的强制检测和法定检测等其他商业活动，或已列入省级科技专项资金资助的在研项目，不纳入创新券省奖补政策支持范围。

第三章　使用与兑现

第九条 依托浙江省科技创新云服务平台，建立创新券运行系统，大力发展市场化、专业化、集成化、网络化的"众创空间"，为小微创新企业成长和个人创业提供低成本、便利化、全要素的开放式综合服务平台。企业和创业者可以通过云服务平台查询、在线预约开放共享的科研基础设施、仪器设备和技术服务。鼓励市县在该系统采取电子券形式实施创新券。

第十条 市县科技、财政行政部门根据年度创新券工作计划，向企业和创业者在线发放创新券。企业和创业者根据省级创新载体提供的实际服务，凭持有的创新券抵扣相

应的服务费用，省级创新载体无正当理由不得拒绝接收创新券。

第十一条　省级创新载体凭收取的创新券，向发放创新券的市县财政、科技行政部门兑现。市县财政、科技行政部门要制订创新券发放、使用、兑现管理办法，并向社会公开。

第四章　补助与激励

第十二条　财政性资金为主建设的省级创新载体对外提供开放共享服务，可以按照成本补偿和非盈利性原则收取材料消耗费和水、电等运行费，还可以根据人力成本收取服务费。省级创新载体服务企业的情况要实时在科技创新云服务平台录入相关信息。

第十三条　根据开放共享实效，省财政于每年1月底前对省级创新载体按照创新券省奖补政策支持范围内的上年度实际兑付总额不超过30%给予补助。鼓励市县对本地建设的创新载体进行资源开放补助。

第十四条　省财政对各市县在创新券省奖补政策支持范围内的支出结合科技成果转化实绩作为绩效因素给予奖励。省奖励资金由市县统筹用于创新券推广应用工作。

第五章　管理与监督

第十五条　省科技厅、省财政厅把开放共享情况纳入省级创新载体评价，评价结果向社会公布，并作为科技条件建设的重要依据。市县推广应用创新券情况纳入全省科技系统先进集体和科技工作先进个人评选的重要内容。

第十六条　对于不按规定公开开放与利用信息、开放效果差、使用效率低的省级创新载体，予以通报，并采取停止新购仪器设备、在申报省级科技计划项目时不准购置仪器设备等方式予以约束。鼓励社会对省级创新载体开放共享情况进行监督。

第十七条　科技资源的依托单位是科技资源向社会开放的责任主体，要强化法人责任，切实履行开放职责，自觉接受相关部门的考核评估和社会监督。

第十八条　创新券实行实名制，不得转让、买卖，不重复使用，使用和管理遵守国家有关法律、行政法规和财务规章制度，不得提供虚假信息。对通过创新券骗取财政资金的企业、创业者和省级创新载体，省有关部门将根据《财政违法行为处罚处分条例》，视情节轻重对有关责任单位、责任人实行限期整改、给予警告、停拨或追回财政资金，列入信用"黑名单"，不再给予科技项目和财政科技资金支持等处理。构成违纪的，由有关部门对责任单位或责任人处以纪律处分；涉嫌犯罪的，依法移送司法机关按规定处理。

第十九条 用户独立开展科学实验形成的知识产权由用户自主拥有，所完成的著作、论文等发表时，应明确标注利用科研设施与仪器情况。加强网络防护和网络环境下数据安全管理，省级科技创新载体、具体负责科技资源开放共享、创新券推广和运营工作相关的第三方机构，应当保护用户身份信息以及在使用过程中形成的知识产权、科学数据和技术秘密。

第六章　附则

第二十条 本意见自 2015 年 3 月 30 日起施行，由省科技厅、省财政厅负责解释。

浙江省人民政府关于印发浙江省"互联网＋"
行动计划的通知

浙政发〔2016〕2号

各市、县（市、区）人民政府，省政府直属各单位：

《浙江省"互联网＋"行动计划》已经省政府常务会议审议通过，现印发给你们，请结合实际，认真贯彻实施。

浙江省人民政府

2016年1月14日

浙江省"互联网＋"行动计划

推进"互联网＋"发展是国家的重大战略部署，也是新常态下我省深入实施"八八战略"、全面建设"两富""两美"现代化浙江的重大战略举措。根据《国务院关于积极推进"互联网＋"行动的指导意见》（国发〔2015〕40号）精神，特制订本行动计划。

一、总体要求

（一）指导思想

全面贯彻落实党的十八大和十八届历次全会精神，紧紧抓住新一轮科技革命和产业变革的历史机遇，以关键技术创新和应用模式创新为引领，全面推进新一代信息技术与三次产业的融合创新，充分运用"互联网＋"促进新技术、新产品、新业态和新模式的发展，为我省加快推进经济社会转型升级提供强大动力。

（二）主要原则

1.需求导向，重点突破。将市场需求旺盛、群众关注热切的核心领域作为重点，通过优化资源配置、加大政策扶持，运用互联网思维与技术，深化生产方式和发展模式变革，推动互联网业态与实体经济互促共进。

2.应用引领，融合创新。以技术创新为基础，以应用模式创新为突破口，以功能叠加、融合集成为手段，积极鼓励传统企业与互联网企业、不同领域企业间的跨界合作，实现融合创新，构建大规模的社会化协作体系。

3.开放共享，安全有序。以开放包容的思维方式，将互联网作为生产生活要素优化配置的重要平台，最大限度地提高资源配置效率。同时，加快完善互联网融合标准规范和法律法规，建立科学有效的市场监管体系，形成安全有序的市场竞争机制。

4.注重改革，激发活力。树立全局意识，勇于破除与"互联网＋"发展不相适应的行业壁垒、部门分割、政策约束和信息封闭等体制机制障碍，加快改革进程，激发创新活力。

（三）发展目标

到2017年，重点在"互联网＋"创业创新、产业融合、益民服务、治理体系现代化、关键技术研发和基础设施建设等领域实现重大突破，进一步提升中小企业互联网使用率和电子商务的全球影响力，力争在智慧物流、云计算、大数据、互联网金融创新和电子政务等领域成为全国"互联网＋"先行示范区。

"互联网＋"创业创新活力进一步激发。掌握一批关键核心技术和标准，推广运用一批新产品，构建适合新业态发展的运营环境，探索和创新一批适应市场机制的新模式。积极打造一批"互联网＋"特色小镇，引进一批国际知名互联网企业，吸引集聚一批创业创新高端人才和团队，孵化高新技术企业3000家以上，培育300家以上众创空间服务平台。

实现互联网技术与产业深度融合。培育一批年产值超亿元的智能制造企业，打造一批网络化协同制造的现代产业集群，全省实现规模以上工业企业全员劳动生产率超过20万元/人，信息化和工业化融合指数达到86以上，力争进入全国省（区、市）前三位。培育5家以上具有全国影响力的互联网金融企业，建成10个智慧农业示范综合区、100个农业物联网示范点。全省网络销售额突破1.2万亿元，跨境电子商务年交易额达500亿美元。全省建成10个旅游电子商务示范县，旅游在线交易额超过1000亿元。

促进"互联网＋"益民服务创新发展。交通、健康、教育、文化等益民服务领域基本实现信息化管理和网络化运行。全省统一的交通物联网管理平台基本建成，基于宽带移动网络的智能汽车、智能交通应用示范初显成效。实现省内人口信息、电子健康档案和电子病历三大数据库全覆盖并动态更新，各县（市、区）的居家养老服务信息系统基本建立。教育、文化服务新模式、新业态不断涌现。覆盖全省水、空气、污染物排放等领域的生态环境监测网络初步建成。

基本建立与互联网经济相适应的现代治理体系。建成覆盖全省的行政权力目录库、

权力网上运行系统和电子监察系统，基本实现全省各级行政机关行政权力一站式网上运行和全流程效能监察，政府信息公开、数据开放水平大幅提升。初步建成省市两级架构的政务云平台，基本建成省市县乡四级贯通的电子政务视联网平台。杭州、温州、嘉兴等信息惠民示范城市创建成效显著，建成若干个全国新型智慧城市标杆市。实现全省社会治理领域基本信息共享交换，基本建立公共安全综合防控体系。

关键技术研发和基础设施水平位居全国前列。在新一代信息技术、智能制造、机器人、可穿戴设备、智能传感器等领域突破一批关键技术，在智能制造系统集成和高端核心工业软件等方面形成一批自主知识产权。全省光纤网络实现城市全覆盖、行政村覆盖率达95%，无线局域网（Wi-Fi）全省全覆盖，成为5G全国先行示范区。培育云工程与服务企业20家左右、云服务企业100家左右，云计算服务能力处于全国首位。

到2020年，力争成为具有全球影响力的互联网技术与应用中心。建成一批具有国际领先水平的"互联网＋"基础设施，基本形成开放、高效、富有活力的创业创新生态系统。以智能终端、网络设备为核心的新兴制造业成为我省新的增长点。在互联网尤其是移动互联网、数字内容等领域培养一批具有全球影响力的领军企业。创建一批产值超百亿元的"互联网＋"制造示范园区和特色小镇。初步建成国际电子商务中心。全面推进互联网技术在社会民生、政府治理等方面的渗透和融合，不断完善全省统一架构、多级联动、高效融合、精准治理的政务服务"一张网"，成为全国互联网时代推进治理体系和治理能力现代化的引领示范。

二、重点任务

围绕"互联网＋"创业创新、产业深度融合、便民益民服务、治理体系现代化、关键技术研发与基础设施建设等重点领域，统筹兼顾、融合创新，加快释放"互联网＋"创新发展新动力。

（一）着力推进"互联网＋创新"活力迸发

1.大力发展新技术、新产品、新业态、新模式。加大新技术研发投入，支持云计算、高端软件、核心电子器件、海量数据处理、智能感知与交互、宽带网络设备、集成电路设计与制造、3D打印和量子通信等关键技术研发，在新一代信息技术领域形成一批自主可控的知识产权。扶持新产品设计与制造，在工业与服务机器人、可穿戴设备和智能传感器等领域推出拥有自主知识产权的新产品。鼓励新业态发展，打造高效便捷的电子商务生态圈，促进车联网、智慧健康、在线教育、互联网大数据等新业态培育和发展。

推动新模式应用，推进众创、众包、众扶、众筹等在技术研发、生产制造、市场营销、融资等环节的广泛应用，积极鼓励运用互联网技术在产品检测与服务、教育、医疗、养老等领域创新运营模式。

2. 提升企业自主创新能力。严格实行知识产权保护制度，利用"互联网＋"技术提高知识产权保护效率，构建中小企业知识产权托管信息管理平台，到 2020 年建立有效的中小企业知识产权综合服务和援助机制。大力支持企业开展重大产业关键共性技术、装备和标准的研发攻关。鼓励大型互联网企业和基础电信企业利用技术优势和产业整合能力，向小微企业和创业团队开放平台入口、数据信息、计算能力等资源，积极培育和孵化创新型企业。

3. 完善科技创新成果转化体系。探索建立全省科学大数据应用服务中心，加快完善浙江省科技创新云服务平台和全省知识产权信息平台，加快建设一批公共科技创新和工业设计供需对接服务平台。支持杭州、宁波等地积极创建以大数据为支撑的产业技术创新中心，大力推进乌镇互联网创新发展试验区建设。支持龙头骨干企业和行业协会牵头，组建跨行业的"互联网＋"技术联盟、产业联盟。

（责任单位：省发改委、省科技厅、省经信委等）

（二）着力推进"互联网＋创业"蓬勃发展

1. 进一步降低创业门槛。制定"互联网＋"准入负面清单，放宽互联网融合性产品和服务的事前准入限制，允许各类主体依法平等进入未纳入负面清单管理的领域。加快推进企业登记注册便捷化，全面推行新设企业"五证合一、一照一码"登记制度，开展全程电子化网上登记管理试点推广，实行"网上申报、信任在先、办结核验"和"先照后证"流程。

2. 引进培育创业主体。进一步加大各类重大人才工程的实施力度，杭州、宁波等地每年引进若干家国内外知名的互联网公司和高水平的创业创新团队。推动各类创业创新扶持政策与互联网开放平台联动协作，为创业团队提供绿色通道服务。大力推进电子商务创业创新，建立电子商务创业创新公共服务体系。

3. 打造一批创业平台。加快打造互联网创业小镇、移动互联网小镇、云计算小镇等一批"互联网＋"特色小镇，吸引集聚一批创业创新高端人才和创新团队。全力支持杭州市打造具有全球影响力的"互联网＋"创新创业中心。鼓励支持行业领军企业、创业投资机构等社会力量建设各类众创空间。

（三）着力推进"互联网＋制造"深度融合

1.深入推进传统制造业"机器换人"。加快建设网上"机器换人"信息服务平台，积极推动移动互联网、云计算、大数据、物联网等与传统制造业跨界融合。鼓励服装、家电、家具、建筑等传统行业积极探索集中式、大规模、个性化的生产模式。支持传统优势企业紧扣关键工序智能化、关键岗位机器人替代、生产过程智能控制，建设智能工厂、数字化车间。鼓励基础条件好的企业采用智能制造技术或制造模式进行改造。

2.运用互联网技术提升中小企业竞争力。鼓励有实力的互联网企业构建网络化协同制造公共服务平台，充分整合并高效利用中小企业分散的空余制造能力，加强企业间的协同生产和对市场的实时响应，提升中小企业的行业竞争力。加快推广应用现代生产管理系统等关键共性技术，支持中小企业普及运用管理信息系统。支持中小企业利用互联网技术开展技术合作、在线服务、创新众筹等活动，促进产业组织模式创新。

3.发展协同制造的现代产业集群。积极打造一批支撑能力强、辐射范围广的网络化协同制造的现代产业集群。在全省选择若干个优势产业开展协同制造试点，实现工程设计、装备制造、运行调试、维修检测、配件专供等协同制造。在纺织、轻工、装备、医药、石化、汽车等重点行业推行智能制造单元、智能车间、智能制造系统。选择典型企业、重点行业、重点地区开展工业企业大数据应用项目试点，促进大数据、物联网、云计算和3D打印技术、个性化定制等运用。

4.培育发展智能制造新兴产业。重点发展工业机器人、智能可穿戴设备、高性能工业自动化控制系统、高档数控机床、高性能检测设备、智能成套装备电子等机器人与智能制造装备。加快形成一批物联网信息感知与传输关键设备制造及技术服务产业集群。大力推进集成电路行业实现产业链一体化发展，大力发展新一代移动通信、智能电视、智能终端等新型通信及网络设备，积极发展先进的半导体材料、光电子材料、高性能磁性材料等新一代信息材料，努力打造若干个超千亿元级的新兴产业链。

（责任单位：省经信委、省科技厅、省发改委、省商务厅等）

（四）着力推进"互联网＋农业"提质增效

1.推进农业物联网应用。运用现代信息技术加快"智慧农业"基地建设，重点支持规模设施基地、养殖场应用光温水自动控制系统、远程监控系统、病虫害（疫病）预警系统、森林安全预警系统等智能技术装备。大力推进农业物联网区域试验，加强粮食储运监管领域物联网建设。

2.健全农产品流通体系。积极探索生鲜农产品网上直销，大力推动农产品冷链物流基础设施建设。建设多层次农产品网络销售体系，构建地域性农产品营销网络，推进淘宝网"特色馆"等农产品电子商务平台建设，支持大型农业基地和农副产品交易市场建设网上交易平台。加强各类农业生产经营主体与大型电子商务平台合作，引导优质农产品抱团开拓网上市场。积极推动我省农产品网上大宗商品交易，加快构建全省农产品质量追溯信息平台。

3.完善智慧农业服务体系。探索建立全省农业耕地、林地、水利设施、农业设施设备、新型经营主体、农业劳动力、金融资本等资源要素数据监测体系。支持供销社系统打造"智慧农资"服务平台。全面建立面向"三农"的益农信息服务社，积极推广生产经营主体应用信息服务和电子商务移动 APP 终端。

（责任单位：省农业厅、省商务厅、省供销社、省食品药品监管局、省发改委、省科技厅、省林业厅、省水利厅、省海洋与渔业局等）

（五）着力推进"互联网＋商务"不断创新

1.大力发展农村电子商务。深入实施"电子商务进万村"工程，加快农村电子商务服务网点建设，逐步拓展建材、农资、药品网上代购业务和缴费、购票、包裹存取等服务。推进农村电子商务园区、公共服务中心和公共仓储设施建设，培育发展一批电子商务特色小镇和电子商务村。推广国家有关地理标志产品技术标准，加强特色农产品地方标准体系、产品质量保证体系、鲜活农产品标准体系、动植物检疫体系、安全追溯体系、质量保障与安全监管体系建设。

2.创新发展跨境电子商务。大力培育跨境电子商务经营主体，建立多语种支付体系，开发多语种同台交易的电子商务产品，率先推进跨境电子商务通关、检验检疫、结汇等关键环节"单一窗口"综合服务体系建设。建设一批跨境电子商务园区，依托园区打造跨境电子商务平台，建设订单处理、国际邮件分拨、保税展示销售和交易结算等中心，并有序推进跨境电子商务产业园区公共海外仓建设。简化电子商务企业境外直接投资备案和外汇登记手续，推行网上备案。支持电子商务企业加快境外投资布局，鼓励收购境外电子商务企业，投资建立海外营销渠道、仓储场所和服务网点，创立自有品牌。全面推进中国（杭州）跨境电子商务综合试验区建设和宁波、义乌跨境电子商务试点。鼓励我省电子商务企业在"一带一路"沿线国家输出商品、技术和服务。争取设立海峡两岸电子商务经济合作实验区，开展涉侨电子商务试点工作。

3.探索电子商务新模式。鼓励移动电子商务服务模式创新，促进移动电子商务在公共服务领域的应用。创新发展O2O电子商务模式，支持电子商务平台和龙头企业加强与

专业市场、商业综合体等合作，着力培育线上线下融合新业态。鼓励发展产销协同和定制电子商务模式。积极打造集成化分销电子商务平台，支持网络分销、电子商务物流复合型业态发展。引导零售商、中小型批发商依托 B2B 平台开展采购，依托海外仓等物流载体集成发展跨境采购分销平台。鼓励利用存量土地发展电子商务产业平台。

4.完善智慧物流体系。构建物流信息共享互通体系，以国家交通运输物流公共信息平台为基础，推进全省港口、铁路、机场、货运站场等交通枢纽和仓储基础设施智能化，构建多式联运体系。推进航空物流、内河航运综合物流等信息服务平台建设。加快建设义乌国际邮件互换局，积极争取国家支持我省探索构建中欧物流信息公共服务平台。开展智能仓储体系建设，完善智能物流配送调配体系，重点培育2—3家物流公共数据服务平台，加快建设一批智能化物流产业园，加快推进县到村的物流配送网络和村级配送网点建设。

（责任单位：省商务厅、杭州海关、省交通运输厅、省发改委、省经信委、省农业厅、省质监局、省国土资源厅、省人力社保厅、省网信办、省供销社等）

（六）着力推进"互联网＋金融"创新发展

1.推进基于互联网的普惠金融发展。着力打造以支付宝、浙江网商银行为龙头引领的互联网金融新业态，规范发展第三方支付、网络理财、网络小额贷款等业务。鼓励省内金融机构与互联网支付机构进行广泛合作。积极引导互联网金融企业集聚发展，建设互联网金融企业孵化器，打造一批具有全国影响力的互联网金融集聚区。

2.完善互联网金融发展的信用体系。大力推进网络诚信建设，逐步落实网络实名制，建立网络信用评价体系，对互联网企业的服务经营行为、上网人员的网上行为进行信用评估和记录。探索建立涵盖企业、个人的网络信用档案，依托浙江政务服务网，加快完善社会信用基础数据库和信用公示平台。运用互联网技术开展金融安全事件预警，加强金融风险监控。

（责任单位：省金融办、人行杭州中心支行、省发改委、省工商局、省商务厅、省科技厅等）

（七）着力提升"互联网＋旅游"服务水平

1.推行智慧景区服务。运用互联网技术实现游客景区旅游全过程O2O服务。到2017年实现全省 AAAAA、AAAA 级景区免费 Wi-Fi 接入全覆盖，在重点景区全面推行网络信息便捷服务。积极探索景区游客流量第三方监测系统建设，实现游客饱和度预警。深入推进杭州、宁波、温州等全国首批智慧旅游城市试点。

2.发展智慧旅游企业。鼓励旅游企业运用新技术创新旅游公共信息服务。建设区域旅游电子商务第三方服务平台，推广使用电子合同。鼓励旅游企业与各类在线旅游服务商的合作，培训旅游电子商务人才。积极开展智慧旅游企业试点工作。

3.加强智慧旅游综合服务平台建设。依托全省统一的政务数据资源共享交换平台，逐步实现交通、出入境、公安、旅游等涉旅数据信息共享共用，到2017年全省旅游基础数据库覆盖面达90%以上，90%以上的景区、酒店、旅行社实现电子地图在线查询，初步建成全省旅游产业信息服务平台。建立全省旅游车辆车牌识别分析统计系统。加强对旅游客源地和游客消费偏好数据的收集和分析。加快全省旅游产业游客流量监测、在线咨询投诉等系统建设。

（责任单位：省旅游局、省发改委、省工商局、省交通运输厅、省信访局等）

（八）着力推进"互联网＋交通"便捷通畅

1.推进交通运输资源在线集成。构建交通云网合一架构，整合基础业务平台及信息系统，加快交通业务骨干网优化改造。积极推进电子路单制度，建立多式联运机制，推动多式联运的信息服务。整合公路地理信息与港航地理信息，形成全省交通运输"一张图"。继续推进省级交通系统信息资源互联互通和信息共享，完善全省综合交通应急指挥信息平台。

2.完善交通智能感知体系。加快现有传感网升级改造，优化调整网络架构，提升桥隧公路、工程检测、移动执法、航道、物流等网络覆盖率，形成全省统一的交通物联网管理平台。继续深化手机信号大数据在高速公路车辆通行情况监测中的应用，实现全省高速公路易拥堵路段通行状况动态监测全覆盖。加快全省治超站点视频监控全覆盖和治超管理信息联网。推进长三角区域港航管理与服务信息交换共享、船舶运营动态监管联动。

3.创新交通运输服务新模式。加快推广客运交通联网售票服务。推进省内各地公交地铁"一卡通"联网。推动交通运输行业向社会开放服务性数据，鼓励互联网平台为社会公众提供实时交通运行状态查询、出行路线规划、网上购票、智能停车等服务。推进基于互联网的多种出行方式信息服务对接和一站式服务。积极推进基于宽带移动网络的智能汽车、智能交通应用示范。

（责任单位：省交通运输厅、省发改委、省经信委等）

（九）着力推进"互联网＋海洋港口"转型发展

1.推进"智慧港"建设。加快建设宁波舟山港信息一体化工程，推进舟山江海联

运数据中心建设。以提升公共服务能力和效率为核心，重点推广运用北斗或全球定位系统（GPS）卫星导航、船舶自动识别系统（AIS）、雷达探测监控等技术，加强港口船舶智能化管理。完善港口电子数据交换（EDI）系统，运用无线射频识别（RFID）、光电识别与跟踪等技术，实现码头与监管部门视频资源共享，推进车辆、货物的智能化管理。推动港口信息数据联网和标准化建设，加快港口信息互联互通，提升港口信息化水平。

2.创新港航揽货模式。加强与国内大型互联网服务企业合作，创新揽货模式，建立以客户为中心的全天候、全功能一站式服务平台。依托国家交通运输物流公共信息平台，完善东北亚物流信息服务网络，建立政务、物流、通关、交易、金融等领域数据交换共享机制和数据标准体系，打造全程供应链，不断拓展货源市场，提升国内外揽货能力。

3.推进海洋信息化管理。推进"数字海洋"建设，实现全省海洋资源"一张图"管理。构建海洋与渔业海陆通信网络及海洋与渔业一体化数据库，推进全省海洋环境、渔船、渔港等业务数据的综合集成，开发建设一体化指挥平台。加强海洋灾害观测网建设，建设海区实时观测数据、延时观测数据等互通共享的综合服务平台，提升海洋灾害预警能力。

（责任单位：省海港委、省交通运输厅、省海洋与渔业局等）

（十）着力推进"互联网＋健康"服务创新

1.搭建健康服务信息基础网络。加强公共卫生、医疗卫生、健康管理等信息化建设，基于我省政务云平台加快建设"健康云"。健全人口、电子健康档案和电子病历三大基础数据库，实现公共卫生、计划生育、医疗服务、医疗保障、药品管理、综合管理等业务应用系统的互联互通和业务协同，建成统一的省市县三级健康信息平台。在统一的社会保障卡基础上，加快实施全省居民健康"一卡通"工程。逐步建立跨医院的医疗数据共享交换标准体系。加快基层医疗卫生机构管理信息系统建设。

2.创新健康服务新业态。鼓励有条件的地区探索建立具备网络诊断、智能在线监测和医护实时响应等功能的现代化医院。以实体医院和区域医疗云平台为依托，探索发展网络医院，开展网上诊疗服务。逐步建立公开透明、规范运作的药品和医疗器械电子商务平台。允许社会资本参与建设省市县乡四级远程影像、心电、病理、检验等中心，整合远程医疗服务资源，提供远程医疗服务。

3.完善健康服务产业链。积极打造以智慧医疗系统整体解决方案为核心的健康信息产业链。组织实施智慧医疗操作系统软件开发攻关等重大专项，加快突破一批瓶颈技术。大力推进中医药大数据开发利用。充分利用穿戴式植入式智能设备、移动终端、固定终端等终端设备，提供个性化健康管理、慢病综合健康管理、妇幼保健和健康养老等健康服务新模式。依托智慧医疗产业基地等重点平台，打造健康服务产业集群。

（责任单位：省卫生计生委、省公安厅、省商务厅、省食品药品监管局、省经信委等）

（十一）着力推进"互联网＋教育与文化"提升发展

1. 推进"智慧教育"。加快推动智慧教育试点建设，创新教学手段和模式，加快智慧校园建设。推进开放在线教育，建设大规模智慧学习平台，打造城乡一体化教育资源公共服务共享体系。鼓励企业和社会机构提供开放式在线课程，建设网络服务平台。提高职业教育信息化水平，大力开发网络课程、微课程资源。完善教育管理公共服务平台和教育基础数据库建设。

2. 建立公共文化服务数字化系统。统筹数字图书馆、数字文化馆、数字博物馆等项目，建立分布式资源库群，实现数字化公共文化服务的互联互通与共建共享，鼓励生产更多特色鲜明的数字文化产品。建设数字版权公共服务平台，全面保护数字知识产权。健全公共文化大数据采集、存储和分析处理。推广一站式服务，扩大数字文化资源在智能社区中的应用。

3. 大力发展网络文化产业。加快发展数字阅读产业，加快中国移动、中国电信数字阅读基地建设。鼓励发展网络视听产业，推进传统广播影视行业数字化转型，鼓励发展手机游戏、网络动漫、网络艺术品等产业，形成具有影响力的文化创意产业集群，打造一批全国一流的数字阅读基地、动漫游戏基地。加强数字出版产业发展，推动传统出版业向网络化升级。推进国家数字出版产业基地建设，建立区域协调机制与合作平台，提升网络文化创新和制作能力。

（责任单位：省教育厅、省文化厅、省新闻出版广电局、省发改委、省网信办等）

（十二）着力推进"互联网＋节能环保"加快发展

1. 推进智慧节能。加强重点用能单位能耗在线监测和大数据分析。大力推进节能监测与控制系统开发运用，重点发展工业生产过程智能化、可靠性强的节能监测与控制系统、智能电网能源监测与控制系统、汽车节能监测与控制系统和节能仪器仪表等。鼓励企业加大节能信息化管理系统建设。加快突破智能电网运行优化技术、能耗在线检测与用能优化等关键技术。建设完善全省交通运输能耗统计监测平台、旅游船排污等能耗智能监测网，提升交通能耗协同管理水平。

2. 推行智能环保。在造纸、印染、医药、化工、皮革、蓄电池等行业推广物联网技

术，加强对重点污染企业污染物排放的动态实时监测。运用智能监测设备和移动互联网，增加监测污染物种类，扩大监测范围，进一步完善全省河流水源、空气、土壤等污染情况的监测系统。优化数据库接口，统一数据交换标准，逐步实现各级政府环境动态监测信息互联共享，到2020年建成覆盖全省的生态环境监测网络。进一步完善全省环境预警、风险监测和快速反应的网络体系。加快"河长制"管理信息系统建设。

3.完善资源循环利用体系。利用物联网技术跟踪电子废物流向，优化全省逆向物流网点布局。积极鼓励互联网企业参与搭建城市废弃物回收平台和省级产业集聚区、开发区、工业园区废弃物信息平台建设。加快汽车保险信息系统、"以旧换新"管理系统和报废车辆管理系统的标准化、规范化和互联互通，加强废旧汽车及零部件的回收利用信息管理。大力推行再生资源网络化经营模式，逐步构建起覆盖全省的产业废弃物和再生资源交易系统。充分运用物联网和大数据技术，积极支持再制造工程技术研发、再生产品安全性检测、再制造产品的质量鉴定等服务平台建设。

（责任单位：省发改委、省经信委、省环保厅、省公安厅、省商务厅、省交通运输厅、省水利厅、省林业局等）

（十三）着力推进"互联网＋政府治理"高效便民

1.加强政务资源整合。以浙江政务服务网为总平台，推动全省电子政务的基础设施整合、信息资源共享和业务协同。建设省市两级架构、分域管理、安全可靠的政务云平台，分步推进政府部门机房集中汇聚、系统集中部署、数据集中存储。大力推进部门政务专网整合，实现部门专网应用向电子政务网络的迁移或对接。建设省市县乡四级贯通的电子政务视联网平台，实现高清视频的大规模实时传输。积极推动电子证照、电子文件、电子印章等在政务工作中的应用及互通共享。整合工程建设项目招标投标、土地使用权和矿业权出让、国有产权交易、政府采购等信息系统，到2017年建立全省统一、覆盖市县的电子交易公共服务系统。健全政务服务网综合监测分析平台，强化互联网数据资源利用。

2.推进政务数据开放。依托浙江政务服务网全面推进政务公开，搭建全省统一规范的政府信息公开平台。制订公共机构数据开放计划，规范数据开放的目录、格式、标准和程序。加快浙江省数据管理中心建设，制订数据资源采集、应用、共享等标准规范，统筹推进大数据的基础设施建设、应用和管理。依托浙江政务服务网扎实推进全省统一政务数据平台建设，优先推进信用、交通、医疗、卫生、就业、社保、地理、文化、教育、科技、资源、农业、环境、安监、金融、质量、统计、气象、海洋、企业登记监管等民生保障服务相关领域的政府数据向社会开放。进一步引导各类社会机构整合和开放数据，构建政府和社会互动的信息采集、共享和应用机制，加强政府与社会信息交互融合的大数据资源的关联分析和挖掘利用。

3.构建新型政务服务体系。全面深化"四张清单一张网"改革，加快建设集行政执法、便民服务、政务公开、效能监察等功能于一体，全省统一架构、多级联动的网上公共服务平台。加快推动网上政务服务平台向乡镇延伸，全面推行证照"网上申请、快递送达"服务模式，推动职能部门在业务创新的基础上实现更多服务事项全流程在线办理。大力发展面向移动互联网的政务服务应用，加大资源整合力度，构建全省一体化移动公共服务平台。打造全省统一的公共支付平台，实现公共收入支出业务的网上收缴。积极构建网上办税、移动办税、自助办税等"互联网＋"便民办税平台。

4.打造网上协同治理体系。探索网络化社会管理服务新模式，建成涵盖社会综合治理、综合行政执法等功能的业务协同平台。推进全省投资项目在线审批监管平台、商事登记"五证合一、一照一码"管理系统、应急管理指挥平台建设。建设阳光政务网络平台。积极推进政务新媒体发展，依托全省网上信访系统，建设内生于浙江政务服务网的统一投诉和意见征集平台，广泛吸纳社会公众对公共政策制定、实施的意见和建议，加强政府与公众的在线沟通交流，深化公众参与和网络监督，探索网络参与环境下政府决策模式。

（责任单位：省政府办公厅、省编委办、省发改委等）

（十四）着力推进"互联网＋社会治理"安全有序

1.加强城市智能化管理。充分运用新一代信息技术，整合完善城市地理信息、交通通信、社会治安、环境管理、市容管理、灾害应急处理等智能化信息系统，全面实现"智慧城市"管理。推进城市综合交通信息服务体系建设，加快建设城市停车智能化公共服务系统，建立城市地下管线综合管理信息系统。加强建筑信息模型技术、智能化技术等在工程勘察设计、生产施工、运营维护等方面的运用和推广。大力发展智慧社区服务，依托社会公共服务信息平台，建设居家养老服务信息系统。支持杭州、温州、嘉兴等创建信息惠民示范城市，加快推进20个城市试点。

2.推进公共安全信息化建设。依托浙江政务服务网进一步提升平安建设信息系统功能，全面加强对人口、房屋、证件、车辆、场所、组织等各类基础信息的实时采集、即时录入。将涉及公安、民政、人力社保、司法、卫生计生、安全监管、环保、食品药品监管、消防等部门的实时动态信息纳入全省统一的政府与公共部门信息资源共享交换平

台。构建全省公共安全综合防控体系，加强对自然灾害、重大疫情、群体性事件、生产安全事故等预警和应急响应。推进江河湖泊水域在线管理，建立水资源管理系统，打造水利工程标准化管理运行监管平台，加快防汛防台抗旱指挥系统建设。实施智慧安监系统化工程，逐步实现安全生产实时管控。建立健全产品信息追溯制度，利用物联网技术，加强对关系人民群众生命财产安全的重要产品的监管，形成来源可查、去向可追、责任可究的信息链条。实施食品药品"智慧监管"工程。

（责任单位：省建设厅、省公安厅、省卫生计生委、省水利厅、省食品药品监管局、省民政厅、省安监局、省网信办等）

（十五）着力推进"互联网＋"关键技术研发

1.加强产业创新基础能力建设。进一步提升我省区域创新能力建设水平，引导骨干企业联合研发"互联网＋"共性技术和前瞻性技术，鼓励骨干企业与高校、科研院所联合共同研发攻关，探索建立技术创新、管理创新、商业模式创新的机制，在重点产业领域突破一批关键技术，为解决"互联网＋"产业发展中的瓶颈问题提供关键共性技术支撑。

2.推进新一代信息技术研发。加快推进物联网关键技术创新和标准化建设。大力支持研发超高速宽带接入、核心路由交换、超高速大容量智能光传输、量子通信等技术，力争实现量子通信等关键技术产业化。推进网络安全、入侵检测、身份验证、可信计算、数据安全等网络和信息安全产品的自主研发与产业化，支持下一代互联网、物联网、云计算、移动互联网等领域的安全核心技术研发。大力支持基础软件创新发展，实现智能终端操作系统、云计算操作系统、大型数据库、大数据处理、中间件等关键技术自主可控，形成核心知识产权。加强数据挖掘分析、商业智能、多媒体加工、可视化软件等自主技术创新。建设全国有较大影响的云工程与云服务产业示范基地。

3.加强智能制造重点应用领域技术研发。依托省内大型骨干企业牵头成立全省工业互联网联盟，加强智能工厂标准制订、关键技术的研发攻关。完善信息技术与制造技术的协同创新机制，统筹布局智能汽车、服务机器人、消费电子、智慧家庭、可穿戴设备等产品关键技术研发和产业化。落实国家实施智能制造发展专项、高档数控机床与基础制造装备科技重大专项，推动传感器和测量仪表、控制系统、单机智能设备及关键部件核心技术研发和产业化。大力推进重要信息系统芯片的自主可控发展，重点突破专用芯片设计，提升高端芯片以及面向物联网、网络通信、工业控制等领域专用集成电路的研发和应用水平。加快发展物联网传感器、智能终端、网络设备等的研发制造和系统集成

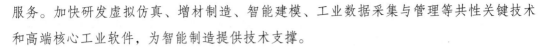

服务。加快研发虚拟仿真、增材制造、智能建模、工业数据采集与管理等共性关键技术和高端核心工业软件，为智能制造提供技术支撑。

（责任单位：省发改委、省科技厅、省经信委等）

（十六）着力推进"互联网＋"基础设施建设

1. 实现无线局域网省域全覆盖。结合国家"宽带中国"示范城市创建，加快实施"宽带浙江"，建设适应我省经济社会发展的下一代通信网络设施，到 2020 年全省固定、移动及有线电视宽带网络实现城乡全覆盖。充分发挥电信、移动、联通、华数等通信和网络运营企业的主力军作用，以现有 Wi-Fi 服务平台和热点资源为基础，通过拓展完善、优化布局，建设全省 Wi-Fi 免费服务网络。鼓励符合法定条件的企事业单位参与免费 Wi-Fi 建设与服务。

2. 全面实现"三网融合"。加快建设宽带通信网、下一代广播电视网和下一代互联网，全面推进广电、电信业务双向进入，加快实现信息网络基础设施互联互通和资源共享。加快建设城市百兆光纤工程和宽带乡村工程，大力推进骨干网、城域网和接入网改造。大力推进我省 5G 应用国家试点，加快 5G 网络协议和标准应用研发，超前布局未来网络架构、技术体系和安全保障体系。加快构建全程全网、互联互通、可管可控、基于云平台技术架构的下一代广播电视网络。统筹规划电信传输网和广播电视传统网建设升级改造，创新共建共享合作模式。

3. 推进下一代互联网（IPv6）建设。加快互联网骨干节点升级，尽快实现省内骨干网全面支持 IPv6。加快下一代广播电视宽带网络的骨干节点和数据中心建设，提升网络流量疏通能力，全面支持 IPv6。加快推进 IPv6 宽带网络的规模化商用。建成若干个区域互联网交换中心，争取在我省开展互联网国际出口带宽扩容国家试点。

（责任单位：省经信委、省通信管理局、省发改委、省科技厅、省网信办、省新闻出版广电局等）

三、保障措施

（一）加强组织实施

建立省级层面的"互联网＋"行动工作协调推进机制，统筹协调解决重大问题。各地要建立相应的工作机制，认真制定"互联网＋"行动计划的年度实施计划，明确路线图、任务书和进度表，强化责任、狠抓落实。

（二）加强引导示范

重点围绕我省七大万亿产业及社会民生领域，组织实施一批"互联网＋"重大工程项目，积极培育新兴业态。加快培育发展一批"互联网＋"示范园区、示范平台和示范企业。鼓励各地选择重点领域开展"互联网＋"政策创新试点，破除新兴产业行业准入、数据开放、市场监管等方面政策障碍，研究制定扶持政策，及时总结推广好的做法和成功经验，发挥典型示范带动效应。

（三）加强龙头企业培育

以安防、云计算、电子信息、电子商务、物流快递、大数据、动漫游戏等领域为重点，加快培育发展具有国际竞争力的大型企业、企业集团和行业龙头企业。积极支持和引导"互联网＋"各领域的龙头企业实施跨国经营、兼并、联合与资产重组等全球化战略。大力支持国内外知名互联网企业到浙江设立分支机构，或采用收购、控股、合资等方式与浙江企业开展业务合作。

（四）加强资金支ｚｚｚｚ持

贯彻落实国家和我省有关信息经济发展的各项优惠政策，重点向"互联网＋"相关领域倾斜，支持关键核心技术研发、跨界业务融合应用模式创新、商业模式创新。充分发挥省转型升级产业基金、省信息经济创业投资基金的杠杆作用，支持组建混合所有制、多方融资的联合性产业基金，引导社会资本更多进入，加强对"互联网＋"创新应用和新兴产业的投资。积极争取国家新兴产业创业投资引导基金扶持，综合运用政府采购、科技创新券、专利权质押融资等方式，加快推进互联网技术与我省重点产业的融合发展。

（五）加强人才支持

推进高校优化信息技术及互联网领域相关专业设置，大力培育高端人才。鼓励传统企业与互联网企业建立信息咨询、人才交流等合作机制。积极推进首席信息官制度建设。支持龙头骨干企业和科研院所建立"互联网＋"研发机构和实验中心。建立健全职业教育培训体系，建立一批"互联网＋"技术人才培育实训基地，不断优化人才结构。

（六）加强标准和法规修订

鼓励企业积极参与国家标准、行业标准、地方标准的研究与制（修）订工作，加快制定物流信息系统标准规范、云服务企业准入规范、电子商务行业统计和标准体系、智慧城市建设运营标准体系和评价体系等。推进电子商务、物流运输、信用信息征集使用等领域的地方性法规的制定工作。积极推进网络信息安全、个人信息保护、网络交易监管等方面的地方立法。

（七）加强信息安全保障

加强大数据安全保障体系建设，加快完善金融、能源、交通、电信、统计、广电、公共安全、公共事业等领域重要数据资源和信息系统的安全保密防护体系。落实国家信息安全等级保护制度，有效处置信息网络安全重大突发性事件。建立和完善信息安全标准体系、测评评价体系、审计监督体系，提高对信息安全事件的监测、预警、研判和应急处置能力。

（八）加强舆论宣传

各地、各部门要加大对"互联网＋"行动的宣传引导，充分调动社会各界推动互联网创业创新的热情和积极性。要综合运用传统和新兴媒体，加大对"互联网＋"典型示范的宣传力度，在全省营造互联网创业创新的良好氛围。

浙江省人民政府办公厅

2016 年 1 月 18 日印发

图书在版编目（CIP）数据

创业英雄谱／《创业英雄谱》编委会编著. —杭州：浙江人民出版社，2017.6

ISBN 978-7-213-07982-5

Ⅰ. ①创… Ⅱ. ①创… Ⅲ. ①企业家-生平事迹-浙江-现代 Ⅳ. ①K825.38

中国版本图书馆 CIP 数据核字（2017）第 075498 号

创业英雄谱

《创业英雄谱》编委会　编著

出版发行	浙江人民出版社（杭州市体育场路 347 号　邮编　310006）
	市场部电话：(0571)85061682　85176516
责任编辑	洪　晓　陶辰悦
责任校对	徐永明　张谷年
封面设计	厉　琳
电脑制版	杭州大漠照排印刷有限公司
印　　刷	杭州丰源印刷有限公司
开　　本	787 毫米 × 1092 毫米　　1/16
印　　张	17.5
字　　数	310 千字
插　　页	2
版　　次	2017 年 6 月第 1 版
印　　次	2017 年 6 月第 1 次印刷
书　　号	ISBN 978-7-213-07982-5
定　　价	45.00 元

如发现印装质量问题，影响阅读，请与市场部联系调换。